KB220390

해주 스님의 법성게 강설

해주 스님의 법성게 강설

초판 1쇄 인쇄 2022년 7월 15일
초판 1쇄 발행 2022년 7월 20일

지은이   수미해주
발행인   정지현
편집인   박주혜

대 표   남배현
본부장   모지희
책임편집   김창현
디자인   홍정순
마케팅   조동규, 서영주, 김관영, 조용, 김지현

펴낸곳   (주)조계종출판사
주 소   서울 종로구 삼봉로 81 두산위브파빌리온 831호
전 화   02-720-6107
팩 스   02-733-6708
이메일   jogyebooks@naver.com
출판등록   제2007-000078호(2007. 04. 27.)
구입문의   불교전문서점 향전(www.jbbook.co.kr) 02-2031-2070

ⓒ 수미해주, 2022
ISBN 979-11-5580-186-4 03220

조계종
출판사   지혜와 자비의 눈으로 세상을 바라봅니다.

해주 스님의
법성게 강설

•수미 해주•

조계종
출판사

책을 내면서

이 책은 「법성게法性偈」에 대한 해설서로서, 법보신문에 연재한(2018~2020) '해주 스님의 법성게 강설' 내용을 약간 수정 보완하여 출판한 것입니다.

「법성게」는 신라 의상(625~702) 스님이 668년에 저술하신 이래 지금에 이르기까지 전국 사찰에서 줄곧 봉송되어 왔습니다. 「법성게」는 『대방광불화엄경』(60권)의 내용을 210자로 담아낸 시로서, 구불구불한 한 줄의 도인과 합해 「반시」로 지어졌습니다. 「일승법계도합시일인」이라고도 불리는 「반시」는 이에 대한 의상 스님 자신의 설명과 함께 『일승법계도』라 불립니다.

의상 스님은 늘 『화엄경』과 『일승법계도』를 강설하셨으니 수많은 제자 법손들이 그 가르침을 받들어 사자상승을 보이는 문답의 예도 전하고, 『일승법계도』에 대한 주석 또한 신라는 물론 고려·조선시대에 이르기까지 계속 이루어져 왔습니다.

필자가 처음 입산하여 행자 시절 「법성게」를 독송한 이래 즐겨 지송하고 공부해왔던 「법성게」에 대한 이해를 정리하고 인연

있는 분들과 법성신으로서 법계에 노니는 즐거움을 공유해 보려는 뜻에서, 법보신문사의 연재 제의를 수락하였습니다. 그래서 이 글은 「법성게」의 경증인 『화엄경』의 해당 문구와 아울러 시대를 내려오면서 계속 이어져 온 법손들의 주석 내용을 소개하는 데 초점을 두면서 필자가 이해한 내용을 피력한 것입니다.

그동안 「법성게」 강설을 연재하고 책으로 출판되기까지 물심양면으로 도와주신 모든 분들에게 깊이 감사드립니다. 특히 사진 자료를 마련하는 데 도움 주신 분, 교정에 시간을 아끼지 않은 지도제자들, 책의 유통 발원에 필자와 뜻을 함께 해 주신 분들, 그리고 법보신문과 조계종출판사 관계자 여러분들께 진심으로 고마움을 전합니다.

불기 2566년 '부처님오신날'을 봉축드리며

수미정사에서 해주 합장

제
一
부

의상 스님과 『일승법계도』

법성게 저자이자 해동화엄초조로 일컬어지는 의상 스님 진영.
일본 고산사(高山寺) 소장.

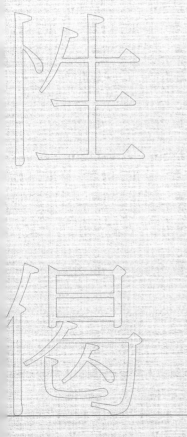

의상 스님과
『일승법계도』

의상조사상. 낙산사의상기념관 소장.

一一即多切一即一一中多切一中
微量劫九世十世相即諸法不動本中
坐无遠量死是歪二智訂一來成
舍即念一如即无所融知性拯相无寂緣
中是劫即一如相无二智訂切一來成
十方一切坐中勿一圓非真无名性
初成別隔乱雜知性仏非真微无自
發益生滿虛空衆法仏為名妙不守
心寶佛十別分生叵息妄想必不舊
便議賢雨普海叵死尼羅得死道
覺不人境中事利者嚴敬資糧善巧穽
生意如出繁理益行法意如捉巧穽
死涅槃常共和是故界實寶殿窮坐

반시(槃詩), 일승법계도합시일인(一乘法界圖合詩一印).

||1||

서설
왜 지금도 '의상조사 법성게' 인가?

「법성게法性偈」는 신라 의상(義湘, 義相 625~702) 스님이 『화엄경』
의 핵심교의를 담아 668년에 지은 게송으로, 저술된 당시부터
지금에 이르기까지 1,350여 년간 지속적으로 널리 수지 독송되
면서 전승되어 왔다.

  오늘날 우리나라에서 예불과 기도를 포함한 의례의식에서 자
주 예송되는 의식문 가운데 경전의 핵심 내용을 담은 것으로서
는 『반야심경』과 「화엄경약찬게」 그리고 「법성게」가 대표적이다.

  『반야심경』은 600부 반야계 경전의 전 내용을 260자로 담은
것이고, 「화엄경약찬게」는 80권 『화엄경』의 줄거리를 770자로
간략히 엮은 것이다. 「법성게」는 60권 『화엄경』의 내용을 7언
30구 210자로 읊은 시로서, 구불구불한 줄로 이어진 「법계도인」
과 함께 「반시槃詩」로 지어졌다. 「반시」는 「일승법계도합시일인

一乘法界圖合詩一印」이라고도 불린다. 그리고 의상 스님이 「반시」
에 대해 직접 간략하게 해석한 내용과 함께 『일승법계도』라는
이름으로 유통되었다. 스님은 서문에서 부처님의 가르침은 선교
방편인데 언어 문자나 이름 모습 등 가르침의 자취에 잘못 매달
리지 말고 '이름없는 참근원[無名眞源]'으로 되돌아가게 하려고
「반시」를 지은 것임을 밝히고 있다. '무명진원'이란 바로 '일승화
엄' '법성法性'임을 알 수 있다.

이 「법성게」 내지 『일승법계도』는 신라· 고려· 조선시대를 내
려오면서 계속 주석되어 왔다. 일연(一然, 1206~1289) 스님은 『삼
국유사』에서 솥의 국 맛은 한 숟가락만으로도 충분히 알 수 있
다는 비유로 『일승법계도』가 『화엄경』의 전 세계를 다 보이고 있
음을 극찬하고 있다.

의상 스님은 『화엄경』과 『일승법계도』를 강설하여 수많은 제
자들이 깨달음을 얻고 화엄법계에 노닐 수 있게 하였다. 4대 제
자, 등당도오자登堂覩奧者, 10대 제자들이 성인과 현인[亞聖]으
로 불렸다. 제자 진정眞定 스님의 어머니를 천도하기 위한 『화엄
경』 강설 때는 3,000의학들이 화엄법문을 들었음은 널리 회자
되고 있다. 「법성게」 또한 지금도 여전히 영가들을 극락왕생하도
록 떠나보내기 직전, 도량을 돌면서 금생의 마지막 순간까지 꼭
듣고 가게 하는 천도법문이기도 하다.

의상 스님은 전국에 화엄도량[華嚴十山]을 펼쳤고, '해동화엄
초조海東華嚴初祖'가 되었다. 따라서 「법성게」는 의상 스님의 화
엄경관 뿐만 아니라 한국화엄사상 내지 한국불교 수행전통을
알 수 있게 하는 매우 중요한 법문이라 하겠다.

「법성게」의 골자는 단연 '법성'이다. 「법성게」 전체가 법성을
밝힌 것이다. 게송이 처음 '법성'으로 시작되기 때문에 제목을
「법성게」라고 생각할 수도 있겠으나, 실은 「법성게」 전 내용이
'법성'을 노래한 것이다. 「법성게」 30구를 선적으로 해석한 『대화
엄법계도주병서』에서 설잠(雪岑, 1435~1493) 스님도 210자의 종지
는 '법성'에 지나지 않는다고 하여 법성을 강조하고 있다.

불교의 모든 경전과 진언 다라니의 경우처럼 「법성게」 역시
독송만으로도 공덕이 없는 것은 아니다. 게다가 법성을 잘 알고,
법계에 증입한다면 그 무엇과도 비길 데 없는 무량공덕을 얻을
수 있음은 분명하다.

「법성게」에서는 일승화엄의 세계인 법계를 '법성'으로 보이고
있으니, 법계 모든 존재가 법성원융의 법성성기이다. 다시 말해
서 '나'의 오척 되는 몸인 오척신五尺身이 바로 오척법성으로서
법성신法性身이다. 「반시」의 그림은 온 법계가 한 몸인 모습[全法
界一身之像]이다.

이 법성신을 바로 깨달으면 『화엄경』의 모든 부처님인 열 부

처님[十佛]으로 출현하게 된다. 이를 '법성가法性家'에 되돌아간다고 한다. 예부터 부처[舊來佛]인 본래 자기 모습대로 살게 되는 것이다. 바꾸어 말해서 누구나 갈구하는 상락의 영원한 행복을 얻게 되는 것이다. 이것이 불교의 구경처인 불세계이고 성불임을 의상 스님은 역설하고 있다.

이 법문은 지금 여기, 이 몸 바로 붓다로 살게 하는 가르침이다. 설사 곧바로 눈뜨지 못해서 부처님처럼 살지는 못한다 하더라도, 적어도 무한한 가능성을 계발할 수 있는 잠재력이 갖추어져 있어서, 얼마든지 행복할 수 있는 존재인 자신을 자중하는 마음을 가질 수 있다. 부연한다면 오척신이 법성신임을 굳게 믿는 신심만 있어도 신구의身口意와 육근六根으로 함부로 업을 짓지 않고 모두 행복할 수 있는 보리심행을 일으킬 수 있다.

의상 스님은 또 「백화도량발원문」과 「일승발원문」 등을 지어서, 화엄정토인 법계로 인도해 주기도 하였다. 의상 스님의 이 발원문은 우리나라 발원문의 효시이다. 그리하여 당시 삼국통일로 인한 전란에 의해 피폐하고 고통스러운 이들에게 고통에서 벗어나는 길을 제시해 주었으니, 발원문을 통하여 불보살님의 가피를 입어서 스스로 치유하고 행복을 찾게 해 준 것이다.

의상 스님은 '여래의 화현[金山寶蓋之幻有]'이라 칭송되었다.(『삼국유사』「의상전교」) 출가자는 물론 재가불자들도 다 같이 성불하여 부처님처럼 살고자 하는 원을 갖고 수행하며 신행생활을 한다. 하지만 그 일이 결코 쉽지 않음은 누구나 느끼고 있을 것이다. 그런데 의상 스님은 줄곧 여래의 화현이라 존숭되었던 것이다. 스님은 제자들에게 가르쳐준 자신의 가르침 그대로 깨달은 삶을 펼친 화엄행자임을 잘 말해 주고 있는 것이다.

이처럼 「법성게」와 발원문을 지어 『화엄경』의 가르침으로 오로지 제자교육과 교화행으로 일관했던 의상 스님은 출신이 진골 또는 성골인 왕족으로서 15세 전후[卅歲]에 출가하였다. 그때는 신라에도 이미 경론이 많이 전래되어 있었던 터이다. 스님은 출가한 후 나름 수행하다가 당나라 교종의 융성함과 현장(玄奘, 602~664) 스님의 명성을 듣고 원효(元曉, 617~686) 스님과 함께 입당 유학을 시도하였다. 도중에 원효 스님은 깨달은 바 있어 그만 되돌아갔다.

의상 스님은 '죽어도 물러나지 않겠다'는 서원으로 혼자서 입당하였다. 스님은 도중에 발걸음을 종남산 지상사至相寺로 돌렸다. 그리하여 지엄(智儼, 602~668) 스님 문하에서 『화엄경』을 배우고 「법성게」를 짓게 되었던 것이다.

현장 스님의 유식설은 망심妄心이고, 원효 스님이 깨달았다는 심성설은 진망화합眞妄和合의 여래장심이라면, 의상 스님이 수학한 『화엄경』의 유심설은 진심으로서 여래장자성청정심이고 여래성기심如來性起心이다. 여래의 성품이 그대로 일어난 마음이다. 즉 여래의 성품이 그대로 일어나 만덕을 구족한 마음인 여래성기구덕심이다. 이로 볼 때 스님은 중생 마음에서 점차 구경의 부처님 마음으로 다가감을 알 수 있다.

지엄 스님은 의상 스님과 처음 만나기 전날 밤 꿈을 꾸고는, 신라로부터 대덕이 올 줄 알고 도량을 깨끗이 소제하고 기다리고 있었다. 그 자리에서 의상 스님은 화엄의 오묘한 뜻을 분석해 보이고 입실하게 되었다.

지상사에서 『화엄경』 공부를 계속한 의상 스님은 총장 원년(668) 7월 15일에 「법성게」를 지었다. 스승인 지엄 스님의 입적 후, 당나라가 신라를 침공하려 한다는 소식을 접한 의상 스님은 고국 신라가 전쟁에 대비할 수 있도록 이 소식을 알리고자 귀국을 앞당기게 된다. 스님은 귀국(671) 전후로 계속 화엄성중의 두호와 호법용[善妙]의 외호를 받은 일이 전해진다.

귀국 후 의상 스님은 낙산에서 관음보살을 친견하고 관음신앙을 열었으며, 부석사를 화엄본찰로 삼아 제자들 교육에 헌신하고 화엄교화를 펼쳐갔다. 스님은 부처님 도량이 평등한 법계임을 몸소 보여주었다. 그것은 문무왕이 의상 스님을 존경하여 전답과 노비[奴僕]를 하사하려고 했을 때 "우리 불법은 평등하여 고하高下가 함께 동등하고 귀천이 다르지 않다."라 하고 받지 않

았으며, 왕이 성을 많이 쌓으려고 백성들을 고달프게 함을 보고
는 왕에게 권하여 축성을 그만두게 한 사실만으로도 충분히 알
수 있다고 하겠다.

오늘날도 의상 스님의 법력과 가르침이 얼마나 절실히 필요한
지, 여전히 전국 사찰에서 「법성게」가 독송되고 있는 인연을 깊
이 돌아보게 한다. 스님의 혜명을 이어가려는 평등정신을 잘 전
승하고 여래가 계속 출현하시는 청정 법계를 유지할 수 있도록
하기 위해서 의상 스님의 생애와 「법성게」 내지 『일승법계도』에
담긴 화엄정신과 수증방편을 좀 더 깊이 이해할 필요가 있다.

2

의상 스님의
출가와 수학

「법성게」 내용에 대하여 자세히 살펴보기 전에 먼저 「법성게」를 짓게 된 인연과 유통을 포함하여 의상 스님의 행장에 대하여 짚어보기로 한다.

의상 스님의 생애를 알 수 있는 전기 자료로서는 가장 오래된 「부석본비」의 단편이 『삼국유사』의 「전후소장사리」조에 전한다. 그리고 『삼국유사』의 「의상전교」조, 『송고승전』의 「당신라국의상전」 등 17여 종의 자료가 전한다. 이들 전기 자료들은 상치되거나 서로 다른 부분이 많은데, 특히 달리 전하는 의상 스님의 생몰연대·출가시기·입당구법의 시기 등은 「부석본비」에 의거하면서, 전기 자료들을 종합적으로 참고하여 스님의 생애를 따라가 보기로 한다.

의상 스님은 부석존자·의지義持·원교국사·해동화엄초조 등

황복사지3층석탑. 의상 스님은 낭산 북쪽에 위치한
황복사로 출가했다.

의 별칭이 있으며, 한자 표기도 '義湘'과 '義相' 그리고 '義想'
의 세 가지가 있다. 스님은 속성이 김씨(『송고승전』에는 박씨)이고,
부父는 한신韓信이다. 신라 제26대 진평왕 47년(625)에 탄생하
고, 제33대 성덕왕 원년(702)에 입적하였다. 스님이 살았던 78년
간은 진평왕-선덕여왕-진덕여왕-무열왕-문무왕-신문왕-효
소왕-성덕왕 등 8대 왕을 거치는 신라 통일기 전후이다. 스님은

신라불교 특히 신라화엄을 꽃피우고 전승시켰다.

그러면 의상 스님은 언제 어디서 출가하였으며, 무엇을 배우고 어떻게 닦았을까? 스님은 관세弱歲에 황복사皇福寺에서 출가하였다. 관세는 보통 결혼하기 전 15세 전후로 추정되는 나이이다. 『송고승전』에서는 스님의 출가 등이 다음과 같이 알려져 있다.

> 태어나면서부터 영명하고 기특하더니 커서는 세상을 벗어나 매임없이 도道에 들어갔으며 심성의 모습이 자연스러웠다.
>
> 生且英奇 長而出離 逍遙入道 性分天然

스님의 영명 기특함은 후에 지엄 스님이 영특한 재질을 만난 것을 크게 기뻐하였다는 것에서도 확인된다. 그 당시 신라는 혈통에 따라 신분을 나눈 골품제도가 엄격하였는데, 의상 스님은 진골 또는 성골이라고 알려져 있다. 성골은 왕이 될 수 있고 진골은 모든 직위와 특권을 다 누릴 수 있으니, 바로 아래 육두품과도 의복이나 주거지 등 모든 것이 차별된다.(이러한 골품제도의 폐해로 점차 신라가 힘을 잃어버리는 큰 혼란이 야기되었다고 평가되고도 있다)

그런데 의상 스님은 싯달타 태자처럼 그 모든 주어진 영화를 마다하고 어린 나이에 출가하였다. 그리고 부처님의 평등정신을 실천하여 법계法界 공동체를 이루어 갔다.

스님의 출가 본사인 황복사는 낭산狼山 북쪽 자락에 자리하였는데, '황'자가 들어있는 절 이름으로 보아 왕실과 관계된 사찰이라고 추정되나 창건자나 창건 연대는 알 수 없다. 현재 황복사지(경주시 구황동)에는 삼층석탑(국보 제37호)과 석재유물 몇 점만 남아있다.

황복사의 삼층석탑은 의상 스님이 출가하기 전에 이미 건립되어 있었던 절에 효소왕이 즉위한 해(692), 부왕 신문왕의 극락왕생을 빌고자 세운 탑이다. 그 사실은 삼층석탑 해체 시(1943) 불상과 함께 발견된 금동사리함 덮개의 명문 기록에 의해서 알려졌다. 또 명문에 의하면 성덕왕 5년(706)에 다시 그 탑 안에 사리와 불상 등을 모셔서 신문왕과 효소왕의 명복을 빌고 왕실의 번영과 태평성대를 기원하였다고 한다. 순금으로 조성된 여래좌상(국보 제79호)과 여래입상(국보 제80호)은 금동사리함과 함께 현재 국립중앙박물관에 모셔져 있다.

『삼국유사』「의상전교」조에도 의상 스님이 황복사에 머물렀을 때 이미 탑이 있었음을 전한다. 스님이 황복사에서 제자들과 함께 탑돌이를 할 때 항상 허공을 딛고 올라가 계단을 밟지 않았으므로 그 탑에는 사다리를 설치하지 않았다고 한다. 그리고 제자들이 계단에서 세 자나 떨어져 허공을 밟고 돌았으므로, 스

황복사탑사리함개.

황복사탑서 출토된 순금제여래입상(왼쪽) 및 순금제아미타좌상(오른쪽).

님이 돌아보고 "세인이 이것을 보면 반드시 괴이히 여길 것이니, 세상에는 가르치지 못할 것이다."라 하였다는 것이다.

황복사가 자리한 낭산은 신라 왕궁에서 그리 멀지 않은 곳에 나지막하게 펼쳐져 있는데 당시 매우 신령스러운 산으로 생각했다. 도리천에 묻혔다는 선덕여왕릉이 낭산 남쪽 중턱에 있고, 그 아래 기슭에 사천왕사가 세워졌다. 사천왕사는 의상 스님이 전해 준 정보에 따라 당나라 침공을 막기 위해 명랑법사가 문두루비법을 행하려고 세워졌다. 사천왕이 다스리는 사왕천의 위가 도리천이니, 선덕여왕의 지기삼사知幾三事 이야기가 함께 전해지는 곳이다. 사천왕사 자리는 칠처가람터의 하나이기도

해주 스님의 법성게 강설

하다.

황복사는 당시 국가 대찰인 황룡사에서 가까운 낭산 북쪽 모롱이만 돌면 바로 보인다. 규모도 황룡사에 비하면 별로 크지 않다. 그런데 의상 스님이 황복사로 출가한 것은 자신이 왕족이라서 왕실과 인연 깊은 사찰을 택한 것이라 추정되기도 한다. 그러나 후에 화엄본찰로 삼은 부석사의 위치가 '고구려의 먼지와 백제의 바람 그리고 마소도 접근할 수 없는 곳, 땅이 신령스럽고 산이 수려한 곳'이라 함을 볼 때, 스님은 뜻한 바 있어 황룡사보다 다소 한적한 황복사로 출가한 것이 아닌가 한다. 앞으로 황복사의 금당자리가 발굴되면 사격이 더 밝혀질 것으로 기대한다.

의상 스님은 황복사에서 출가한 지 10여 년 후인 650년에 원효 스님과 함께 당나라 유학을 시도하게 된다. 그때 원효 스님(15세 또는 28세 출가)은 34세이고, 의상 스님은 26세였다. 두 스님이 입당을 시도한 것은 '당나라 교종이 여러 가지로 융성함[聞唐土教宗鼎盛]'과 '현장삼장의 자은문을 흠모[慕奘三藏慈恩之門]'한 때문이다. 이러한 연유는 각각 『송고승전』의 「당신라국의상전」과 「당신라국황룡사원효전」에 전한다.

그때까지 의상 스님과 원효 스님이 어디서 어떤 수행을 하였는지는 잘 알려져 있지 않다. 단지 각기 나름대로 『화엄경』을 포함하여 경율론을 공부하였을 것으로 여겨진다. 두 스님의 입당 시도와 관련하여 그 전후 불교계 상황을 간단히 돌아보자.

신라는 이차돈 성사의 순교로 불교가 공인된(법흥왕 14년, 527) 후, 법흥왕을 이어 진흥왕의 불교진흥으로 고승들이 배출되고 구법승의 중국 왕래가 이루어졌다. 그 가운데서도 원광(圓光, 542~627) 스님과 자장(慈藏, 590~658) 스님이 수·당나라 불교를 유입하여 신라불교의 흥성에 많은 공헌을 하였다.

원광 스님은 진평왕 11년(589)에 중국에 유학하고 22년(600)에 귀국하여 대승경교를 강설하였다. 황룡사 백고좌법회시 제일 상수로서 대승법문을 설하였고 유식계통의 섭론학을 연구하였다. 원광 스님이 산신의 권유로 중국에 간 연유와 얽힌 설화(『삼국유사』 「원광서학」)에 의하면 그때도 민속적 산신 등이 불교신중으로 습합되는 과정에 있었음을 잠작할 수 있다. 원광 스님이 두 화랑의 청에 의해 세속오계를 설하여 화랑정신을 확립시킴으로써 신라가 삼국을 통일할 수 있는 초석을 다졌음은 널리 알려진 사실이다.

자장 스님은 부모가 천부관음을 조성하고 기도하여 출생하였고, 사촌간이었던 선덕여왕 5년(636)에 당으로 건너갔다. 643년(선덕여왕 12년, 정관 17)에 귀국하면서 불사리와 가사, 대장경 일부(400여함) 등을 모셔왔다. 우리나라에 『화엄경』이 전래된 것은 진

해주 스님의 법성게 강설

흥왕 26년(565)에 진陳 문제文帝가 1,700여 권의 경론을 보냈을 때로 추정되는데, 늦어도 자장 스님이 400여함의 대장경을 모셔왔을 때임은 확실시된다.

자장 스님은 중국 오대산 문수보살상 앞에서 기도하던 중 꿈에 문수보살로부터 범게梵偈를 받았다. 『화엄경』의 사구게였다. 스님은 귀국 후 자신의 생가를 절[元寧寺]로 만들어 그 낙성식 때 화엄만게華嚴萬偈를 설하여 화엄선지식의 감응을 입었다고도 한다. 이처럼 자장 스님은 화엄과 인연이 적지 않다.

그런데 『삼국유사』 「자장정율」조에 보이듯이 스님은 통도사를 창건하고 계단을 쌓아 사방에서 모여든 사람들에게 수계해주는 등 율사의 면모가 더 크다. 스님은 대국통이 되어 승니僧尼의 규범과 교단의 제반사를 정비하고 계를 잘 지키게 하였던 것이다. 이처럼 자장 스님은 중국의 불교문화와 대장경을 전래하였으며, 스님들의 기강을 바로잡고 계율의 정착에 이바지하였다. 또한 황룡사에 구층탑을 세우는 등 호국호법의 불사도 크게 일으켰으니, 신라의 불교화에 크게 공헌하였다.

그러나 스님이 만년에 문수보살을 다시 친견하고자 간절히 원하고 기도했지만 '아상我相' 때문에 결국 현신한 문수보살을 알아보지 못했다는 설화는, 자장 스님이 비록 화엄과 인연은 많으나 후에 형성되는 화엄종의 초조는 되지 못하였음을 예시한 것이라 하겠다.

아무튼 이상으로 볼 때 신라불교가 거의 왕실을 중심으로 한 귀족불교의 형태를 띠고 있다고도 하겠으나, '이상'을 경고한 설화에서도 시사하듯이 실은 귀족과 서민 차별 없이 누구나 의지하고 신봉한 불교였다. 특히 일반 서민대중 속에 깊숙이 들어가 시골 골목과 장터 등에서 교화를 폈던 혜숙惠宿·혜공惠空·대안大安 대사들의 신이한 방편은 지금도 널리 회자되고 있다. 뿐만 아니라 신라인에게는 처음부터 신라불국토사상이 마음속에 널리 퍼져 있었다.

일반적으로 삼국불교의 특색을 고구려는 삼론, 백제는 율학, 신라는 법상 유식으로 간주한다. 백제가 소승율학이라면 신라는 대승율학이다. 삼국은 그 외에도 천태, 열반, 미륵, 미타, 섭론, 화엄 등이 퍼져 있었다. 그러다가 신라의 삼국통일을 즈음해서 단연 화엄교학이 위세를 떨쳐갔다.

이러한 분위기 속에서 의상 스님은 원효 스님과 서로 왕래하면서 공부하다가 함께 육로로 고구려 땅을 거쳐 입당하려고 길을 떠나게 되었던 것이다.

3

입당 유학의 시도와
열반경 수학

의상 스님은 원효 스님과 함께 650년(진덕여왕 4년)에 육로로 입당 유학의 길을 떠났다. 그런데 요동을 거쳐 중국으로 들어가려던 차에 변방에서 국경을 순시하며 지키던 고구려 병사에게 첩자로 오인되어 붙잡혀서 수십 일 동안 갇혀 있다가 겨우 풀려났다. 그래서 1차 입당 시도는 실패하고 신라로 되돌아오게 되었다.

돌아오던 길에 두 스님은 평양 반룡산盤龍山 연복사延福寺에서 보덕普德 화상에게 『열반경』을 배우게 된다. 보덕 화상은 보의普依 성사로도 불리며, 자는 지법智法이다. 스님은 영탑사를 비롯하여 도처에 사찰을 세우고 수행 정진하였다고 한다.

보덕 화상은 '비래방장飛來方丈'으로 널리 알려져 있다.(『삼국유사』 「보장봉로보덕이암」) 고구려 보장왕이 도교만을 존숭하고 불법

화엄연기. 13세기 일본 화엄종에서 원효 스님과 의상 스님의 전기를 그린 그림.
의상 스님과 함께 고분에서 잠을 자게 된 원효 스님이 꿈에 귀신에게 시달려 잠을
편히 못 자는 것을 묘사한 장면이다(화엄연기 두루마리 복제품 촬영).

을 숭상하지 않으니 나라가 반드시 오래가지 못할 것임을 탄식
하고, 신통력으로 하룻밤에 연복사 방장을 공중으로 날려 백제
의 완산주(현 완주군) 고달산(현 孤大山)으로 옮겨 왔다는 것이다.
보장왕 9년(650) 6월의 일이다.

이 비래방장설은 보덕 화상이 고구려에서 백제로 몰래 잠행
하였음을 짐작케 한다. 화상은 고달산에 경복사景福寺를 창건
하고 널리 『열반경』 법석을 폈다. 보덕 화상의 제자로는 무상, 명
덕 스님 등 11명이 보이는데 제자들이 지은 절이 지금도 완주 모
악산과 진안 마이산, 정읍 칠보산 등지에 남아있다.

후에 대각국사 의천이 반룡산 연복사에 이르러 보덕성사의

해주 스님의 법성게 강설

비래방장 옛터에서 예배하고 지은 시에서, 두 성인이 『열반경』을 배웠음을 담고 있다. 『동국승니록東國僧尼錄』에 수록된 그 시를 번역하면 다음과 같다.

열반과 방등의 가르침

우리 스승이 전해 주셨네

두 성인이 경을 배울 때

(원효와 의상이 성사에게서 『열반경』과 『유마경』을 배웠다.)

고승께서는 그때 독보적이셨네.

인연 따라 남과 북에 계셨으나

도에서는 맞이하고 따름이 없네

애석하도다, 방장을 날린 후에

동명왕의 옛 나라가 위태해졌네.

조선 후기에 폐사된 것으로 보이는 경복사지는 최근 전북대의 발굴조사로 비교적 석축이 잘 남아있는 건물지가 확인되었다. 삼국시대의 것으로 보이는 유물이 많이 출토되었는데 '고덕산 경복사지' 명문과 650년에 창건되었다는 명문이 있는 기와편도 발견되었다. 경복사지는 현재 '전라북도 기념물 108호'로 지정되어 있다.

의상과 원효 두 스님은 661년(문무왕 원년)에 다시 제2차 입당을 시도하게 된다. 백제가 멸망(660)되어 해로가 열리게 된 것이다. 당으로 가는 항구가 있는 해문海門 당주계(당항성)로 가서 큰 배를 구해 푸른 바다를 건너갈 계획을 세우고 서해안으로 길을 떠났다.

두 번 입당을 시도한 그 사이 11년 간의 행적은 의상 스님과 원효 스님이 창건한 사찰의 사적기 등을 통해 헤아릴 수 있을 것이다. 두 스님이 창건하였다는 사찰을 곳곳에서 많이 볼 수 있기 때문이다.

당항성은 당성이라고도 하는데 그 당시 바닷물이 성 바로 앞까지 들어왔다고 한다. 그런데 그 후로 여러 차례 매립과 간척사업에 의해 바다가 흙으로 메꾸어져 이제 그 부근은 큰 마을이 되었다. 현재 당성은 동문 남문 북문터와 우물터 그리고 망해루 등 건물지가 발굴되어, 1971년에 사적 제217호(경기도 화성시 서신면 상안리 구봉산)로 지정되었다.

그런데 두 스님은 배를 타러 가던 도중에 갑자기 궂은비를 만나 비바람을 피하려고 길가의 땅굴[土龕] 사이에 몸을 은신하여 밤을 지냈다. 이튿날 깨어보니 그곳은 땅굴이 아니라 오래된 무덤[古墳]이었고 해골도 옆에 뒹굴어 있었다. 그날도 비가 멎지 않고 땅도 진흙투성이라 한 걸음도 나아가기 어려워 하룻밤을 더 자게 되었다. 밤이 깊어갈 무렵 갑자기 귀신이 나타나 원효 스님은 잠을 잘 수가 없었다. 이에 모든 것이 마음도리임을 깨닫고 입당 유학을 포기하였다. "마음이 일어나면 온갖 법이 일어나고 마음이 멸하면 땅굴과 고분도 둘이 아니다.[心生故種種法生 心滅故龕墳不二]", "삼계가 유심이고 만법이 유식이다. 마음 외에 법이 없으니 어찌 따로 구하리오. 나는 당으로 들어가지 않겠다."라고 하였다.

『송고승전』(988)보다 100여 년 후에 이루어진 혜홍각범(慧洪覺範, 1071~1128)의 『임간록林間錄』에서는 원효 스님의 깨달음을 더욱 극적으로 나타낸 다른 오도송을 전한다. 즉 "마음이 일어나면 온갖 법이 일어나고 마음이 멸하면 해골도 마찬가지이다.[心生則種種法生 心滅則髑髏如是]"라는 게송이다. 원효 스님이 한밤중에 목이 말라 바가지 물을 시원스럽게 마셨는데 아침에 깨어보니 해골바가지에 담긴 더러운 물이라 구토가 났기에, 문득 모든 것이 마음에 달렸다는 깨달음을 얻어서 읊었다는 것이다.

『화엄연기華嚴緣起』에는 고분의 이 장면을 원효 스님이 꿈에 귀신에게 시달려 잠을 편히 못 자는 그림으로 묘사하고 있다. 『화엄연기』는 정식 명칭이 『화엄종조사회전華嚴宗祖師絵伝』이며, 일본의 국보로서 현재 교토 고산사高山寺에 소장되어 있다. 가

마쿠라 초기 고산사의 묘에(明惠, 1173~1232) 스님을 중심으로 하는 화엄종단에서 동아시아 화엄조사로 의상 스님과 원효 스님을 지정하여 그 전기를 『송고승전』에 의거하여 두루마리 그림[繪卷]으로 만든 것이다. 처음에는 '의상그림[義湘繪]' 4권 '원효그림[元曉繪]' 2권이었으나 현재는 각각 3권씩 총 6권으로 되어 있다. '의상그림'은 의상 스님이 원효 스님과 함께 당으로 유학을 떠나는 대목에서부터 시작되어, 마지막으로 부석사에서 법회를 열어 법을 설하는 장면에서 끝난다.

의상 스님이 원효 스님과 함께 이틀 밤 머물렀던 곳, 다시 말해서 원효 스님의 오도처가 어디인지는 확실치 않다. 그래서 원효 스님의 오도처가 화성 신흥사, 평택 수도사, 당항성 부근이라는 등 여러 설이 분분하다. 당항성 부근 무덤이라고 보는 주장은 신라 견당사들이 주로 이용하던 루트 중 경주-문경-충주-여주(수로) 또는 직산(육로)-남양 당은포로에 주목하고, 그중에서도 편리한 여주 수로를 통해 당은포로 향했을 것이라고 추정한 것이다. 당은포는 당항성의 관문항이다. 그래서 원효 스님의 오도처가 당항성 인근의 어느 무덤이라고 보았다.

그런데 신라시대에는 두 스님이 머물렀던 곳이 '직산'이라고 전해져 왔음을 볼 수 있다. 『조선금석총람』에 수록되어 있는 '충주 월광사 원랑선사 대보선광탑비(忠州月光寺圓朗禪師大寶禪光塔

碑)'(890)에는 직산稷山의 □□□□가 원효 스님의 성도처라고 언급되어 있기 때문이다.

> (원랑선사가) 현묘하고 미묘함[玄微]을 찾고자 해서 이
> 에 직산稷山에 이르러 □□□□에 머무르니 (그곳은) 신
> 승 원효가 도를 이룬 곳이다.

원랑선사는 신라 대통(816~883) 선사로서 낭혜 화상 무염에게 선법을 수학하고 입당 유학하여 866년에 귀국하여 월악산 월광사에 머무르면서 선문을 크게 발전시켰다. 이 탑비는 금성군(전남 나주시) 태수 김영金穎이 찬술한 것이다. 현재 보물 제360호로서 국립중앙박물관에 모셔져 있다.

원랑선사가 머물렀다는 원효 스님의 오도처가 직산의 어느 장소인지는 비문이 마멸되어 보이지 않는다. 그래서 '□□□□'이 무엇인지 알 수 없어서 이 글을 "~직산에 이르러 □□에 머무르니 □□는 신승 원효가 도를 이룬 곳이다."라고 번역할 수도 있다.

아무튼 이 직산이라는 지명이 홍경사 사적비에 보인다. 고려 현종 1026년에 세워진 '직산 홍경사갈 稷山 弘慶寺碣'(국보 제7호)에 의하면 홍경사가 직산현 성환역 북로에 있다고 한다. 직산 주

제천 월광사지 원랑선사
대보선광탑비. 국립박물관 소장.

변은 인가가 매우 드문 곳이었음을 알 수 있다.

비문에서는 직산이 호남과 한양을 잇는 갈래길로 교통의 요
지였으나 갈대가 무성한 못이 있고 사람과 사는 곳이 떨어져 있
어 강도가 출몰하여 사람들의 왕래가 어려웠다고 한다. 그리하
여 현종이 불법을 펴고 길가는 사람을 보호하기 위하여 봉선 홍
경사라는 사찰을 짓고 이를 기념하기 위하여 갈기비를 세웠다
는 것이다. 지금도 그 부근을 둘러보면 이정표 삼을 만한 자연적
인 특징이 보이지 않는 것 같다. 그래서 당시 비바람과 진흙땅에
길을 계속 재촉하기 어려웠을 것임은 충분히 짐작할 수 있다.

　　　　　　　　　　　　　　　　　해주 스님의 법성게 강설

아무튼 원효 스님은 입당할 마음을 바꾸어 되돌아가고, 의상 스님 홀로 맹세코 죽어도 물러나지 않겠다는 원[誓死不退]으로 길을 재촉하였다. 의상 스님은 등주登州에 도착하여 걸식하며 한 단월 집[信士家]에 이르자, 의상의 용모와 안색이 뛰어남을 보고 그 집에 오래 머무르게 하였다. 단월이 되어 호법하겠다는 서원으로 의상 스님을 외호하게 되었던 선묘善妙 낭자도 그때 스님에게서 교화를 받은 것이었다. 「의상전교」에서는 양주 주장 揚州 州將 유지인劉至仁의 청으로 관청에서 머물렀다고 한다. 양주는 장안으로 가는 주요 거점도시 중 하나로 간주된다. 스님은 그 이듬해 지엄(智儼, 602~668) 스님이 주석하고 있었던 종남산의 지상사至相寺에 도착하게 된다.

의상 스님이 신라로 귀국할 때 다시 단월에게 인사차 문등文 登으로 갔다고 함을 볼 때, 스님의 신라에서부터 지상사에 이르는 여정은 경주-직산-당항성(당은포)-등주(문등현)-양주-장안-종남산 지상사로 추정된다.

4

지엄智儼 스님
문하에 입실

의상 스님이 험난한 해로를 통해 입당하여(661) 이듬해 장안 종
남산의 지상사에 당도하였다. 원효 스님과 헤어진 후 지상사에
이르는 도중에 의상 스님의 심경에도 큰 변화가 있었던 것이 아
닌가 생각된다. 그것은 원효 스님과 함께 현장 스님을 찾아가려
던 발걸음을 지엄(602~668) 스님에게로 돌렸기 때문이다.

물론 『송고승전』의 「의상전」에서는 의상 스님이 유학하려던 동
기가 당나라 교종이 번성하였음을 들었기 때문으로 언급하고
있다. 그 교종 중에서도 특히 현장 스님의 유식교학이 융성하였
던 것으로 보인다. 그것은 「원효전」에서 서술한 원효 스님의 입
당 동기가 현장삼장의 자은문을 흠모한 것 때문으로 짐작된다.
그래서 원효 스님이 의상 스님과 함께 11년에 걸쳐 두 번이나 입
당을 시도한 것으로 널리 알려져 있다.

의상 스님이 지엄 스님에게서 화엄을 배웠던 종남산 지상사.

   그런데 원효 스님이 유심의 도리를 깨닫고 도중에 유학을 포기한 반면, 의상 스님은 종남산으로 가서 후에 화엄종의 제2조가 되는 지엄 스님의 문하에 입실한 것이다. 원효 스님의 '오도송'이 널리 회자되면서 같은 장소에서 같은 시간 같은 밤을 보냈지만 의상 스님의 경우 아무런 일도 일어남이 없었다고 해서 의상 스님의 깨달음을 간과하지는 않았는지 돌아볼 일이다.

   당시 상황을 다시 생각해 보자. 원효 스님의 오도가 높이 숭상되는 것에는 전혀 이의가 없다. 단지 의상 스님의 경우를 다시 보자. 오도에는 깨달음의 기연이 있다. 해골 물의 경우 의상 스님은 밤에 잠자다가 목이 마르지 않았던 모양이다. 또 땅굴인 줄 알고 잠을 잘 잤던 곳이 옛 무덤이었음을 안 뒤에도 귀신 때문에 잠을 설쳤다는 말이 없다.

이 점을 볼 때 의상 스님에게는 땅굴이나 무덤이나 별반 다를 게 없었고, 먼 길을 걸어서 지쳤어도 자는 도중 목말라서 잠을 깨지도 않을 만큼 건강에 무리도 없었음을 알 수 있다. 그때 의상 스님은 37세였다. 따라서 그 달라진 환경이 의상 스님에게는 깨달음의 기연이 아니었을 뿐이다. 의상 스님은 오로지 죽어도 물러서지 않겠다는 서사불퇴誓死不退의 서원으로 가던 길을 계속하여 화엄경교를 더 깊이 공부하였고, 그리하여 화엄법계에 들어가 법성을 노래하게 되었던 것이다. 의상 스님의 깨달음의 기연은 화엄경교였음을 확신할 수 있다.

여기서 신라에까지 그 융성함이 전해졌던 중국불교 교종의 상황과 유심설에 대해서 잠깐 살펴보기로 하자. 당시 중국불교는 경율론 삼장의 번역과 아울러 새로운 교학이 발달되고 학파 내지 종파가 형성되어 갔다. 4세기에서 8세기 사이에 비담종을 효시로 성실종·삼론종·열반종·지론종·섭론종·율종·선종·천태종·정토종·법상종·화엄종·진언종 등 13종이 확립되었다.

이 가운데 『화엄경』의 '마음[心]' 교설과 연관이 깊은 종파로서 화엄종은 물론이고 지론종·섭론종·법상종 등을 들 수 있다.

그러나 마음[心]에 대한 이해는 각기 다르다.

지론종은 보리유지와 륵나마제 삼장 등에 의하여 역출(502~512)된 세친의 『십지경론』을 소의로 하여 혜광(468~537) 스님을 개조로 성립하였으며, 남도파와 북도파로 나뉘게 된다. 섭론종은 진제(499~569) 삼장이 번역(563)한 세친의 『섭대승론』에 의거하여 담천(542~607) 스님에 의해 형성되었다. 원광법사도 담천 스님으로부터 섭론종의 교의를 배웠다고 한다.

『십지경』의 일심설을 북도파는 망식의 심식설로 보고 남도파는 진심의 심성설로 본다. 후에 북도파는 섭론종에 합해지고 섭론종은 법상종에 합해진다. 섭론종은 8식 망식 외에 제9무구식無垢識을 인정하기도 한다. 그리고 지론종 남도파는 화엄종에 포섭된다.

자은법상종은 현장삼장이 규기 등의 제자와 함께 『성유식론』을 번역(659)함으로써 이루어졌다. 현장 스님은 인도에서 17년(629~645) 간의 구법을 마치고 수많은 불전을 가지고 돌아와, 600부 반야계 경전을 비롯하여 역경 작업에 심혈을 기울였다. 현장 스님의 한역을 신역이라 부른다. 현장 스님은 당 태종의 지원을 받아 대대적인 역경을 진행하였다. 대자은사에는 현장 스님이 인도에서 가져온 불전을 보관하기 위한 대안탑(7층)이 건립(652)되었다.

이처럼 역경에 주력하면서 유식학을 널리 편 현장 스님의 법상교학은 만법유식설이다. 모든 것은 제8아뢰야식의 식소변이라는 것이다. 그러한 심식설은 망식설이다.

원효 스님의 오도송에 보이는 마음은 여래장을 설하는 『대승기신론』의 심의식설에 나온다.[心生則種種法生 心滅則種種法滅] 『대승기신론』의 여래장심은 진망화합심이다. 중국화엄종에서는 이 『대승기신론』의 여래장사상을 여래장연기종으로 배대하였다. 따라서 원효 스님의 오도송은 스님의 마음[心]에 대한 관점이 망심의 유식설에서 진망화합의 여래장심으로 바뀌게 됨을 의미한다.

그리고 원효 스님은 다시 보법 화엄의 청정 진심으로 다가감을 볼 수 있다. 스님은 『화엄경소』를 짓던 도중 「십회향품」에서 절필하고 회향하러 민중 속으로 뛰어들었다. 그리고 대중교화의 무애행을 펼칠 때 "일체 걸림없는 사람은 한 길로 생사에서 벗어난다.[一切無礙人 一道出生死]"라고 천명한 것은, 『화엄경』 「보살명난품」의 게송이다. 후에 화정국사和靜國師로 불리게 된 원효 스님의 화쟁원리 역시 화엄 일심에서 벗어나지 않는다.

의상 스님은 처음 입당 유학을 계획했을 때는 원효 스님과 마찬가지로 현장 스님의 명성을 듣고 유식설에 관심을 가졌던 것으로 보인다. 또한 보덕 화상에게서 배운 『열반경』의 불성설인 여래장설에도 조예가 깊었을 것이다. 그러나 스님이 당나라에 들어가서는 단월가의 도움으로 중국불교의 당시 상황을 좀 더 두루 파악할 기회를 가졌다고 하겠다.

그때 지엄 스님이 지상사에서 화엄교학을 연구하고 『화엄경』의 가르침을 펴고 있었다. 의상 스님은 이미 신라에서 『화엄경』을 열람하였을 것이고, 그 화엄교를 지엄 스님이 펴고 있음을 듣고는 지상사의 지엄 스님에게로 발걸음을 돌리게 된 것으로 생각된다.

지엄 스님은 두순 스님에 의해 12세 때 출가한다. 두순 스님이 어느 날 길을 가다가 만난 어린 동자가 불법을 담을 그릇임을 알아보고 부모에게 찾아가 출가시키도록 한 것이다. 지엄 스님은 달達 법사에게 살펴 도와주도록 맡겨졌다. 스님은 당시 융성하던 불교교학을 두루 섭렵하였고, 지상사에 머물고 있었던 지정智正 스님에게서 『화엄경』을 배웠다. 그리고 60권 『화엄경』(불타발타라 역, 418~420)을 소의로 화엄교학의 기초체계를 마련하게 된다.

지상사에서 의상 스님이 배우고 연구를 더한 『화엄경』의 유심은 바로 여래장자성청정심이고, 여래성기심이다. 여래성기심은 여래의 마음인 여래성이 그대로 일어난 마음이고, 더 구체적으로 말해서 여래의 성품이 그대로 일어나 만덕을 구족한 마음,

즉 여래성기구덕심如來性起具德心이다. 이러한 유심설을 의상 스님은 법성성기심法性性起心으로 강조하고 있다.

지상사는 종남산 북쪽 산기슭의 천자골짜기[天子峪]에 위치하는데, 수나라 때 창건되었고 당나라 때 화엄종 조사들이 주석하면서 그 전성기를 맞았다. 당시 종남산 기슭에도 다양한 학풍과 수행방편이 펼쳐지고 있었다.

정업사淨業寺의 도선(道宣, 596~667) 율사는 『사분율』의 번역(혜광, 402~412)으로 설립된 율종을 완성하였다. 도선 율사는 정업사에서 늘 재를 올려 천공을 받았는데, 의상 스님에게 그 천공을 대접하기도 하였다.(이 점에 대해서는 후에 좀 더 상세히 언급하기로 한다.)

또 초당사草堂寺는 삼론종의 조정이기도 하다. 구마라집(344~413) 스님이 역출한 삼론에 의거해 길장(549~623) 스님이 종파로서의 교의를 체계화하였다. 현재 초당사에는 구마라집 스님의 사리탑과 화엄종 제5조 규봉종밀(780~841) 스님의 기념비가 모셔져 있다.

또한 지엄 스님이 스승 두순 스님을 따라가 한때 머물렀던 순화사淳化寺도 지상사 올라가는 종남산 기슭에 있다. 순화사는 삼계교三階教를 창시한 신행(信行, 540~594) 스님의 탑원塔院 사찰이었는데, 771년에 백탑사百塔寺로 개명되었다. 현재는 '삼계

해주 스님의 법성게 강설

지엄 스님이 스승 두순 스님을 따라 머물렀던 종남산 백탑사. 삼계교를 창시한 신행 스님의 탑원사찰이다.

교조정 화엄종지상도량 백탑사三階敎祖庭華嚴宗至相道場 百塔寺' 라는 사명寺名으로 소개한 안내판이 법당 앞에 세워져 있다.

백탑사에는 수령 1,700년 된 은행나무가 보존되어 있다. 사찰 의 유구함을 보여주는 모습이었다. 삼계교는 13종 종파에는 들 지 않지만 국가에서 삼계교적을 금단(600)하기 전만해도 불교계 에 일대 충격을 줄만큼 삼계불법을 숭신하는 자들이 엄청나게 많았다. 순화사는 신행 스님의 영탑 소재지라 하여 삼계교도들 의 탑이 많이 불어나게 되어 백탑사라 개명되었다고 한다.

의상 스님이 입당한 때에는 이상에서 언급한 종파만이 아니 라 제일 늦게 설립된 진언종을 제외한 대다수의 종파가 형성되고 종지를 선양하는 교학이 이루어졌다.

의상 스님이 지엄 스님을 처음 만난 해는 용삭 2년(662)이다. 스님은 38세, 지엄 스님은 61세 되던 해이다.『삼국유사』「의상전교」조에서는 그때 지엄 스님이 전날 밤 꿈 이야기를 하면서 특별한 예로 의상 스님을 맞이하였다고 전한다.

> 큰 나무 한 그루가 해동에서 생겨나 가지와 잎이 번성하여 신주(중국)까지 덮었다. 그 위에 봉황의 집이 있어 올라가 보니 한 개의 마니보주가 있어서 그 광명이 멀리까지 비치고 있었다.

지엄 스님은 그 꿈을 깬 후 놀랍고 이상하여 도량을 깨끗이 소제하고 기다렸다는 것이다. 그리하여 곧바로 입실을 허락하였다. 의상 스님이 화엄의 오묘한 지취를 깊은 데까지 분석해 내니, 지엄 스님은 영특한 재질을 만난 것을 기뻐하였다고 한다. 그리고 의상 스님은 더욱 새로운 이치를 발현하여 깊은 것을 끌어내고 숨은 것을 찾아내니 스승보다도 낫게 되었다고 전한다.

해주 스님의 법성게 강설

5

화엄성중의
옹호

의상 스님은 화엄성중의 옹호를 받은 화엄행자華嚴行者이다. 화
엄성중은 『화엄경』에 출현하는 신중神衆이다. 신중은 불법승佛
法僧 삼보를 옹호하는 호법신인데, 성스러운 무리라고 하여 성
중聖衆이라고 부르며, 신 가운데 장군이라 하여 신장神將이라고
도 한다.

　의상 스님이 신중의 호위를 받은 사실이 『삼국유사』의 「전후
소장사리」조에 보인다. 스님이 남산율종의 도선(道宣, 596~667)
율사가 주석하고 있었던 정업사로 초대받아 갔을 때 신중이 따
라 모신 이야기가 담겨있다.

　　옛적에 의상 법사가 입당하여 종남산 지상사 지엄 존
　　자에게 가서 수업했다. 이웃에 도선 율사가 있어 항상

남산율종의 개산조 도선 율사의 주석처인 종남산 정업사.

천공天供을 받으니 재齋를 올릴 때마다 하늘주방에서
음식을 보내왔다.

하루는 도선 율사가 의상 스님을 청하여 재를 올렸
다. 그런데 의상 스님이 가서 자리잡고 앉은 지 오래
도록 천공이 이르지 아니하였다. 스님이 헛되이 빈 발
우로 돌아가자 그때서야 하늘사자가 내려왔다. 율사
가 오늘은 어째서 늦었느냐고 물으니 하늘사자가 대
답하기를, 온 골짜기[洞內]에 신병神兵이 가로막고 있
었기 때문에 들어오지 못하였다고 하였다.

이에 도선 율사는 의상 스님에게 신의 호위가 있는

것을 알고 그 도의 우월함에 탄복하고 그 천공을 그 대로 두었다가, 이튿날 다시 지엄과 의상 두 스님을 재에 청하고 자세히 그 사유를 말하였다.

도선 율사는 의상 스님보다 29세 위로서 학덕이 높고 계행이 청정한 대율사였다. 평소에 재를 올려 천공을 받을 정도로 신이하고 명망이 높은 고승이었다. 그런데 하루는 의상 스님을 청하여 재를 올렸으나 오래도록 천공이 이르지 아니하였다. 의상 스님이 돌아간 뒤에야 도착한 하늘사자 말이 온 골짜기에 신병이 가로막고 있었기 때문에 들어올 수 없어서 늦었다는 것이다.

정업사도 종남산 북쪽 기슭에 있는데 지상사와는 다른 골짜기에 위치한다. 정업사까지는 차가 들어갈 수 없어서 몇 년 전에 힘들게 걸어 올라가보니, "아~ 이래서 도선 율사가 천공을 받으셨구나."라는 생각이 잠깐 스쳐가기도 하였다. 아무튼 이러한 천공 이야기는 화엄행자 의상 스님의 신력이 청정범행 도선 율사를 능가하였음을 보인 것이라고 하겠다. 신라 화엄신중 신앙의 힘이 참으로 대단하였음을 말해 주는 것이라고도 할 수 있다.

오늘날 화엄성중을 모시는 화엄신중 신앙이 한국불교에서 차지하는 비중은 매우 크다. 사찰에서 신중을 모시는 단을 신중단이라 하고, 법당의 상·중·하단 가운데 중단에 모신다. 조석으로 예불할 때 언제나 상단예불 다음에 신중단에 예경한다. 마지를 올릴 때에도 부처님께 올린 공양물을 중단으로 퇴공한다. 신중기도가 거의 전국 사찰에서 매달 행해지고 있는 점을 보아도 신중신앙이 매우 중요시됨을 알 수 있다.

또 신중단 예경이나 새벽예불 전 도량석 때 옹호도량의 원으로「약찬게」(「대방광불화엄경 용수보살약찬게」)가 암송되기도 한다.「약찬게」는 80권『화엄경』을 간략히 엮은 게송인데, 그 가운데 집금강신에서 대자재천왕까지 각기 수많은 권속들과 함께 부처님 회상에 모여온 39류 화엄성중이 다 칭명되고 있다.

신중청에서는 104위 신중이 예경되고 있는데 모두 다 화엄성중으로 일컬어진다. 신중의 원조격에 해당하는 39류 화엄성중은 물론이고『법화경』과 여타경전의 신중도 화엄성중이고, 게다가 불교와 습합되어 들어온 민속적이고 무속적인 신중도 모두 화엄신중으로 포섭된 것이다. 신중탱화에는 39위나 104위, 또는 그보다 더 적거나 많이 모셔지기도 한다. 대개 신장 가운데 대표로서 위태韋駄천신이 신중탱화 한 중앙에 자리하거나, 혼자만 따로 조성해 모셔지기도 한다. 위태천신은 보통 동진보살 또는 동진보안보살로 불리고 있다.

위태천신은 특히 경전 유통을 발원하는 신중으로 알려져 있으니, 화엄경소·초의 판본에 판각되어 있기도 하다. 지리산 대

봉은사판(1856) 화엄경의 첫권(화엄소초의 현담 권1) 말미에 판각되어 있는
위태존천상(왼쪽), 지리산 대암난야 중간(1774)의 보현행원품소 말미에 판각되어
있는 위태존천상(오른쪽).

암난야臺岩蘭若에서 건륭 39년(1774)에 중간한 『보현행원품소』
의 말미에 위태존천상韋馱尊天像이 보인다. 또 봉은사판(1856)
『화엄경』(『대방광불화엄경수소연의초』)의 첫째 권 말미에도 위태존천
상이 판각되어 있다. 봉은사판 『화엄경』은 그 저본이 징광사판
(1690)인데, 필자가 동학전문강원에서 공부할 당시 대교과의 교
재로 사용되었다.

위태천신은 과거 보화유리광불 때에 성도하여 보안보살이라 이름했고, 석가여래 회상에서 성도하니 이름이 동진보살이라는 설명도 그림의 뒷장에 부기되어 있다. 머리에는 봉황 깃털을 단 투구를 쓰고, 검은 신을 신고, 황금 쇄갑옷을 입었으며, 손에는 무게가 8만4천 근이나 되는 금강보저를 들고 있다. 그리고 부처님이 출세하실 때마다 불법을 옹호하고 스님들의 허물을 보지 않겠다는 원을 세웠다고 기록되어 있다.

이처럼 신중은 삼보를 옹호하는 분이라 하여 신중단에는 절을 하지 않는 스님들도 있다. 『화엄경』의 「입법계품」에는 사자빈신비구니가 햇빛 동산에서 금강저를 든 신장들에게 금강지혜의 나라연 장엄법문을 설하고 있다.

그런데 『화엄경』 「세주묘엄품」 또는 「세간정안품」에 보면, 화엄성중들은 언제나 부처님을 모시고 삼보를 옹호하는 큰 원으로 해탈문을 성취한 보살들이다. 그리하여 자신이 해탈한 경계만큼 부처님을 찬탄하는 게송을 읊어서 부처님 세계를 장엄하고 있다.

예를 들면 집금강신은 항상 부처님을 친근 공양하기를 원하고 내지 부처님 계신 곳을 언제나 부지런히 수호한다. 몸 많은 신중신身衆神은 모든 부처님을 공양하고 받들며, 족행신은 과거 한량없는 겁 동안 여래를 친근하고 따라 모셨으며, 도량신은 과거에 한량없는 부처님을 만나 원력을 성취하여 널리 공양을 올렸으며, 주성신은 한량없는 불가사의 겁 동안 여래께서 머무르시는 궁전을 깨끗이 장엄하였으며, 주지신은 옛적에 깊은 원을 일으켜 항상 제불여래를 친근하여 한 가지로 복업을 닦았으며, 내지 대자재천왕은 부지런히 무상법을 관찰하여 행하는 바가 평등하다고 한다.

　이와 같은 원을 성취한 신중들의 해탈경계가 경에 구체적으로 보인다. 세주인 화엄성중들 중에 제일 먼저 부처님을 찬탄하는 게송을 읊은 신중은 대자재천왕이다. 80권 『화엄경』의 첫 게송이 바로 묘염해妙焰海 대자재천왕이 읊은 다음 게송이다.

　　　　佛身普遍諸大會　　불신보변제대회
　　　　充滿法界無窮盡　　충만법계무궁진
　　　　寂滅無性不可取　　적멸무성불가취
　　　　爲救世間而出現　　위구세간이출현

　　　　부처님께서 널리 모든 대회에 두루하시어
　　　　법계에 충만해서 끝까지 다함이 없으시니
　　　　적멸은 자성이 없어서 취할 수 없으나
　　　　세간을 구제하기 위하여 출현하신다.

대자재천왕을 대표하는 묘염해천왕이 '법계 허공계의 적정한 방편력 해탈문'을 얻어서, 부처님께서 시방법계에 충만하시니 세간을 구제하기 위하여 출현하심을 게송으로 찬탄한 것이다. 이 게송은 대웅전의 주련으로 걸려 있기도 하다.

그리고 화엄신중 가운데 마지막으로는 '여래께서 가없는 색상신을 시현하심을 보는 해탈문'을 얻은 묘색나라연 집금강신이 권속을 대표하여, "그대는 마땅히 법왕을 관하라. 법왕의 법이 이와 같으니 색상이 가없어서 널리 세간에 나타나신다.[汝應觀法王 法王法如是 色相無有邊 普現於世間]"라고 부처님을 찬탄하고 있다. 신중청에서는 집금강신이 석가모니 부처님의 화현[釋迦化現金剛神]이라고까지 받들어진다.

이러한 화엄신중의 옹호를 의상 스님이 항상 받고 있었던 것이다. 그리하여 의상 스님의 법력을 알게 된 도선 율사가 의상 스님을 다시 스승 지엄 스님과 함께 청하여 전날 받아 보관해 둔 천공을 대접하였다는 것이다.

이 천공이야기를 전하는 「전후소장사리」조에서는 이어서 의상 스님이 부처님 사리를 신라에 모시게 된 일을 소개하고 있다. 의상 스님의 부탁으로 도선 율사가 상제에게 청하여 부처님 치아사리[一牙]를 7일간 모셨다는 설화이다. 여기서 도리천의 하루는 인간의 100세에 해당된다고 한다.

『삼국유사』에서 일연 스님은 화엄경교를 전한 의상 스님의 면모는 「의상전교」조에서 드러내고, 부처님 치아 사리를 모시게 된 일을 이 「전후소장사리」조에서 소개하고 있다. 화엄성중의 옹호를 극진히 받고 있었던 의상 스님의 법력에 감복하여 도선 율사가 도력으로 사리를 모시는 일을 도와주었음을 알 수 있다.

　의상 스님은 후에 귀국할 때 호법용(선묘)의 도움을 받고, 귀국 후 보타낙가산에서 관음보살을 친견할 때도 화엄신중의 옹호를 받는다. 화엄신중이 항상 스님을 따라 모시며 외호하였음을 알 수 있다.

　따라서 화엄신중 신앙이 이 땅에 정착되고 계속 이어지는데 끼친 의상 스님의 영향은 헤아리기 어려울 정도로 막대하다고 하겠다. 신심있는 불자들 누구나 든든하게 화엄신중의 옹호를 받을 수 있고, 더 나아가 스스로 화엄신중을 도와 신중의 역할을 수행할 수도 있을 것이다.

6

『일승법계도』
찬술

의상 스님은 지엄 스님 문하에서 『화엄경』을 중심으로 7년간 연학하고 44세 되던 해인 668년에 『화엄경』과 『십지론』 등에 의거하여 「반시」(「일승법계도합시일인」)를 지었다. 「반시」는 이에 대해 의상 스님 스스로 주석한 「법계도기」와 합하여 『(화엄)일승법계도』로 유통되고 있다. 『일승법계도』의 저술은 스승인 지엄 스님의 영향과 엄격한 지도아래 이루어졌다.

지엄 스님은 당시 융성하던 불교교학을 두루 섭렵하고 『화엄경』을 소의로 화엄사상의 기초체계를 마련하였다. 저술은 20여부로 알려져 있으며, 그 뜻은 풍부하면서도 문장은 간결하다는 의풍문간義豐文簡으로 유명하다.

지엄 스님은 27세 되던 해 육상의 도리가 중요함을 염두에 두고 60권 『화엄경』의 주석서인 『수현기』(5권)를 지었다. 또 「육상

고려대장경 보유판 권45에 판각된 반시. 법계도기총수록(卷上之一)에 수록된
것이다.

장」을 남겼으니 간략한 게송이지만 화엄종의 육상원융 사상의
틀이 되는 중요한 글이다. 58세 이후 저술로 보이는 『오십요문
답』(2권)은 화엄교학의 중요한 이치를 53가지 문답 형식으로 설
명한 것이다. 그리고 62세 이후 만년작으로서 지엄사상의 원숙
함을 보여주는 『공목장』(4권)은 144개의 문항을 시설하여 일승
화엄의 뜻을 나타낸 것이다. 이 『공목장』은 의상 스님이 그 문하
로 들어가 수학하고 있을 때 이루어졌으므로 『일승법계도』 저
술에 더 많은 참고가 되었을 것임은 두 말할 필요가 없다.

  의상 스님은 스승으로부터 의지義持라는 호를 받았고, 의상 스님과 함께 공부했던 현수법장(賢首法藏, 643~712)은 문지文持라는 호를 받았다. 법장 스님은 글에 달통하였고 의상 스님은 의리에 밝았던 것을 알 수 있다. 법장 스님은 스승의 입적 후 출가하여 많은 저술을 남겼고 스승의 뒤를 이어 중국화엄종의 제3조가 되었다. 이처럼 지엄 스님은 화엄사상의 기초적 체계를 마련하였는데, 후에 해동화엄초조가 된 의상 스님과 중국화엄종조가 된 법장 스님의 스승인 사실만으로도 널리 칭송받아 마땅하다고 하겠다.

의상 스님은 의지라는 호에 걸맞게 화엄의 의리를 「법성게」30구를 포함한 「반시」로 함축시켰다. 「법성게」는 구불구불 한 줄로 이어진 「법계도인」과 합해 「일승법계도합시일인」이라는 「반시」의 그림으로 완성되어 있다. 이 「반시」를 지은 목적은 이름에만 집착하는 무리들로 하여금 이름없는 참근원[無名眞源]으로 되돌아가도록 한다는 것이다.

> 무릇 부처님의 선교는 일정한 처방이 없고 근기에 따르고 병에 따라서 동일하지 않다. 미혹한 자는 자취에 매달려 본체를 잃는 줄 모르므로 부지런히 닦고 정진하여도 근본[宗]에 돌아갈 기약이 없다. 그리하여 이理에 의거하고 교敎에 근거하여 간략히 반시를 지

어서, 이름에만 집착하는 무리들로 하여금 무명진원
으로 되돌아가게 하고자 한다.

여기서 이름없는 참근원은 일승화엄으로서 곧 법성이다. 「법
성게」에서는 이를 또 본래 고요한 자리로서 법계이며 집이며 실
제이고 중도 등으로 표현하고도 있다. 그래서 이름없는 참근원
으로 되돌아간다는 것은 법성에 돌아가는 귀법성가歸法性家이
다. 귀법성가는 궁극적으로 법성을 증득하는 것이고 일승화엄
법계에 들어가는 입법계入法界이다.
　　일연 스님은 『삼국유사』에서 의상의 『일승법계도』를 다음과
같이 극찬하고 있다.

　　또 『법계도서인』과 『약소』를 지어 일승의 요긴함과
　　중요함을 포괄했으니 천 년의 본보기가 될 만하므로
　　다투어 소중히 지녔다. 그밖에는 지은 것이 없으나
　　솥[의 국] 맛을 아는 데는 고기 한 점이면 충분하다.
　　『법계도』는 총장 원년 무진(668)에 완성되었다. 이 해
　　에 지엄 또한 입적했다. 공자가 '기린을 잡았다'는 데
　　에서 붓을 꺾음과 같다.

이처럼 일연 스님은 '솥의 국맛' 비유로 『법계도』가 온전히 일승화엄의 세계임을 밝히고, 또 '공자의 절필' 비유로 지엄 스님 아래에서 마지막으로 지은 의상 스님의 『법계도』의 의미를 드높이고 있다.

그런데 의상 스님은 『일승법계도』를 저술하고 저자의 이름을 밝히지 않았으니, 「법계도기」의 발문에서 다음과 같이 그 이유를 피력하고 있다.

> [문] 무엇 때문에 지은 사람[集者]의 이름이 보이지 않는가?
> [답] 연緣으로 생겨나는 모든 법은 주인이 없음을 나타내려는 까닭이다.

반면에 저술의 시기는 총장 원년 7월 15일이라고 연월일까지 분명히 밝혀놓고 있다. 스승인 지엄 스님이 입적하기 약 석 달 전 일이었다.

> [문] 무슨 까닭으로 해와 달[年月]의 이름이 있는가?
> [답] 일체 모든 법은 연緣에 의거하여 생겨남을 보이려는 까닭이다.

모든 법은 연으로 생겨난 연생법이라는 것과 연으로 생겨난 모든 법은 주인이 따로 없음을, 「반시」의 저술 시기와 저자의 이름 언급 여부를 통해 함께 보이고 있다.

발문에서는 이어서 연생의 연은 전도된 마음으로부터 오고, 전도된 마음은 비롯함이 없는 무명으로부터 온다고 한다. 그런데 그 무명은 여여如如로부터 오며, 여여는 스스로의 법성法性에 있음을 밝히고 그 도리를 무분별 중도로 연결시키면서 발원문으로 발문의 글을 마무리하고 있다.

이처럼 법성에 의해 연생의 법이 생겨나므로 연생 제법에 주인이 따로 없다고 하여 의상 스님은 굳이 저자 이름을 밝히지 않은 것이다. 저자 이름을 밝히지 않음으로써 이름없는 법성을 강하게 표명한 것이라 하겠다. 그 법성에 대한 노래가 「법성게」이다.

그런데 의상 스님이 저자 이름을 밝히지 않은 관계로 후에 「반시」의 친저자에 대해서 이견이 없지 않았다. 고려 균여(均如, 923~973) 스님은 『일승법계도』를 주석한 『일승법계도원통기』에서 저자에 대한 이설을 소개하면서, 결론적으로 『일승법계도』의 저자는 의상 스님인 것으로 확언하였다. 『일승법계도원통기』에서 소개한 최치원(857~908)의 「의상전」에서 전하는 의상 스님의 꿈 이야기는 『일승법계도』를 저술함에 있어서 의상 스님의 의지와 능력이 충분히 갖추어져 있었음을 말하는 것이라 하겠다. 꿈인즉 매우 건장하고 신이한 사람이 의상 스님에게 나타나, "스스로 깨달은 바를 저술하여 다른 이에게 베풀어줌이 마땅하다."라고 하였다. 또 선재에게서 총명약 10알을 받고, 청의동자에게서 비결을 받는 꿈을 꾸었다는 것이다.

이러한 세 번의 꿈 이야기를 들은 지엄 스님이 의상 스님에게 "멀리까지 와서 부지런히 수행한 결과가 나타난 것이니, 오묘함을 보아 얻은 것을 편차하라"고 하였다. 그래서 『대승장』10권을 편집하여 하자를 지적해 주기를 청하자, "의리는 매우 합당하나 글[文詞]이 옹색하다."는 평을 받고 번거로운 곳을 삭제하고 윤문하여 '입의숭현立義崇玄'이라 이름했다. 지엄 스님이 의상 스님과 함께 불전에 나아가 성인의 뜻에 합당함이 있다면 타 없어지지 말기를 발원하고 그 글을 불속에 넣었다. 의상 스님은 타지 않고 남은 210자를 주워서 수일 만에 30구 게송으로 엮었다고 한다. 이것이 『(화엄)일승법계도』이다.

체원體元 스님이 1328년에 집해한 『백화도량발원문약해』에서도 최치원의 본전에 의해서 남은 이야기를 서술하고 있다. 즉 의상 스님이 『법계도』를 지어 바쳤더니 지엄 스님이 보고는 '법성法性을 궁극적으로 증득하고 부처님의 뜻[意旨]을 통달하였다'고 찬탄하면서 그에 대한 해석을 지으라고 권하였다. 의상 스님이 해석을 지어 합해서 한 권으로 만든 것이 지금 세상에 유행하고 있는 것이라고 한다.

의상 스님에게 총명약 10여 알을 주었다는 선재는 『화엄경』의 「입법계품」에 나오는 선재동자이다. 「법계도인」이 구불구불 54각으로 되어 있는 것은 선재동자가 만난 54선지식을 상징하는 것으로 해석된다. 의상 스님은 「입법계품」에 대한 주석인 『입법계품초기入法界品抄記』 1권을 남기기도 하였으나 아쉽게도 전하지 않는다.

최근에 중국 운거사雲居寺의 '방산석경' 가운데 지엄 스님이 지었다고 새겨진[智儼師造] 「반시」(서문 포함)가 발견되어 또 다시 그 친저자에 대한 설왕설래가 일어나기도 했으나, 이를 계기로 『일승법계도』의 저자가 의상 스님임을 다시 한 번 증명하고 상기하게 되었다.

현재 지상사에는 '의상조사화엄수학찬정법성게기념비義相祖師華嚴受學撰呈法性偈紀念碑'가 모셔져 있다. 의상조사가 화엄을 공부하여 「법성게」를 지어 바친 기념비라는 제목이다. 불기 2551년(2007)에 당시 조계종 총무원장(지관) 스님이 주관하여 세운 것이다.(필자의 이름도 동참자에 새겨져 있다.)

몇 년 전에 『화엄경』 공부모임인 '화엄강회' 스님들과 중국화엄오조사찰을 순례하던 차 지상사에 가보니 의상 스님의 '비碑'

중국 지상사에 있는 의상조사화엄수학찬정법성게기념비(앞면).

기념비 뒤에 새겨진 법성게와 법계도인(뒷면).

해주 스님의 법성게 강설

가 건물 사이 처마 밑에 놓여있었다. 그래서 주지스님에게 '비'를 좀 편안한 자리에 모셔달라고 청하고 왔다.

지난해에 다시 '화엄강회' 주관으로 사부대중과 함께 '의상루트를 따라서' 차례로 밟아 지상사를 참배하였다. 불사중이라서 주변이 어수선했으나 '비'가 법당으로 올라가는 계단 옆 마당에 옮겨 모셔져 있었다. 화엄오조비도 두 기에 합해서 법당 앞마당에 세워져 있었는데 앞으로 좀 더 다듬어 다시 모실 것이라고 하였다.

아무튼 지엄 스님이 주석한 도량에 「법성게」와 「법계도인」을 새긴 의상 스님의 '비'가 세워져 있는 것은, 『일승법계도』친저자 시비 종식의 여부 면에서도 그 의의가 매우 크다고 하겠다.

7

귀국과 우국안민

의상 스님이 『일승법계도』를 저술한 지 약 3개월 후인 총장 원
년(668) 10월 29일에 스승인 지엄 스님이 67세를 일기로 입적하
게 된다. 지상존자 지엄 스님은 운화사雲華寺에서도 주석한 관
계로 운화존자라고도 불리는데, 만년에 입적한 곳은 청정사淸淨
寺이다. (『華嚴經傳記』)

청정사는 『총수록』 『고기』에서 전하고 있는 청선사淸禪寺와
동일한 장소인 것으로 간주된다. 지엄 스님이 입적하기 불과 18
일 전인 총장 원년(668) 10월 11일에 청선사 반야원般若院에서
의상 화상에게 '보법의 궤칙이 중도의 실상'임을 문답으로 보이
고 있다. 이어서 이를 십중의 총상과 별상으로 설명하였다.

지엄 스님의 입적에 앞서 제자 가운데 혜효慧曉라는 스님이
청선사의 반야대가 무너지는 꿈을 꾸었다고 한다. 그런데 그 혜

화엄연기. 의상 스님의 걸식과 선묘 만남.

화엄연기. 선묘 호법용의 외호(화엄연기 두루마리 복제품 촬영).

효 스님이 바로 의상 스님으로서 혜효는 의상 스님의 구명舊名일 것이라고 추정하기도 하는데, 그 이유는 스승의 입적을 예감케 하는 꿈을 꿀 수 있는 출가제자는 의상 스님밖에 없었을 것이라고 단정한 것이다. 당시 법장 스님은 아직 출가하기 전이었고, 그로부터 3년 뒤에 출가하였다.

　의상 스님은 지상사에서 3년을 더 머무른 뒤 신라로 귀국하게

신라상감 명문(ⓒ배재호).

신라상감 용문석굴 제484호.

해주 스님의 법성게 강설

된다.(「의상전교」조에는 670년, 「전후소장사리」조에는 671년에 귀국) 당나라의 신라 침공 계획을 알리기 위해서 귀국을 앞당긴 것으로 간주된다. 나당연합군으로 신라의 삼국통일을 도운 당나라가 신라까지 치려는 계획을 알아차린 김인문(문무왕의 동생) 혹은 김흠순(김유신의 동생)으로부터 그 급보를 신라에 전해달라는 부탁이 있었던 것이다.

낙양에 있는 용문석굴에는 '신라상감新羅像龕'이라는 제484호 굴이 있다. 굴의 크기는 높이 1.9m, 너비 1.7m, 깊이 1.7m로서 자그마하나, 굴 내에 아마도 1불 2제자 2보살 2역사力士의 7존이 벽에 모셔져 있었던 자취가 있다. 언제 누가 파손시키고 떼어갔는지 알 수는 없다.

현재 잘 보이지는 않으나 굴 문 위쪽에 '신라상감'이라는 해서체의 명문이 새겨져 있고, 석굴의 형식과 용문석굴의 시대적 분포상황을 통해서 볼 때 660년에서 670년 사이에 조성된 신라굴로 추정되고 있다.

따라서 신라상감은 그 시기 당나라에 유학중이던 신라인 중에 누군가가 조성한 것으로 보는데 그 조성자가 의상 스님일 가능성이 없지 않다. 의상 스님이 법장 스님과 함께 용문석굴을 참배하고 그곳에 평화의 발원을 담아 굴을 만들었을 것으로 전해지고 있다. 법장 스님 역시 몇 개의 석굴을 조성하였다.

의상 스님이 귀국하고 20여 년 후에 인편으로 법장 스님에게 소량의 금을 보낸 일이 있는데, 혹시 신라상감 조성에 도움을 받았던 것에 보답하는 감사의 표시가 아닌가 싶다.

　스님은 귀국 시에도 해로를 이용하게 된다. 배를 타기 전에 다시 등주 문등현에 있는 단월의 집에 잠깐 들러 고마움의 인사를 표했다. 의상 스님이 신라로 귀국하고자 선창에서 배를 탄다는 소식을 들은 유지인의 딸 선묘낭자가 스님에게 올릴 법복과 법구를 상자에 담아 선창으로 갔으나 배는 이미 떠나고 있었다. 그러자 선묘는 법사에게 공양하려는 원으로 옷상자를 바다로 던져 무사히 배에 닿을 것을 빌고는, 큰 용으로 현신하여 거센 풍랑 속에서 배가 무사히 바다를 건너게 해 주었다는 이야기가 『송고승전』에 전한다.

　선묘낭자가 처음 의상 스님을 만난 것은 스님이 당에 도착하여 등주에서 걸식하였을 때이다. 선묘낭자는 의상 스님을 보자마자 연모의 정을 가졌으나 스님의 마음이 돌같이 굳어 변하지 않음을 보고 도심을 일으켜 단월이 되기로 발원하였다. 그리하여 법복을 만들고 공양올릴 날을 기다렸다가 스님의 귀국시 호법용이 되어 배가 무사히 바다를 건널 수 있도록 도와주었다는 것이다. 그리고 선묘 호법용은 다시 부석이 되어 부석사가 의상 스님의 화엄본찰이 됨을 도왔다고 한다.(「의상전교」에서는 왕명에 따라 676년에 부석사가 건립되었다는 창건설을 전한다.)

『송고승전』의 「당신라국의상전」 내용을 골조로 한 『화엄연기華嚴緣起』의 의상 그림에서 명장면으로 손꼽히는 부분은 바로 의상이 탄 배를 선묘용이 외호하는 그림이다. 고산사의 묘에(明惠) 스님은 조큐(承久) 3년(1220)에 꿈에서 본 중국 여인을 선묘라고 판단하고 선묘를 신라의 신으로 간주하여 선묘신상을 안치하고 화엄도량인 고산사의 수호신으로 받들었다. 또 조큐의 난을 기점으로 해서 전쟁으로 인해 많은 여인들이 비구니가 되자, 묘에는 그들을 위해 선묘사를 짓고(1223) 선묘신상을 절의 수호신으로 안치했다. 현재 영주 부석사 선묘각에 선묘 그림이 모셔져 있고, 서산 부석사에는 선묘의 상도 함께 조성되어 있다.

의상 스님은 무사히 신라에 도달하여 조정에 당 고종의 신라 침공을 알려, 국난을 면하는 데 도움을 주었다. 당나라 침입을 물리쳐 국난을 이겨가는 과정에 신중도량 사천왕사가 건립된다. 사천왕사의 호법신상으로 유명했던 녹유신중상이 그동안 흩어져 있었던 조각들이 발견되어 이제 제 모습이 갖추어지게 되었다.

의상 스님의 우국충정은 전쟁 때문에 연이은 축성으로 힘든 백성과 국가를 위해, 문무왕의 경성 축성을 중지시킨 예(문무왕 21년, 680)에서도 잘 나타나 있다.

또 서울에 성곽을 쌓으려 하여 이미 관리에게 명령하였다. 그때 의상 법사가 듣고 글을 보내어 아뢰되, "왕의 정교가 밝으면 비록 풀만 난 언덕 땅[草丘]에 금을 그어서 성城이라 하여도 백성이 감히 넘지 못하고 재앙을 씻어 복이 될 것이나, 정교가 밝지 못하면 비록 큰 성[長城]이 있더라도 재해를 소멸치 못할 것입니다." 라고 하니 이에 왕이 그 역사를 파하였다.

(『삼국유사』「문호왕법민」)

여기서 의상 스님이 만민을 생각하고, 왕의 정교도 백성을 우선으로 펼쳐지길 바라는 스님의 깊은 원을 느낄 수 있다. 또 문무왕이 의상 스님에게 논밭과 노복을 보내려는 일과 관련한 다음 일화 역시 스님의 평등하고 청정한 수행가풍과 아울러 안민의 정을 바로 보이고 있다.

국왕이 공경하고 중하게 여겨 전장田莊과 노복을 베풀어 주었으나, 의상 스님이 왕에게 말씀하기를, "우리 법은 평등하여 높고 낮음이 모두 고르고, 귀하고 천함이 한 가지로 같습니다. 『열반경』의 가르침에 여덟 가지 부정한 재물[八不淨物]이 있으니 어찌 논밭을 가

지며 어찌 노복을 두겠습니까? 빈도는 법계로 집을
삼고 발우로 밭갈이를 하여 익기를 기다립니다. 법신
의 혜명은 이것을 빌려 생겨납니다."라고 하였다.

(『송고승전』)

평등하고 청정한 행에 위배된다고 왕이 하사하는 개인 소유
의 논밭과 노복을 받지 않은 점은 의상 스님의 수행가풍을 적
나라하게 보여 준 것이다. 스님은 발우로 걸식하며 청정 범행을
닦는 수행정신으로 부처님의 가르침을 실천하는 것이 화엄법계
에서 오로지 법신의 혜명을 이어가는 길임을 천명하고 있는 것
이다.

의상 스님은 늘 뜻을 깨끗이 하고 더러움을 씻는 법을 행하
며, 삼의일발三衣一鉢과 물병 외에 다른 것은 아무것도 없었다
고 한다. 주처도 일정한 장소에 매이지 않고 구름처럼 떠다니며
마음에 들 만한 곳이면 지팡이를 꽂고 머물렀는데 배우는 사람
들이 벌떼처럼 모여들었다고 전한다.

골품제의 계급사회였던 신라에서 노복의 신분으로 겪는 고통
을 공감하고 불법의 평등정신을 구현해내는 스님의 삶에서, 신
라불교가 비교적 평등공동체의 모습을 띠고 있음을 읽을 수도
있다.

뿐만 아니라 의상 스님은 관음신앙을 펴서 신라통일 전후 전란으로 피폐해진 대중들에게 의지처를 마련해 주었다. 스님이 처음 귀국하여 대비 관음보살(관세음보살, 관자재보살)의 진신이 낙산의 바닷가 굴 안에 머무르고 계신다는 말을 듣고 진신을 친견하고자 재계하고 기도하였다. 천룡팔부의 도움으로 관음보살 진신을 만나 뵙고 불전을 지으라는 말씀에 따라 금당(현 홍련암)을 지었다. 그리고 친견한 관음보살의 모습대로 상을 빚어 모셨다.(「낙산이대성관음정취조신」)

그리고 스님은 「백화도량발원문」을 지어서 관세음보살이 항상 아미타불을 모시듯이 관세음보살을 모시고 소백화가 만발한 관세음보살 도량에 왕생할 수 있도록 인도하였다.

관음보살은 『화엄경』「입법계품」에서 선재동자의 선지식으로서, 주처인 보타낙가산에는 자그마한 하얀 꽃이 만발하고 산 서편에 샘물이 솟아 큰 강을 이룬다고 되어 있다. 보타낙가(potalaka)는 보달락가補怛洛迦로 음사되기도 하고 광명산으로 번역되어 있기도 하다.

남인도 타밀주에 선재동자가 관세음보살을 만났다고 추정되는 보타낙가산이 있는데, 지금은 아얏빠 신을 모시는 힌두성지로 알려져 일 년 중 참배가 허락된 두 달 동안은 순례자들이 줄을 잇고 있다. 중국 절강성浙江省 남방 바다 가운데 있는 보타산

普陀山 관음성지의 건립은 『화엄경』의 보타낙가산을 이어 의상 스님이 펼친 낙산 관음신앙의 영향으로 이루어진 것이라고 알려져 있다.

8

발원문과 저술

낙산의 바닷가 굴 안에서 친견한 관세음보살의 상을 금당(현 홍련암)에 모신 의상 스님의 관음신앙은 관세음보살에게 귀의하는 「백화도량발원문」에도 잘 나타나 있다. 의상 스님의 이 발원문은 우리나라 발원문의 효시로서 고려 체원 스님의 「백화도량발원문약해」(1328)에 담겨 전해져왔다. 발원문의 전문을 번역 소개하면 다음과 같다.(일실되었다가 최근에 발견된 부분은 [ ] 속에 넣어 표시하였다.)

머리 숙여 귀의하옵고,

저 본사 관음대성의 대원경지를 관하며, 또한 제자의

성정본각을 관하옵니다. [한 가지로 체가 같아서 청

정하며 밝고 깨끗하여 시방에 두루하나 확연히 공적

홍련암. 의상대에서 바라본 원경.

하여, 중생과 부처의 모습도 없고 능소能所의 이름도 없습니다. 이미 그렇게 밝고 깨끗하여 비춤에 이그러짐이 없어, 만상삼라가 그 가운데 몰록 나타납니다.] 본사에게 있는 바 수월장엄 무진 상호와 제자가 가진 공화신상 유루형해는 의보와 정보의 정예淨穢와 고락苦樂이 같지 아니하나, [그러나 모두 하나의 대원경大圓鏡을 떠나지 않습니다] 이제 관음경 속의 제자 몸이 제자경 속의 관음대성에게 귀명정례하오며, 진실한 발원말씀 사뢰오니 가피를 입기 바라옵니다.

오직 원하옵건대, 제자는 생생세세토록 관세음보살을 칭송하여 본사로 삼고자, 보살이 아미타불을 정대頂戴하듯이 제자 또한 관음대성을 정대하겠사옵니다. 십원육향十願六向과 천수천안과 대자대비가 모두 같아지며, 몸을 버리고 몸을 받는 차계 타방의 머무르는 곳마다 그림자가 형상을 따르듯 항상 법 설하심을 듣고 참된 교화를 돕겠습니다. 널리 법계 일체중생으로 하여금 대비주를 외우고 보살 명호를 염하여 한 가지 원통삼매성해에 들게 하겠습니다.

또 원하옵건대, 제자는 이 보報가 다할 때에 친히 대성의 방광 접인接引함을 입어서, 모든 두려움을 여의고 몸과 마음이 편안하고 기쁘며 한 찰나 간에 곧 백화도량에 왕생하여서, 여러 보살과 더불어 정법을 듣고 법류수에 들어가서 생각생각 더욱 밝아져 여래의 대무생인大無生忍을 현발하겠사옵니다.

발원해 마치고 관자재보살마하살께 귀명정례하옵니다.

이와 같이 「백화도량발원문」은 관세음보살이 항상 아미타부처님을 정대하듯이 언제나 관세음보살에게 귀명정례하겠다는

해주 스님의 법성게 강설

원이다. 첫 번째는 본사인 관세음보살과 똑같아지고[願同本師], 두 번째는 관세음보살의 정토에 왕생하고자 한다[願生淨土]. 전자 '원동본사'는 십원육향, 천수천안, 대자대비가 같아지고, 언제나 관세음보살의 교화를 돕겠다는 원이다. 그리고 후자 '원생정토'는 관세음보살이 광명으로 맞이하여 이끌어 주심을 입어서 조그마한 하얀 꽃[小白花]이 만발한 관세음보살의 백화도량에 왕생하고 여래의 대무생인을 현발하겠다는 원이다.

여기서 십원육향은 지금도 기도할 때마다 독송하는 『천수경』에 나오는 관세음보살의 원으로서 매우 주목되는 대표적인 열여섯 가지 원이다.

의상 스님은 관세음보살을 백의대사라고 부르고 있으니, 관세음보살의 여러 모습 가운데 흰 옷을 입고 흰 연꽃 위에 앉아있는 백의관음이다. 관세음보살에게 공양올리는 '관음청'에는 다음과 같이 관세음보살을 찬탄하고 있다.

白衣觀音無說說   백의관음무설설
南巡童子不聞聞   남순동자불문문
瓶上綠楊三際夏   병상녹양삼제하
巖前翠竹十方春   암전취죽시방춘

백의관음은 말없이 말씀하시고
남순동자는 들음 없이 듣는다.
병속의 푸른 버들은 세 때가 여름인데
바위 앞의 푸른 대나무는 시방이 봄이로다.

　남순동자는 선재동자의 다른 호칭이다. 선재동자가 선지식을
찾아 남쪽으로 내려가면서 차례로 순례했다고 해서 남순동자
라 불리는 것이다. 선재동자는 관세음보살 주처에서 동방으로부
터 온 정취보살 선지식도
같이 만난다. 『삼국유사』에
서 전하는 '낙산이대성'도
관음보살과 정취보살이다.
사굴산파의 개산조인 범일
(梵日, 810~889) 스님이 정취
보살을 친견하고(858년 헌안
왕 2년) 낙산사에 새로 건물
을 지어 정취보살상을 관
세음보살상과 함께 모셨던
것이다. 고려 초기에 산불
로 낙산사가 소실되었으나

선재동자상(홍련암).

관세음보살과 정취보살을 모신 불전만은 화재를 면하였다고 한다. 그러나 후에 몽골의 침략으로 이 건물도 불타버렸다.

의상 스님은 「일승발원문一乘發願文」도 지었다. 「백화도량발원문」이 신라통일 전후 전란으로 힘든 이들에게 깊이 의지처가 되게 한 발원문이라고 한다면, 「일승발원문」은 특히 일승화엄수행을 권장한 것으로 보인다. 제명에서도 『일승법계도』처럼 일승화엄에 의거한 발원문임을 읽을 수 있다. 「일승발원문」의 내용은 다음과 같다.

> 오직 원하오니,
> 세세생생처에 삼종세간으로 삼업을 삼아
> 한량없는 공양구를 변화해 지어서
> 시방 온갖 세계에 충만하여지이다.
> 모든 삼보께 정례하며 공양하옵고
> 육도 일체류에도 베풀어지이다.
> 일념에 불사佛事를 짓듯이
> 일체념에도 이와 같이 하며,
> 모든 악은 한번 끊음에 일체가 끊어지고
> 온갖 선은 하나 이룸에 일체가 이루어지이다.
> 미진수 선지식을 만나서

법문을 들어 수지함에 싫어함이 없으며,

선지식이 대심大心을 일으키듯이

나와 중생이 일으키지 않음이 없으며,

선지식이 대행大行을 닦는 것같이

나와 중생이 닦지 못함이 없어서,

광대한 보현행을 구족하고

화장연화계에 왕생하여서

비로자나불을 친견하고

나와 남이 일시에 불도를 이루어지이다.

이러한 「일승발원문」에는 『일승법계도』의 화엄사상이 발원으로 다시 드러남을 볼 수 있다. 「일승발원문」에서 의상 스님은 무엇보다도 먼저 삼업이 부처님의 삼업과 같이 되기를 원한다. 그래서 모든 삼보께 공양올리고 일체중생에게 베풀고자 한다. 그리고 불사를 짓는 공덕 수행이 하나 이룸에 전체가 이루어지며, 나와 남이 다함께 선지식을 만나 법문을 듣고 수지하여 보현행을 구족하고 화엄정토에 왕생하고자 한다. 그리하여 비로자나 부처님을 친견하고 자타일시성불도하기를 원하는 발원문이다.

이 밖에 의상 스님의 저술로 전해온 「투사례」 또한 발원문과 예불문의 형식을 함께 갖추고 있다. 화엄신앙과 의례를 알 수 있

해주 스님의 법성게 강설

의상 화상 일승발원문(낙산사 의상기념관).

는 「투사례」에는 불법승 삼보가 다양하게 예경되고 있다. 불보 중에는 화엄교주 노사나불, 법보 중에는 『대방광불화엄경』 그리고 승보 중에는 「세주묘엄품」의 세주 40중衆에게 먼저 예경하면서 24사師에게 예경하는 화엄의례문이다.

이 발원문들은 다 진찬이 의심받고 있기는 하지만 그 담긴 내용이 의상 스님의 뜻과 부합됨을 볼 수 있다. 의상 스님은 저술을 그리 많이 남기지는 않았으니, 총 8부인 것으로 전해지나 현존하는 것은 앞에서 언급한 『일승법계도』와 발원문 등의 4부뿐

선재동자상(일본 고산사 석수원).

이다.

현재는 전해지지 않는 4부의 저술도 그 저술명으로 보아 의상 스님이 매우 중요시했던 내용임을 짐작할 수 있다. 먼저 『입법계품초기入法界品抄記』는 「입법계품」의 선재 순례와 선지식의 해탈법문, 그리고 보현관행普賢觀行을 강조하였을 것임을 알 수 있다. 「법성게」의 '십불보현대인경十佛普賢大人境'과 「일승발원문」의 보현행 등과 깊이 연관되는 것이라 하겠다.

다음 『화엄십문관법관華嚴十門觀法觀』은 관법을 수행방편으로 삼았음을 말해 주는 것이니, 제자들이 관법을 개발한 것도

해주 스님의 법성게 강설

의상 스님이 관법을 중시한 것과 무관하지 않다고 하겠다.

또 『아미타경의기阿彌陀經義記』를 통해서는 의상 스님의 관음 신앙과 아울러 미타신앙도 헤아려 볼 수 있다. 관세음보살이 항상 정대하시는 아미타불을 관세음보살과 같이 모셨음을 알 수 있으니, 이는 부석사를 비롯한 화엄십찰에 비로자나불 또는 아미타불을 주불로 모시고 있는 것에서도 증명된다. 아미타불도 『화엄경』의 아미타불로서 석가모니부처님의 화현신이라 할 수 있다. 아미타불의 정토인 극락세계 또한 화엄정토인 것이다. 끝으로 『제반청문諸般請文』 또한 발원문이나 투사례 등과 유사한 성격의 저술인 것으로 간주된다.

아무튼 의상 스님은 실천 수행과 신앙 의례에 지침이 되는 글을 주로 남겼다. 물론 스님의 대표 저술이 『일승법계도』인 것은 이미 언급한 대로이다. 그런데 스님은 저술보다 제자 교육에 헌신하였다. 『삼국유사』에서는 당시 의상 스님을 금산보개여래의 화현으로까지 떠받들고 있음을 전하고 있다.

9

강설과 사법제자

의상 스님은 저술을 많이 남기지는 않았으나 제자들의 교육과 교화를 중시하였다. 부석사를 근본도량으로 삼고 각처에서 주로 『화엄경』과 『일승법계도』를 강설하고 교화활동을 폈다.

의상 스님이 종남산 지상사에서 『화엄경』을 배워 와서 태백산 부석사를 중심으로 『화엄경』을 강설하여 신라에 화엄교가 퍼져서, 당나라와 신라의 화엄교가 똑같이 번창하였다고, 일연 스님은 다음과 같이 게송으로 찬탄하였다.

험한 덤불 헤치고 안개와 티끌을 무릅쓰고
바다를 건너니
지상사 문이 열려 상서로운 보배를 맞이한다.
잡화를 캐어 와서 고국에 심으니

종남산과 태백산이 한 가지로 봄[春]이로다.

(『삼국유사』 「의상전교」)

의상 스님이 귀국한 지 20여 년 후 지상사에서 함께 공부했던 법장 스님이 존경하고 그리워하는 마음으로 보낸 '기해동서寄海東書'라는 편지에서, "우러러 들으니, 상인께서는 고향으로 돌아가신 후 『화엄경』을 펴셔서 법계를 선양하고 걸림없는 연기의 겹겹의 인드라망으로 부처님 나라를 새롭게 하여 널리 세상을 이롭게 하신다고 하니 뛸듯한 기쁨이 더욱 깊습니다. 이로써 여래께서 입멸하신 후, 부처님의 해를 빛나게 하고 법륜을 다시 굴려 법을 오래 머무르게 한 사람은 오직 법사뿐임을 알겠습니다." 라고 하였다. 의상 스님의 『화엄경』 강설을 불멸 후 '광휘불일 재전법륜 영법구주光輝佛日 再轉法輪 令法久住'인 것으로 찬탄한 것이다.

법장 스님은 이어서 스승 지엄 스님의 장소章疏가 뜻은 풍부한데 글이 간결해서 후인들이 이해하여 들어가기가 어려우므로 주석[義記]을 완성하였는데, 승전勝詮 법사가 베껴 써서 전할 것이니 잘잘못을 상세히 검토해서 가르쳐 달라고 하였다. '기해동서'는 현재 일본 천리대에 소장되어 있다.

의상 스님은 법장 스님이 보낸 7부 29권의 저술을 10일 동안

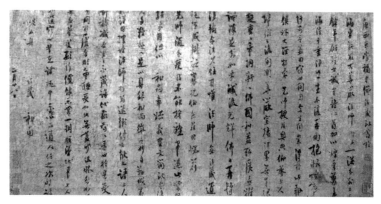

기해동서. 당나라 법장 스님이 신라 의상 스님에게 보낸 편지. 제목은
당현수국사치신라의상법사서(唐賢首國師致新羅義湘法師書). 일본 천리대 소장.

문을 닫고 깊이 검토한 후 진정·상원·양원·표훈 등 뛰어난 제
자 4인을 불러서 『탐현기』를 각각 5권씩 나누어 강의하게 했다.
그리고 말하기를 "나를 넓혀주는 이는 법장이고 나를 일으켜줄
이는 그대들이다."(『법장화상전』)라고 하였다. 그리고 각기 자기를
속이지 말고 힘쓸 것을 당부하였으니, 의상 스님이 제자들을 아
끼고 생각하는 마음과 제자교육에 임하는 진지한 모습을 볼 수
있다.

  의상 스님이 제자를 위하는 마음은 제자 진정 스님의 어머니
천도를 위해 『화엄경』 강설을 한 것에서도 알 수 있다. 소백산
추동錐洞에서 90일간 열린 『화엄경』 강설에 3,000명의 제자가

운집하였다고 널리 회자되어 왔다. 추동이 어디인지 확실하지는 않으나, 소백산 비로사 부근 또는 욱금동 일원 영전사터로 추정되고 있다. 비로사는 의상 스님 또는 진정 스님이 창건한 사찰로서 적광전에는 비로자나불과 아미타불이 함께 모셔져 있고, 사하촌이었다는 달밭이 인접해 있다. 욱금동의 영전사는 『삼국유사』에 보이는 「욱면비염불서승」조의 욱면비가 현신성도하였다는 미타사로서 현재는 그 일대가 금계저수지로 변했고, 영전사터에서 출토된 아미타불 존상과 유물들은 풍기읍의 영전사에 모셔져 있다.

문헌에 전하고 있는 강설의 예를 몇 가지 더 들어보면, 의상 스님은 자신의 출가 도량인 황복사에서 『법계도』를 강의하였으며, 화엄본찰인 부석사에서 40일 동안 '일승십지문답一乘十地問答'이 이루어졌으며, 태백산 대로방에서 '행경십불行境十佛' 강의가 있었다. 이외에도 의상 스님은 때때로 표훈 스님과 진정 스님을 비롯한 제자들의 의문을 풀어 주는 문답 내용이 많이 전한다.

『화엄경』의 '십지' 교설은 회삼귀일會三歸一의 바탕 위에 시설된 일승보살도이다. 「십지품」에는 모든 바라밀을 육상(六相: 총상·별상·동상·이상·성상·괴상)으로 닦아 마음이 증장하게 하는 원願도 담겨있어, 화엄교학의 중요한 '육상원융'의 경증이 되기도 한다. 의상 스님은 「반시」에서 「법계도인」을 육상원융으로 설명하

비로봉이 보이는 추동 일대.

영전사지 욱금동 일원.

해주 스님의 법성게 강설

고 있다.

그리고 '행경십불'은 『화엄경』의 깨달은 부처님의 세계를 열이라는 원만수로 포섭한 열 부처님이다. 반면 모든 존재가 다 본래 부처님인 입장에서 본 열 부처님을 해경십불解境十佛이라 한다. 『화엄경』의 부처님을 지엄 스님은 이 행경과 해경의 2종십불로 나누어 보았다. 의상 스님이 「법성게」에서 말한 십불十佛은 행경십불에 해당하는 열 부처님이고, 「반시」에서 보인 융삼세간은 해경십불을 표현한 것으로 보인다.

일승십지가 보살경계로서 연기세계라면 행경십불은 불경계로서 성기세계이다. 불화엄의 부처님과 보살세계를 보여주는 대표적인 교설에 대한 강의가 이렇게 별도로 장시간 행해지기도 한 것이다.

의상 스님이 제자 교육을 중심으로 수행하는 모습은 다음과 같이 묘사되어 전해지고도 있다.

> 의상 스님의 강설의 나무는 꽃을 피우고 말의 숲은 열매를 맺었다. 높은 수준에 올라 오묘함을 본 스님 이 지통·표훈·범체·도신 등 여러 명이었으니, 모두 커다란 알을 깨고 나는 가루라새였다. 의상 스님은 설한 대로 행함을 귀하게 여기고 강설로 펴는 일 외

에 부지런히 수련하며, 찰해를 장엄하는 데에 따뜻함
과 시원함을 가리지 않았다. …… 대개 제자들이 도
움을 청하면 서두르지 않고 조용히 가라앉는 때를
기다린 후에 깨우쳐 주었다. 의상 스님은 이에 의문을
따라 막힌 것을 풀어서 조금도 찌꺼기가 남지 않게
하였다. (『송고승전』)

그리하여 제자들은 스승의 가르침을 깊이 새기고 배운 대로
행하기 위해 노력하였으며, 가르침을 전하기 위해 스승의 강설
내용을 적어 전하기도 하였다. 혹은 붓을 집어 큰 띠에 쓰기도
하고 필로 나뭇잎에 쓰기도 하였으며, 가려 뽑은 글은 결집과
같고 베낀 글은 말을 그대로 담은 것 같았다고 한다.

이와 같은 의미의 문[義門]은 제자를 따라 제목을 삼기도 하
고, 혹은 강설한 장소로 이름을 삼기도 했다. 도신 스님이 의상
스님의 강의를 받아 적은 글을 「도신장道身章, 道申章」이라 하고,
소백산 추동에서 강의한 『화엄경』 강설을 지통 스님이 받아적
어 전하는 것을 「지통기智通記」라고도 하고 혹은 「추동기」라고
도 하며 「추혈문답」이라 하는 등과도 같다. 「지통기」는 중국 법
장 스님이 지었다고 전해지는 『화엄경문답』이 그 이본인 것으로
최근 거의 밝혀졌다. 이러한 장소章疏들은 모두 화엄성해 비로

해주 스님의 법성게 강설

자나불의 가없는 세계를 밝힌 것으로 평가되었다.

이처럼 의상 스님의 수많은 제자 가운데 스승의 강설을 깊이 이해하고 그 내용을 받아 적어 남긴 도신 스님이나 지통 스님은 표훈·범체 스님과 함께 『송고승전』에서 언급한 바, 의상 스님의 뛰어난 제자 등당도오자登堂覩奧者에 해당한다. 그리고 최치원의 『법장화상전法藏和尙傳』에는 표훈·진정·상원·양원 스님을 특히 뛰어난 제자라 하여 4영四英이라 불렀다.

또 『삼국유사』「의상전교」조에서는 의상 스님의 10대 제자로서 오진·지통·표훈·진정·진장·도융·양원·상원·능인·의적 스님을 들고 있다. 이들은 성인 또는 성인 버금되는 분[亞聖]으로 칭송되었다.

이 세 부류에 다 해당되는 유일한 제자인 표훈 스님은 의상 스님과 함께 흥륜사興輪寺 금당金堂에 신라십성으로 모셔지게 되었다. 표훈 스님은 황복사에 주석하기도 하였고, 표훈사를 창건하였으며, 불국사에 머물면서 항상 천궁을 왕래하고 혜공왕의 탄생설화와도 관련이 있다. 표훈 스님의 화엄사상은 『총수록』과 균여의 저술 등에 그 일면이 전하고 있다.

최근에 공주 갑사 소조보살입상(1617년 조성)의 복장 유물에서 절첩본 형태로 된 『일승법계도』와 「표훈대덕발원문」의 사경이 발견되었다. 이 사경은 고려 우왕 14년(1388)에 준암심탄 스님에 의

흥륜사 신라 십성 의상 스님 진영. 신라를 빛낸 인물관 소장(왼쪽).
흥륜사 신라 십성 표훈 스님 진영. 신라를 빛낸 인물관 소장(오른쪽).

해 이루어진 것이다. 제목은 『일승법계도』로 되어 있으나 내용
은 「법성게」인 30구에 이어 「표훈대덕발원문」이 사경되어 있다.

발원문의 내용은 먼저 시방일체 불보살과 제조사와 선지식에
게 예경하고 지은바 과실을 참회한다. 그리고 크게 세 시기로 나
누어 구체적인 원을 세우고 있다. 먼저 득도하기 전에는 도심道心
에서 물러나지 않고 부지런히 범행을 닦으며, 명이 다하여 죽은

해주 스님의 법성게 강설

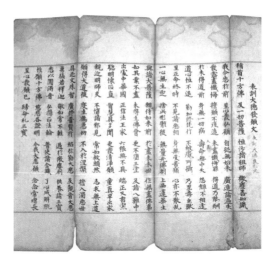

표훈대덕발원문. 갑사소조보살입상복장유물.

뒤에는 무량광불 세계의 상품연화에 태어나고, 만약 그 업이 다하지 못하여 불회상에 나지 못한다면 바른 신심 가진 법왕가에 태어나서 일찍 출가하여 선지식을 친근하여 무상도를 구한다. 대도를 얻은 후에는 중생을 제도하여 마음을 요달해서 해탈하길 원한다. 그리고 끝으로 부처님께 자비로 증명해 주시고, 대비의 원이 증장되며, 삼보께 목숨 바쳐 예경하기를 발원하고 있다.

의상 스님의 수행전통은 이러한 표훈 스님을 위시한 수많은 제자와 법손들에게 이어져갔다. 그리하여 대를 이어 화엄십산이 건립되면서 화엄종이 형성되었고 의상 스님을 초조로 한 의상계화엄이 한국화엄의 주류를 형성하게 된 것이다.

10

전승과 전파
화엄십찰과『일승법계도』주석

의상 스님은 『일승법계도』를 저술하고 귀국한 후, 전국을 다니면서 화엄도량을 개설하고 『화엄경』과 『일승법계도』를 강설하였다. 그리하여 부석사를 비롯한 화엄십찰이 건립되고 수많은 뛰어난 화엄수행자가 길러졌다. 그리고 법손들에 의해 『일승법계도』에 대한 주석서가 계속 편찬되어 의상 스님의 화엄사상이 끊이지 않고 전승되었으며 사자상승의 전통이 이어졌다.

의상 스님이 화엄본찰인 부석사를 창건하기 전, 맨 처음 건립한 사찰은 낙산(오봉산) 바위굴에서 친견한 관음보살을 모신 낙산사 홍련암이다. 절을 지을 때 산세를 살피며 머물렀던 곳이 지금의 의상대 자리라고 한다.

부석사 창건과 관련해서는 앞에서 잠깐 언급한 바와 같이 두 가지 설이 있다. 하나는 선묘 호법용이 변화한 부석浮石의 도움

태백산 부석사 전경. 화엄십찰 중 본찰(사진 부석사 제공).

으로 부석사가 화엄도량이 되었다는 『송고승전』의 기록이고, 다른 하나는 문무왕의 도움으로 부석사가 창건되었다는 『삼국유사』의 「의상전교」조이다.

전자에 의하면 의상 스님이 본국에 되돌아온 후 산천을 두루 다니다가 태백산에 이르러 땅이 신령스럽고 산이 수려하여 법륜을 굴릴만하다고 보이는 곳을 찾았다. 그곳에는 이미 권종이부의 승려들이 오백 명이나 모여 살고 있었다. 의상 스님이 '대화엄의 가르침은 복되고 선한 땅이 아니면 일어나지 못한다'고 생

낙산사 의상대.

각하자, 항상 의상 스님을 따라다녔던 선묘용이 그 생각을 알아
차리고, 곧 허공 중에서 대신변을 나타내어 커다란 바위로 변해
서 너비 1리나 되도록 가람 위를 덮고는 떨어질 듯 말 듯 하였다.
그 상황에 놀란 승려들이 사방으로 흩어져 버렸다. 그래서 의상
스님이 이 절에 들어가 겨울에는 양지바른 곳에서 여름에는 그

해주 스님의 법성게 강설

늘에서 『화엄경』을 강의하였는데, 부르지 않아도 스스로 모여드는 사람이 많았다고 한다. 후자는 의상 스님이 의봉 원년(676)에 태백산으로 돌아가 조정의 뜻을 받들어 부석사를 창건하고 대승을 널리 펴니 신령스러운 감응이 많이 나타났다고 한다.

아무튼 부석사는 의상 스님이 이곳을 중심으로 주변의 태백산과 소백산 골짜기 등에서 법석을 펴는 화엄의 근본도량이 되었다.(부석사는 통도사, 법주사, 대흥사 등과 함께 2018년 6월 세계문화유산에 등재되었다)

이 부석사를 비롯하여 의상 스님의 가르침을 전하는 대도량으로 10찰 또는 10산이 널리 알려져 있다. 「의상전교」에서는 의상 스님이 10찰에서 가르침을 전한다고 하며 여섯 개의 사찰 이름을 언급하고 있다. 그런데 최치원의 『법장화상전』(904)에서는 열 곳의 산 이름을 밝히고 있다. 두 기록을 비교 종합하면 ① 북악 태백산 부석사 ② 남악 지리산 화엄사 ③ 강주康州 가야산 해인사 ④ 낭주良州 금정산 범어사 ⑤ 비슬산 옥천사 등 다섯 산사가 일치한다. 이외에 ⑥ 원주 비마라사(「의상전교」) ⑦ 계룡산 갑사 ⑧ 전주 모산母山 국신사國神寺 ⑨ 웅주熊州 가야협迦耶峽 보원사普願寺 ⑩ 한주漢州 부아산負兒山 청담사淸潭寺 ⑪ 중악中岳 공산公山 미리사美理寺 ⑫ 강주康州 가야산 보광사普光寺 ⑬ 계룡산 화산사 등의 여덟 사찰이 더 보이니 모두 13개의 사찰이 화엄십찰 또는 화엄십산으로 전해지고 있는 것이다.

창건 연대를 보면 이 가운데 부석사(676), 국신사(676, 현 歸信寺), 옥천사(670), 범어사(678), 갑사(679, 중창) 등이 의상 스님 입적 전에 건립되었다. 비슬산 옥천사는 현재 비슬산 용천사 또는 연화산 옥천사라고 간주되고 있다.

화엄사는 연기조사가 544년에 창건하였으며 의상 스님이 677년에 장육전(각황전)을 조성하고 벽에 화엄석경을 새겼다고 전한다. 그런데 8세기 중엽 창건설이 대두되기도 하였으니, 경덕왕 때 연기조사가 사경한 발원문이 발견되었기 때문이다. 해인사海印寺는 802년에 순응順應 스님과 이정利貞 스님이 창건하였다고 한다. 순응 스님과 이정 스님은 신림神琳 스님의 제자이고, 신림 스님은 상원相源 스님의 제자이다. 따라서 해인사 창건주는 의상-상원-신림-순응, 이정으로 이어지는 의상 스님의 4세 법손들이다.

보광사는 정확한 위치를 알 수 없다. 그런데 현재 가야산과 인접한 수도산 수도암이, 옛 명칭이 보광사로서 십찰의 하나라는 설이 있다. 보원사지는 서산마애삼존불을 지나서 계곡을 따라 조금 올라간 곳에 있는데, 법인탄문(法印坦文, 900~975) 스님이 보원사를 중창하고 『화엄경』을 강의하여 고려 전기에도 화엄사찰의 위세를 크게 떨쳤다. 현재 탄문 스님의 탑비 등이 보물로

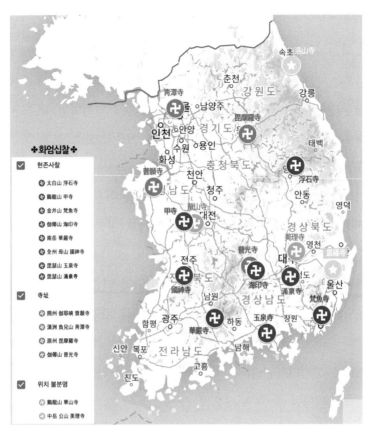

전국에 펼쳐진 화엄십찰.

지정되어 있다.

비마라사지는 두 곳으로 추정되고 있으니, '강원도 유형문화
재(제49호)'인 당간지주가 있는 원주시 봉산동이라고도 하고, 단
양군 영춘(당시는 원주라고 불림)의 비마라산 마을 절터가 십찰에

속하는 곳이라고도 한다. 청담사지는 현재 서울시 은평구 일원으로서, 한주는 서울이고 부아산은 북한산 줄기인 북악의 옛 명칭이다. 화산사와 미리사는 그 위치가 불분명하지만, 현존 사찰이나 사지들이 한결같이 비로자나불 또는 아미타불을 모신 대찰임을 볼 때, 화산사와 미리사도 봉불이나 규모에 있어서 여타 십찰의 예에서 크게 벗어나지 않았을 것이다.

이처럼 화엄십찰 중에는 의상 스님이 직접 창건하고 전교한 곳도 있고, 직접적인 관계가 있다고 보기 어려운 곳도 있다. 그러나 이 모두가 화엄십찰 또는 화엄십산으로 전해져온 것은 이들 사찰이 의상 스님과 제자 법손들에 의해 대를 이어 창건되었으며, 적어도 의상 스님의 화엄사상과 수행이 전승되어 신라 사회에 널리 유포되었음을 강조한 것이라 볼 수 있다. 의상 스님은 삼의일발三衣一鉢의 무소유 삶을 보였으나 제자들과 대중들에게 법등을 펴고 전한 곳은, 모여든 대중 모두의 원력으로 국가의 외호와 함께 대도량으로 전개되었다고 하겠다.

이외에도 의상 스님이 창건했거나 주석한 사찰도 많고, 제자와 법손들에 의해 건립되었거나 화엄강의가 이루어진 화엄사찰이 많았다. 의상 스님의 출가사찰인 황복사는 물론이고 불영사, 마하연사, 비로사, 골암사, 불국사, 월유사, 표훈사, 봉정사, 세달사, 숭복사, 천관사 등이다.

뿐만 아니라 의상 화엄의 전승은 의상 스님의 강설을 받아 적은 『도신장』과 『지통기』는 물론이고 신라, 고려, 조선시대를 내려오면서 『일승법계도』에 대한 법손들의 주석을 통해 계속 이루어졌다. 주석서에서 『일승법계도』에 담긴 의상 스님의 화엄교가 면면히 이어짐을 볼 수 있다.

신라시대에 저술된 『일승법계도』의 수문석에 『법융기法融記』, 『진수기眞秀記』, 『대기大記』의 삼대기가 있다. 『법융기』의 저자 법융 스님도 신림 스님의 제자로서 의상 스님의 4세손이니 800년을 전후하여 활동하였다. 『진수기』의 저자 진수 스님은 신라 하대에 활동하였고, 『대기』는 누구에 의해 저술되었는지 알 수 없으나 저술 연대는 9세기 중엽 이후의 신라 하대로 추정된다.

이 삼대기는 고려시대 집성된 『총수록』에 수록되어 전해져왔다. 『총수록』은 4권(상 하 각각1·2)으로 이루어져 있는데 『일승법계도』와 그 주석인 삼대기, 그리고 삼대기를 이해하기 위한 관련 화엄전적 등을 집성한 것이다. 『총수록』에는 서문이나 발문이 없으므로 『총수록』이 언제 누구에 의해 집성되었는지 알기 어렵다. 단지 『총수록』에 균여(923~973) 스님의 저술이 소개되어 있고, 고려 고종 41년(1254) 전후 무렵에 조판된 고려대장경 보유판에 수록되어 있기 때문에, 10세기 말엽에서 13세기 중엽 사이에 편찬된 것임을 알 수 있다.

균여 스님도 『일승법계도원통기』를 지어 의상 스님의 화엄사상을 계승하였다. 균여 스님은 중국 화엄종조의 저술에 대해서도 원통기와 원통초를 저술하였으나, 신라 말 고려 초에 분열된 남악과 북악의 대립을 자신이 속한 북악의 입장에서 화해시키면서 의상 스님의 법성 사상을 이어간다.

조선 초기에는 설잠(雪岑, 1425~1493) 스님이 『대화엄법계도주병서』를 지었다. 서문에서 「법성게」는 '법성'이라는 한 말로 화엄세계를 다 드러내고 있다고 한다. 그리고 30구의 시詩 내용을 선적으로 해석하였으니, 의상 스님의 화엄세계가 선세계와 다르지 않음을 보여준 것이라 하겠다. 이러한 설잠 스님의 화엄관은 구산문 개산 이래 계속되어 온 선과 화엄의 교섭에 영향을 입은 것으로 간주된다. 조선 후기에는 도봉유문(道峯有門, 1790년 전후) 스님이 『법성게과주』를 지었다. 「법성게」 전체를 법성으로 파악하여 과분하고 주석한 것이다.

이와 같이 전시대에 걸쳐 지속적으로 주석되고 전승된 것은 한국불교전적 중에 『일승법계도』가 유일하다고 생각된다. 그런가 하면 「법성게」는 전국 사찰에서 독송되어 왔으며, 오늘날에도 거의 매일 독송되고 있다.

일본에서도 「법성게」 내지 『일승법계도』가 서사 유통되었는데, 일부는 국보로 지정되기도 하였다. 쇼묘지(稱名寺)에 소장되

法性圓融無二相
諸法不動本來寂
無名無相絕一切
證智所知非餘境
真性甚深極微妙
不守自性隨緣成
一中一切多中一
一即一切多即一
一微塵中含十方
一切塵中亦如是
無量遠劫即一念
一念即是無量劫
九世十世互相即
仍不雜亂隔別成
初發心時便正覺
生死涅槃常共和
理事冥然無分別
十佛普賢大人境
能人海印三昧中
繁出如意不思議
雨寶益生滿虛空
眾生隨器得利益
是故行者還本際
叵息妄想必不得
無緣善巧捉如意
歸家隨分得資糧
以陀羅尼無盡寶
莊嚴法界實寶殿
窮坐實際中道床
舊來不動名為佛

화엄원융찬(華嚴圓融讚)(ⓒ稱名寺金澤文庫).

어 있는 서사본으로서 '해동화엄초조술海東華嚴初祖述'『화엄일승법계도』(13세기~14세기 서사), 『일승법계도』의 주석 부분인 「법계도기」를 서사한 『일승법계도기』(정화4, 1315), 「법성게」 30구 210자에 악보[聲明譜]를 붙여 달리 이름한 「화엄원융찬華嚴圓融讚」(貞治 2, 1363) 등이 다 국보로 모셔져 있다.

특히 주목되는 것은 『일승법계도기』가 1120년에 서사된 동대사 존승원본을 저본으로 하였는데 거기에 해동화엄초조가 저술한 것임을 명기하고 있고, 「화엄원융찬」은 「법성게」에 운율을 붙여 놓은 것으로 보아 불교의례에서 사용된 것으로 추정된다. 이는 한국에서 「법성게」가 널리 독송된 영향을 받은 것임을 알 수 있다.

11

『일승법계도』
그림의 의미

「법성게」는 「법계도인」과 합해서 「반시」라는 그림으로 그려졌다.
그래서 「법성게」의 내용을 살펴보기 전에, 먼저 그림 모양의 상
징성부터 짚어보기로 한다.

경의 내용을 한눈에 쉽게 알 수 있게 그림으로 그린 것을 변
상도라고 한다. 『화엄경』 변상도는 주로 80권 『화엄경』의 변상도
인데 7처 9회도, 80권 각권의 변상도, 사경과 목판본 앞에 그리
거나 새겨진 그림 등이다. 의상 스님이 60권 『화엄경』의 전 내용
을 그려 보인 「반시」는 그림이기는 하나, 그 모양이 변상도와는
많이 다르다. 그것은 210자의 시詩인 「법성게」가 그림의 두 요소
가운데 하나로 들어있기 때문이다.

의상 스님이 일승一乘 『화엄경』의 세계를 법계法界라 명명하
고, 그 법계를 시와 도인을 합한 합시일인으로 그렸으므로, 「반

一乘法界圖 合詩一印 (槃詩)

法性圓融無二相
諸法不動本來寂
無名無相絕一切
證智所知非餘境
真性甚深極微妙
不守自性隨緣成
一中一切多中一
一即一切多即一
一微塵中含十方
一切塵中亦如是
無量遠劫即一念
一念即是無量劫
九世十世互相即
仍不雜亂隔別成
初發心時便正覺
生死涅槃常共和
理事冥然無分別
十佛普賢大人境
能仁海印三昧中
繁出如意不思議
雨寶益生滿虛空
衆生隨器得利益
是故行者還本際
叵息妄想必不得
無緣善巧捉如意
歸家隨分得資糧
以陀羅尼無盡寶
莊嚴法界實寶殿
窮坐實際中道床
舊來不動名爲佛

210자의 시와 한 줄로 이어진 법계도인을 합한 반시,
일승법계도합시일인(一乘法界圖合詩一印).

시」를 「일승법계도합시일인」이라고도 이름한다. 「반시」에서 붉은
색[朱色]의 한 줄[一道]과 검은 글자 그리고 흰 바탕의 세 가지
는 각각 지정각세간智正覺世間, 중생세간衆生世間 그리고 기세간
器世間의 삼종세간을 상징한다. 지정각세간은 불보살이니, 『화엄
경』에 출현하는 보살은 부처님과 같이 지혜로 정각을 이룬 존재
라는 것이다.

그런데 줄과 글자와 종이가 한 자리에 있듯이, 삼세간이 다른 세계가 아니고 하나이므로 융삼세간融三世間이다. 지정각세간과 중생세간은 정보正報이고 기세간은 의보依報이므로 의정불이依正不二의 삼세간이 융삼세간이다. 이러한 삼세간은 모두 불세계를 벗어나지 않는 융삼세간불融三世間佛의 불세계이다. 즉 중생세간도 융삼세간불로서의 중생세간이고, 기세간도 융삼세간불로서의 기세간이다.

삼세간은 석가모니불이 해인삼매海印三昧에 의해 펼친 화엄법계의 일체 모든 존재이다. 해인삼매란 바다에 파도가 잠잠하면 모든 물상이 다 비치는 것에 비유한 것이다. 『화엄경』에는 10종삼매에 거두어지는 백천삼매가 있는데 해인삼매는 그 모든 삼매를 포섭하는 총정總定이다. 「현수품」에서는 부처님이 안 계신 곳에서 정각을 이루고, 법문을 설하고, 갖가지 모습으로 중생을 제도하는 등이 해인삼매의 힘이라고 교설하고 있다. 그리고 하늘에서 천제와 아수라가 싸우는 광경이 세세하게 맑은 물에 다 비치는 비유를 들고 있다. 「보왕여래성기품」에서는 해인을 부처님 보리의 여래성기와 관련시켜 설하고 있다.

불자야, 비유하면 대해가 일체중생의 색상의 인이 되
므로 대해를 인이라고 부르는 것처럼, 여래 응공 정등

각의 보리菩提도 이와 같아서 일체중생의 심념心念과 제근諸根이 보리중에 나타나지만 나타나는 바가 없기 때문에 여래를 일체각一切覺이라 한다.

비유하면 모든 대해에 일체중생들의 색상이 모두 현현하므로 일체인이라 하는 것처럼, 시방세계 중의 일체중생들이 무상보리해無上菩提海에 나타나지 않는 법이 없다.

이와 같은 『화엄경』 교설에 의거하여 『일승법계도』에서는 해인삼매를 다음과 같이 말씀하고 있다.

인印이라고 하는 것은 비유에 의해 이름 붙인 것이다. 왜냐하면 대해가 지극히 깊고 밝고 맑아서 밑바닥까지 다 드러나 보여서, 천제가 아수라와 싸울 때에 모든 병사들과 일체 무기들이 그 가운데에 분명히 현현하는 것이, 마치 인에 문자가 나타나는 것과 같으므로 해인海印이라고 이름하는 것이다.

이어서 바닷물이 밑바닥까지 드러날 정도로 청정하고 밝기 때문에 삼종세간이 그 가운데 현현해서 해인이라고 이름하며,

이 경계는 법성法性을 궁극적으로 증득한 깨달음에 의한 것이라고 한다.

> 법성을 궁극적으로 증득하여, 밑바닥이 없어서 구경에 청정하고 담연명백하여 삼종세간이 그 가운데 현현하므로 해인이라고 이름 붙인 것이다.

이 해인삼매는 부처님의 삼매이다. 해인에서 바닷물은 불정각 보리심을 상징한다. 바다에 온갖 물상이 비치듯 부처님 보리심 바다에 중생들의 온갖 번뇌가 다 나타난다. 그런데 보리심바다는 물에 비친 중생들의 번뇌에 의해 더럽혀지지 않을 뿐 아니라, 실은 중생들의 번뇌가 다 부처님 보리심뿐인 것이다.

바다에 비친 물상은 실은 물상이 아니라 바닷물뿐이듯이, 해인삼매의 경계는 온전히 불경계이다. 따라서 해인삼매에 번출된 삼종세간이 모두 다 불경계인 것이다. 고요하고 맑은 물에 비친 일체 존재가 다 물이듯이, 부처님의 보리마음에 비친 중생들의 마음 역시 부처님의 보리마음이다. 그래서 모든 세계는 오직 보리마음에 의한 깨달음의 세계이다.

바꾸어 말하면 중생들이 자기 마음에 떠올린 존재는 자기 마음 그대로이고 그 마음이 만든 존재인데, 그 마음과 그 존재가 청정하지 못하다면 미혹 망상 때문이다. 일체가 해인삼매의 경계임을 몰라서, 중생세간이 융삼세간불임을 모르기 때문이다. 따라서 미혹 망상을 없애고 본래 자기로 돌아갈 수행방편이 필요한 것이다.

이와 같이 의상 스님은 해인삼매에 의해 펼쳐진 융삼세간불의 경계를 「반시」로 드러내어, 자기 마음이 바로 부처님 마음이고 자신이 바로 본래 부처임을 깨닫게 한 것이다. 이것이 일차적으로 「반시」를 통해 증득하는 수행법이라 할 수 있다. 「반시」는 또 54각으로 이어진 도인과 210자의 글자 모양으로 다양한 수행방편을 제시하고 있으며, 또 다음 「법성게」에서도 의상 스님이 강조한 수행법을 다시 만날 수 있다.

먼저 도인과 글자 모양을 소개하고 그 의미를 통한 수행법을 살펴보자.

① 도인이 한 길[一道]이다. 한 길은 여래의 일음을 나타내기 때문이니, 여래 성기음性起音이다. 성기음이란 부처님이 음성으로 여래출현을 보이시는 것이다. 부처님 음성은 부처님의 성품이 그대로 일어난 것임을 뜻한다. 부처님은 일음으로 설법하시는데 중생들은 근기 따라 달리 알아듣는다. 그래서 한 길은 하나의 훌륭하고 교묘한 방편을 뜻한다.

② 도인에 굴곡이 많다. 굴곡은 중생의 근기와 욕망이 같지

않은 것을 따르기 때문이니, 곧 삼승의 가르침에 해당한다. 삼승은 일승에서 흘러나온 것[所流]이고 일승을 목표로 한 것[所目]이라 하여, 일승과 삼승이 주반상성임을 보이고 있다. 굴곡 외에 일도가 따로 있는 것이 아니다.

③ 도인에 시작과 끝이 없다. 시작이 끝이고 끝이 시작으로 계속 이어지고 있다. 이것은 선교방편이 일정한 방소가 없어서 [善巧無方] 법계에 응하여 걸맞고[應稱法界] 십세에 상응하여[十世相應] 원융만족함을 나타내 보이는 것이다. 이러한 원융한 화엄교설이 원교圓敎이다.

④ 크게 4면과 4각으로 되어 있다. 4면 4각은 사섭법과 사무량심을 나타낸 것이다. 사섭법은 보시섭·애어섭·이행섭·동사섭으로서 십지 중에도 초지에서 제4지까지 차례로 시설되어 있다. 보시하고, 부드러운 말을 하고, 이로운 행을 하고, 더불어 함께하는 보살도를 수행의 기본으로 한 것이다. 그리고 사무량심은 대자·대비·대희·대사로서, 노사나(비로자나) 부처님의 과거 인행시 십종 수행 중 네 가지 수행법에 속하기도 한다. 불본행佛本行이 곧 대승보살의 인행因行인 것이다.

⑤ 54각 210자이다. 이 의미에 대해서는 의상 스님이 직접 언급하고 있지는 않다. 법손들이 54각은 54선지식의 인지식人知識이고, 210자는 「이세간품」 2,000법문의 법지식法知識에 해당하

는 것으로 이해하기도 하였다. 「입법계품」에서 선재동자가 만난 선지식은 일반적으로 53선지식이라고 일컬어지고 있으나, 덕생동자와 유덕동녀가 한 장소에 함께 있으므로 54선지식이 된다. 그러므로 54선지식의 해탈법문과 보살행이 입법계入法界하여 해탈하는 주요 수행방편이 된다. 「이세간품」의 2,000자량이 210자에 해당한다는 것은, 200가지 질문에 보현보살이 각각 10가지로 답한 것에 의미를 둔 까닭이다. 「이세간품」은 화엄수행계위로 볼 때 마지막 묘각 단계인데, 이 단계에서는 온전히 중생교화를 위해 다시 중생계로 회향하는 곳이므로 화엄수행 전체를 다 포섭한다고 할 수 있다. 그리고 「입법계품」의 선지식 법문은 「이세간품」까지의 모든 법문을 다시 한 번 선재의 선지식 법문으로 펼치고 있는 것이다. 따라서 『화엄경』의 모든 수행방편을 54각의 도인과 210자의 「반시」 형태로 나타내었음을 알 수 있다.

⑥ 글자가 시작과 끝이 있다. 이 점은 수행의 방편을 기준으로 하여 원인과 결과가 같지 않음을 말한다.

⑦ 글자 중에 굴곡이 많다. 이것은 삼승의 근기와 욕망이 달라서 같지 않음을 드러내기 때문이다.

⑧ 시작과 끝의 두 글자가 그림의 한가운데 놓여 있다. '법'자에서 시작하여 마지막 '불'자로 끝나는, 첫 글자와 끝 글자를 한 중앙에 같이 둔 것이다.[始終兩字 安置當中] 이것은 원인과 결과

54각의 굴곡을 담은
한 줄로 이어진 법계도인.

의 두 자리가 법성가의 진실한 덕용이며 성이 중도에 있음을 나
타낸 까닭[表因果兩位 法性家內 眞實德用 性在中道故]이라고 한다.
무슨 의미인가? 의상 스님은 이 도리를 육상六相으로 설명하고
있다. 이 점에 대해서는 지면을 달리하여 언급하기로 한다.

12

「반시」와 육상원융

의상 스님은 '법'자에서 시작하여 마지막 '불'자로 끝나는 「법성
게」의 첫 글자와 끝 글자를 「반시」의 한 중앙에 같이 두었다. 이
는 '법성가의 진실한 덕용이며, 성性이 중도에 있음을 나타낸 까
닭'이라고 한다. 이 뜻은 이해하기 어려우나 『십지경론』에 보이는
세친보살의 육상설 등을 인용하면서 육상六相의 도리로 자세하
게 설명하고 있다.

육상이란 총상總相·별상別相·동상同相·이상異相·성상成
相·괴상壞相이다. 즉 전체인 모양, 각각인 모양, 같은 모양, 다른
모양, 이루는 모양, 무너지는 모양이다.

이 육상의 명목은 『화엄경』「십지품」과 그 별행경에 해당하는
『십지경』에서 초지의 10대원 가운데 제4원의 내용에서 나온다.
이 제4원은 수행이리원修行二利願 또는 심증장원心增長願이라

노사나불입상. 돈황막고굴 제428굴 좌벽중앙부.

불리는데, 중생들이 모든 바라밀을 총상·별상·동상·이상·성상·괴상으로 닦아서 마음이 증장되기를 바라는 원이다.

　육상으로 바라밀을 닦는다는 것은 간단히 말하면 하나의 바라밀이든 여러 바라밀이든 철저히 닦으면 된다. 모든 바라밀을 닦는 공덕은 한량없으나 하나의 바라밀 공덕도 모자라는 것은 아니다. 하나의 바라밀에 여타의 바라밀 공덕이 구족해 있기 때문이다.

　세친보살은 『십지경론』에서 설주인 금강장보살의 입정入定과
연관하여 육상을 설명하고 있다. 화엄대경의 「십지품」에 해당하
는 『십지경』에서 금강장보살이 보살대승광명삼매에 드는데, 그
입정하는 연유가 열 가지로 설해져 있다. 그 열 가지 가운데 첫
번째인 '일체보살에게 불가사의한 제불광명을 설하여 지혜지智
慧地에 들게 하려는 까닭이다.'라는 것을, 『십지경론』에서는 근본
입根本入이라 이름한다. 금강장보살이 입·출정 후 십지十地를 설
하는데 십지의 지地가 지혜이니 지혜지가 십지이다. 그래서 지
혜지에 들게 하려는 근본입이 총상이고, 나머지 아홉 가지 이유
로 인한 입정[餘九入]은 별상이다. 여구입은 근본입의 구체적인
내용이니 총별원융인 것이다.

　화엄교학에서는 바라밀행만이 아니라, 더 나아가 모든 존재도
육상원융에 해당한다고 본다. 일체 존재 개개가 다 동등하고 평
등하다는 것이다. 의상 스님은 육상이 모두 원융한 육상원융으
로 「법계도인」의 모양을 설명하고 있다.

　　"육상이란 총상·별상·동상·이상·성상·괴상이다. 총
　　상이란 근본인이다. 별상이란 나머지 굴곡들이니 별
　　別이 인印을 의지하되 그 인을 만족시키기 때문이다.

동상이란 인이기 때문이니, 이른바 굴곡은 다르지만 한 가지 인이기 때문이다. 이상이란 늘어나는 모습이기 때문이니, 이른바 첫 번째, 두 번째 등 굴곡들이 달라서 수가 늘어나기 때문이다. 성상이란 간략히 설하기 때문이니, 이른바 인을 이루기 때문이다. 괴상이란 널리 설하기 때문이니, 이른바 번다하게 도는 굴곡들이 각각 스스로 달라서 본래 짓지 아니하기 때문이다. 모든 연으로 생겨난 법이 육상으로 이루어지지 않음이 없다."(『일승법계도』)

하나의 근본인은 총상이고 굴곡은 별상이다. 굴곡은 도인의 부분이지만 굴곡이 없으면 도인 자체가 성립하지 않는다. 따라서 굴곡인 별은 근본인인 하나의 도인을 의지하되, 굴곡인 별은 총인 근본인을 만족시킨다. 굴곡은 다르지만 한 가지 도인인 것은 동상이고 굴곡이 늘어나는 모양은 이상이다. 54굴곡이 모두 하나의 도인의 모양이고 54굴곡 각각은 서로 다른 모양이다. 간략히 설함은 성상이고 널리 설함은 괴상이니, 성상은 인을 짓는 것이고 괴상은 굴곡이 각각 스스로 달라서 본래 짓지 않는다. 굴곡이 각기 제 역할만 하는 것이 괴상의 측면인 것이다.

처음의 굴곡은 원인과 같고 뒤의 굴곡은 결과와 같은데, 처음과 뒤가 한가운데 있는 것은 비록 원인과 결과가 뜻은 다르나 오직 스스로 그러함에 머무름을 뜻한다고 한다.

의상 스님은 이러한 육상을 다시 다양하게 설명하기도 한다. 육상은 연기의 실상인 다라니의 곳집을 여는 좋은 열쇠이며, 연기의 무분별 도리를 바르게 나타내는 것이며, 법성가에 들어가는 중요한 문이라고 한다. 그리하여 「법계도인」에 대한 육상 설명도 중도의 경우와 마찬가지로 성기법성性起法性으로 귀결시키고 있다. 그것은 육상으로 설명되고 있는 도인이 지정각세간이면서, 또한 전체적으로 융삼세간불의 불세계인데서도 추정할 수 있다.

부처님과 중생들도 육상원융임을 떠올리게 하는 그림이 있으니 돈황천불동에 모셔져 있는 노사나부처님의 가사에 육도중생들이 다 그려져 있는 것이다. 부처님과 중생들의 관계를 육상원융으로 설명한 『진수기』의 글이 『총수록』에 수록되어 있다.

즉 부처님은 총상이고 중생들은 별상이다. 노사나불(비로자나불)은 가장 높으시고 중생들은 가장 하열하나, 중생의 몸은 따로 자체가 없고 온전히 노사나 부처님의 몸으로 이루어져 총별원융이다. 중생의 몸을 기준으로 하면 다른 사물이 없고 오직 부처님 몸뿐인 것이 동상이니, 중생의 몸이 저 부처님을 거느리고 있다. 그런데 비록 중생의 몸이 저 부처님의 몸을 거느리고 있으나, 능히 거느림을 움직이지 않고 항상 중생인 것이 이상이다. 거느림의 뜻을 기준으로 하면 같음이 있고, 중생의 뜻을 기준으로 하면 다름이 있다는 것이다.

또 성상과 괴상이란 당체가 존재함이 있고 무너짐이 있다는 말이다. 하열한 중생의 몸이 곧바로 높으신 부처님의 몸으로서 조금도 부처님의 몸과 다른 때가 없고 하나일 뿐임이 성상이다. 그리고 차별있는 중생의 몸이 각각 스스로 움직이지 않음이 괴상이다. 이것은 법계의 법이 곧 중생의 몸가운데 진실한 덕용이며 성이 중도에 있는 것이라 한다. 이와 같이 시작과 마지막, 원인과 결과가 한자리인 것처럼 육상원융의 도리를 요달해서 중생과 보살, 보살과 부처, 중생과 부처도 본래 다른 존재가 아님을 통찰하게 한다.

이제 의상 스님이 드러내고자 한 『화엄경』의 근본 도리를 「법성게」에 의하여 자세히 살펴보기로 한다. 「반시」의 독시법讀詩法에 따라 읽어 가면, 오늘날에도 여전히 우리가 즐겨 독송하고 있는 7언 30구 210자의 시[偈頌]가 된다.

법성게 주련. 석종사 보월당.

제二부

「법성게」
7언 30구 210자

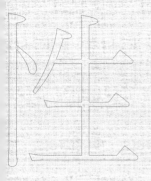

법성원융무이상
法性圓融無二相　법성은 원융하여 두 모습 없고

제법부동본래적
諸法不動本來寂　제법은 부동하여 본래 고요하다.

무명무상절일체
無名無相絶一切　이름도 없고 형상도 없고 일체가 끊어져

증지소지비여경
證智所知非餘境　증득한 지혜로 알 바이고 다른 경계가 아니다.

진성심심극미묘
眞性甚深極微妙　진성은 매우 깊고 극히 미묘하여

불수자성수연성
不守自性隨緣成　자성을 지키지 않고 연을 따라 이룬다.

일중일체다중일
一中一切多中一　하나 가운데 일체이고 많은 것 가운데 하나이며,

일즉일체다즉일
一卽一切多卽一　하나가 곧 일체이고 많은 것이 곧 하나이다.

일미진중함시방
一微塵中含十方　하나의 미세한 티끌 속에 시방을 포함하고

일체진중역여시
一切塵中亦如是　일체 티끌 중에도 또한 이와 같다.

무량원겁즉일념
無量遠劫卽一念　한량없는 먼 겁이 곧 일념이고

일념즉시무량겁
一念卽是無量劫 일념이 곧 무량겁이다.

구세십세호상즉
九世十世互相卽 구세와 십세가 서로 상즉하면서도

잉불잡란격별성
仍不雜亂隔別成 흐트러지지 않고 따로 이룬다.

초발심시변정각
初發心時便正覺 처음 발심할 때가 문득 정각이며

생사열반상공화
生死涅槃常共和 생사와 열반이 항상 함께이다.

이사명연무분별
理事冥然無分別 이와 사가 명연하여 분별이 없으니

십불보현대인경
十佛普賢大人境 십불과 보현보살의 대인 경계이다.

능입해인삼매중
能入海印三昧中 능히 해인삼매 속에 들어가

번출여의부사의
繁出如意不思議 번출의 여의함이 불가사의하다.

우보익생만허공
雨寶益生滿虛空 보배비가 중생을 도와 허공을 채우니

중생수기득이익
衆生隨器得利益 중생이 근기 따라 이익 얻는다.

시고행자환본제
是故行者還本際　그러므로 행자는 본제에 돌아가

파식망상필부득
叵息妄想必不得　망상을 쉬지 않을 수 없고

무연선교착여의
無緣善巧捉如意　무연의 선교로 여의를 잡아

귀가수분득자량
歸家隨分得資糧　귀가함에 분수 따라 자량 얻는다.

이다라니무진보
以陀羅尼無盡寶　다라니의 무진한 보배로써

장엄법계실보전
莊嚴法界實寶殿　법계의 진실한 보배궁전을 장엄하여

궁좌실제중도상
窮坐實際中道床　마침내 실제의 중도자리에 앉으니

구래부동명위불
舊來不動名爲佛　예로부터 부동함을 부처라 한다.

이 7언 30구 210자에 대해 의상 스님은 크게 세 부문으로 나누어 설명하고 있다. 자리행自利行, 이타행利他行, 그리고 수행자의 방편과 이익 얻음[修行者方便及得利益]이다. 자리행은 다시 증분과 연기분으로 나누고, 연기분은 다시 여섯으로 나누어 설명한다. 이를 도시하면 다음 〈표 1〉과 같다.

〈표 1〉 의상 스님의 「법성게」 과문

분과			「법성게」 30구
자리행	증분		제1~4구
	연기분	연기의 체	제5~6구
		다라니의 이용(理用)	제7~8구
		공간[事法]	제9~10구
		시간[世時]	제11~14구
		계위	제15~16구
		총론	제17~18구
이타행			제19~22구
수행자의 방편과 이익 얻음	수행자의 방편		제23~26구
	이익 얻음		제27~30구

一乘法界圖 合詩一印 (槃詩)

法性圓融無二相　諸法不動本來寂
無名無相絶一切　證智所知非餘境
真性甚深極微妙　不守自性隨緣成
一中一切多中一　一即一切多即一
一微塵中含十方　一切塵中亦如是
無量遠劫即一念　一念即是無量劫
九世十世互相即　仍不雜亂隔別成
初發心時便正覺　生死涅槃常共和
理事冥然無分別　十佛普賢大人境
能仁海印三昧中　繁出如意不思議
雨寶益生滿虛空　眾生隨器得利益
是故行者還本際　叵息妄想必不得
無緣善巧捉如意　歸家隨分得資糧
以陀羅尼無盡寶　莊嚴法界實寶殿
窮坐實際中道床　舊來不動名為佛

제1구

法 → 性 → 圓 → 融 → 無 → 二 → 相

1

법성게 제1구
법성원융무이상 法性圓融無二相

「법성게」는 "법성원융무이상法性圓融無二相"으로 시작된다. 즉 「법성게」의 첫 구절이 "법성은 원융하여 두 모습이 없다."라는 것이다.

의상 스님은 30구의 게송을 해설하면서, 이 구절을 포함하여 처음 4구가 자리행自利行의 증분證分을 보인 것이라고 한다. 그래서 깨달은 지혜가 있어야 알 수 있기 때문에, 증분 4구에 대한 직접적인 해설은 생략하고 제5구부터 설명을 붙여나간 후에 다시 보충설명을 더하고 있다.

여기서는 게송 자체가 드러내고 있는 의미와 의상 스님의 강설 내용을 통하여 그 뜻을 이해하고, 경증經證과 아울러 주석서 등에 보이는 제자 법손들의 해석을 빌어서 게송의 뜻을 천착해 보기로 한다.

'법성'은 원용하여 일정한 모습이 있는 것이 아니라서 무이상無二相이다. 법성이란 '법'은 일체 존재이고 '성'은 그 성품으로서 원용한 것이다. 그래서 법성은 존재로서 그 성품이 원용한 것, 또는 그 성품이 원용한 존재이다. 그 원용함을 거듭 강조해서 '법성원융'이라고 한다. 모든 존재는 이 법성의 원용한 성품이 그대로 일어난 법성성기法性性起이며 성기법성이라 할 수 있다.

'원융'은 사전적 설명으로는 '모든 이치가 하나로 융화되어 구별 없고 방해됨이 없이 무애함'이다. '원융'이라는 용어는 『화엄경』에 표면적으로는 보이지 않으나, 의상 스님은 『화엄경』 교설에 입각해서 모든 존재를 법성이라 부르고 그 법성이 원융하다고 정의한다. 그러면 원융이란 구체적으로 어떠한 것인가?

법성원융이라 함은 법계 모든 존재가 다 동등하여 두 모습이 없다는 것이다. 그런데 하나뿐이기 때문에 둘이 없는 것이 아니며 하나의 모습뿐이기 때문에 두 모습이 없는 것이 아니다. 둘이면서 하나이고, 두 모습이면서 한 모습이다. 둘·셋·넷 다양하면서도 하나이고 한 모습이다. 이것이 무슨 의미인가?

의상 스님이 「법성게」를 지을 때 의거한 『화엄경』에도 물론 법성이라는 용어가 수없이 나온다. 『일승법계도』에서 일승, 법계와 아울러 법성을 중시한 것으로 보아 경의 전체 내용이 법성임을 짐작할 수 있거니와, 법성이라는 용어가 직접 쓰인 용례 또한 수

화엄경변 7처9회도. 막고굴 제12굴 주실 북벽. 돈황석굴예술, 돈황연구원.

없이 많다. 특히 부처님은 법성을 요달하신 분이고, 보현보살을 위시한 수많은 청법대중 보살들이 모두 동일 법성이라고 한다.

60권 『화엄경』「세간정안품」의 말씀을 좀 더 들어보자.

> "(모든 부처님 법은) 진실하여 두 모습[二相]이 없으니, 법
> 성이 청정하기 때문이다."
> "법성은 스스로 청정하여 모습이 없으니[無相] 허공과
> 같다."
> "법왕께서 묘법당에 안주하셔서 법신 광명을 비추시
> 지 아니함이 없으니, 법성도 여실하여 다른 모습[異
> 相]이 없다."

법성이 원융하다는 것은 스스로 청정한 것임을 알 수 있다. 그 청정은 본래 참됨[眞]과 속됨[俗], 깨끗함[淨]과 더러움[染] 등의 모든 상대되는 모양을 여읜 것이다. 진속·염정을 여읜다는 것은 진속·염정에 다 통한다는 것이니, 전체가 그대로 청정한 법신그 자체이다. 그래서 무이상이다.

또 다음 법문은 한국불교교단에서 널리 회자되어 온 대표적인 게송이다.

了知一切法　　요지일체법

自性無所有　　자성무소유

如是解法性　　여시해법성

卽見盧舍那　　즉견노사나 (「수미정상게찬품」)

일체법이

자성이 없는 줄 분명히 알라.

이와같이 법성을 알면

곧 노사나 부처님을 뵈오리라.

若人欲了知　　약인욕요지

三世一切佛　　삼세일체불

應觀法界性　　응관법계성

一切唯心造　　일체유심조 (「야마궁중게찬품」)

만약 삼세 모든 부처님을

알고자 한다면,

마땅히 법계의 성품을 관하라.

일체가 오직 마음이 만든 것이다.

첫 번째 게송은 신라 자장慈藏 스님이 중국 오대산에서 문수보살에게 기도하여 받아 온 범게梵偈인 것으로도 널리 알려져 있다. 자장 스님 당시는 아직 80권『화엄경』은 한문으로 번역되지 않았는데 일연 스님은『삼국유사』에서 자장 스님이 받아온 범게의 번역문으로서 이「수미정상게찬품」게송을 소개하고 있다.

두 번째 게송은『화엄경』'제일게'로 회자되고 있는 유심게唯心偈이다. '일체유심조'는 60권『화엄경』에서는 '심조제여래心造諸如來'로 번역되어 있다. 마음이 여래를 만든다는 것이다.

따라서 법계성, 즉 법성의 일체 존재는 바로 그 마음이 여래를 만드는 여래이고, 여래의 성품이 그대로 일어난 여래성기如來性起임을 알 수 있다. 여래성기는 곧 여래출현如來出現이다. 여래의 성품이 그대로 일어난다는 것이 곧 부처님 여래가 출현하시는 것이다.

여래의 마음을「보왕여래성기품」에서는 여래의 성품, 또는 여래의 지혜로 보이면서, 여래성기 즉 여래출현을 설하고도 있다. 여래의 마음은 성기심性起心이니, 여래의 성품이 그대로 일어나 만덕을 구족한 마음인 여래성기구덕심如來性起具德心인 것이다. 이 성기심은 우리가 구경에 깨달아 사용할 수 있는 마음인데, 실은 우리 중생에게 본래로 갖추어져 있는 부처님의 지혜마음이기도 하다.

해주 스님의 법성게 강설

이 여래심뿐만 아니라 여래의 모습과 여래께서 하시는 일도 전부 성기이다. 법신이 그대로 성기이고, 여래의 음성이 성기이니 어업이 성기인 성기음性起音인 것이다. 또 부처님의 경계·행·성정각보리·전법륜·반열반이 다 성기이고, 부처님을 견문하고 공경 공양하며 친근하는 선근도 다 성기이다. 부처님이 중생연衆生緣을 따라 출현하시는 그 모든 것도 다 연기가 아니라 성기로서 여래출현임을 보이고 있다.

의상 스님은 이러한 성기를 법성으로 말하고 있으니, 성기법성이고 법성성기이다. 화엄법계의 모든 존재 세계를 법성성기로 밝히고 그 법성의 성, 여래성의 성을 '원융'으로 노래한 것이다.

그러면 이제 '나'를 기준으로 법성을 말해 보자. 문제는 '나'이지 않은가? 우리는 제법이 무아無我이고 무아소無我所임을 배워 알고 있다. 무아가 대승적으로는 무자성공無自性空의 공임도 알고 있다. 『반야심경』을 통해서도 늘 그 말씀을 접하고 있다. 이것이 있으므로 저것이 있고 저것이 있으므로 이것이 있으니, 이것과 저것은 자성이 없어서 공하다. 「법성게」에서는 더 나아가 제법은 원융이라고 한다. 공하기 때문에, 공이라서 원융한 것이다.

부연한다면, 나의 몸과 마음은 '법'이고, 나의 몸과 마음이 원융한 것이 '성'이다. 그 법성 역시 원융하다. 그러면 어째서 원융한가? 무이상이기 때문이다. 즉 법성원융은 두 모습이 없기 때문이라는 것이다. 그래서 법성원융의 존재는 모두 동등하여 두 모습이 없으니 '나'도 '부처님'도 동등하다. 오척쯤 되는 나의 몸과 마음인 오척신五尺身이 법성으로서 부처님과 동등한 '오척법성五尺法性'이다. 법성이 그렇게 원융한 것이다. 그래서 의상 스님의 법손인 신림神琳 스님도 『일승법계도』는 "화작전법계일신지상畫作全法界一身之像, 온 법계가 한 몸인 모습을 그린 것이다."라고 하며, 온법계가 오척신임을 강조하고 있다.

원융한 모든 존재를 법성이라 함은 모든 존재에 법성을 붙여 말할 수 있다. 수미산은 수미산법성이고 남산은 남산법성이다. 미세한 티끌은 미진법성이고 오척쯤 되는 나는 오척법성이다. 수미산은 높고 남산은 낮다. 미진은 보이지 않을 만큼 아주 작고, 나는 오척쯤 된다. 분별세계에서는 이처럼 높이와 크기가 다르다. 높고 낮으며 크고 작다. 그런데 법성은 서로 다르지 않고 모두 다 같다.

오척법성인 나를 기준으로 하면 다 오척에 들어맞는다. 큰 수미산을 줄이지 않고 오척에 들어맞으며, 작은 미진을 늘여 키우지 않고 그대로 오척에 들어맞는다. 온 법계가 바로 오척법성으로서 한 몸이고, 한 몸이 온 법계이다. 이것을 법성원융이라고 한다.

법성원융무이상, 석종사 화엄공원.

중국화엄 초조 두순杜順 스님은 "가주의 소가 풀을 먹으니 익주의 말이 배가 부르다. 천하의 의인을 찾았더니 멧돼지 왼쪽 허벅지에 뜸을 뜨더라.[嘉州牛喫草 益州馬腹脹 天下覓醫人 炙猪左膊 上]"고 하는 '법신송法身頌'을 남겼다. 법성원융이라서 두 모습 없 는 경계를 읊은 것이라 하겠으니, 이것은 남산에 구름이 일어나니 북산에 비가 내리는 경계이고, 다른 이가 밥을 먹는데 내가 배부르는 도리이다.

이처럼 법성은 원융하여 두 모습이 없으니, 모든 존재는 동등하여 둘이 아닌데, 다만 사람들이 허망하게 분별하여 나와 남을 나누어 차별 존재를 만들어 내고 있다.

2

법성게 제2구
제법부동본래적 諸法不動本來寂

「법성게」의 두 번째 게송은 "제법부동본래적諸法不動本來寂"이다. 법성이 원융하여 두 모습 없음을, 다시 "모든 법은 움직이지 아니하고 본래 고요하다."라고 달리 표현하여 반복하고 있다. '모든 법[諸法]'이란 '법성'을 가리키고 '움직이지 아니함[不動]'은 '원융'의 뜻이며, '본래 고요하다[本來寂]'는 '두 모습 없음[無二相]'이다.

모든 법이 움직이지 아니하고 본래 고요한 것은 제법이 다 동등한 법성이기 때문이다. 부동不動의 제법은 여래의 성품이 일어남이 없이 일어난 성기법성性起法性이다. 오척五尺 되는 나의 몸과 마음인 오척신五尺身도 오척법성으로서 부처님과 동등한 '법성신法性身'이다.

의상 스님은 범부 오척신이 곧 법성신임을 바로 보아서 본래 자기인 부처로 살도록 강조하고 있다. 스님은 『화엄경』의 말씀

卍 **一乘法界圖合詩一印 〔槃詩〕**

死生覺正便時心發初十中合坐微一
涅意思議寶益成方成即是劫遠量一
槃如大普雨滿蒲一別亂九无量无即
常出海賢虛空隔切雜仍世世无遠多
共三印大眾法隨圓不一別東量劫中
和昧中境生性器融如念相二即即一
是中能還隨仍不無亦中即无智一即
故行者本際妙量妙名中一无所知一
行還本際息想必名中一即无知非中
者際息妄不得名中一即无知非餘多
叵妄想必不名中一即无知非餘境一
息想必不得名中一即无知非境妙切
想必不得无緣善巧捉如意歸妙不中
諸→法→不→動→本→來→寂

제2구

諸 → 法 → 不 → 動 → 本 → 來 → 寂

해주 스님의 법성게 강설

[文文句句]이 다 부처님이니,『화엄경』을 안목으로 삼아 법성신인 자기 부처를 바로 보면 십불十佛로 출현하게 됨을 천명하고 있는 것이다. 십十은 완전수, 원만수이니 여기서 십불은 깨달은 모든 부처님을 말한다.

이같이 모든 존재는 법성의 성품이 그대로 일어난 법성성기이고, 여래의 마음성품이 그대로 일어난 성기법성이니, 이 여래성기를 그대로 관하는 것이 성기관性起觀이다.

제법이 움직이지 아니함[諸法不動]은 무주無住의 뜻이다. 머무름이 없다는 무주는 움직이지 않는다는 부동不動의 다른 이름이다. 그래서 법성은 일정한 대상에 머물러 집착함이 없는 무주법성이다.

『화엄경』「수미정상게찬품」에서는 "일체법이 머무름이 없으니 일정한 곳을 얻을 수 없다. 제불이 이에 머무르니 구경에 움직여 요동함이 없다.[一切法無住 定處不可得 諸佛住於此 究竟不動搖]"라고 한다. 또 「여래현상품」에서는 "부처님은 남이 없으나 능히 시현하여 출생하신다. 법성이 허공과 같아서 제불이 그 가운데 머무르신다.[佛身無有生 而能示出生 法性如虛空 諸佛於中住]"라고 찬탄하고 있다. 남이 없이 나고 머무름이 없이 머무르는 무주이주無住而住인 것이다.

이 무주에 대한 의상 스님과 스님의 대표 제자인 표훈 스님의 문답 내용이 『총수록』에 담겨 전한다.

> 표훈 대덕이 의상 화상에게 여쭈었다.
> "무엇이 머무름이 없는 것입니까?[云何無住]"
> 화상이 이르기를, "곧 내 범부의 오척 되는 몸이 삼제에 들어맞아 움직이지 않는 것이 머무름이 없는 것이다.[即我凡夫五尺身 稱於三際 而不動者 是無住也]"라고 하였다. (『총수록』『고기』)

의상 스님이 제자 표훈의 질문에 대하여, 머무름이 없는 무주無住란 내 범부 오척의 몸이 과거·현재·미래의 삼세에 들어맞아 움직이지 않는 것이라고 정의하고 있다.

범부 오척신이 과거에도 들어맞고 현재에도 들어맞고 미래에도 들어맞아 움직임이 없는 것은 삼세가 동일제이기 때문이다. 삼세가 동일제라서 머무름이 없다. 과거·현재·미래의 삼세가 동일제이고 삼세에 칭합하여 부동이니 가고 오고 머무름이 없다. 본래 죽고 사는 게 다름이 없는 것이다.

의상 스님이 삼세동일제三世同一際 도리를 증득한 제자 지통 스님에게 「법계도인」을 주었다는 다음 이야기에서도 무주 경계를 알 수 있다.

지통 스님이 미리암굴[彌理嵓穴]에서 목각 존상을 모시고 화엄관華嚴觀을 닦고 있었다. 하루는 굴 밖에 멧돼지 한 마리가 지나감을 보았다. 지통 스님은 평소대로 간절하게 목각 존상에게 예배하니 목각 존상이 말씀하셨다.

"굴 밖의 지나간 멧돼지는 너의 과거 몸이고, 나는 곧 너의 미래불[當果之佛]이다."

부처님의 그 말씀에 지통 스님이 과거·현재·미래 삼세가 하나인 뜻을 깨달았다. 후에 의상 화상에게 나아가 그 일을 말씀드리니 화상이 지통의 그릇이 이루어짐을 아시고 「법계도인」을 주셨다.

(『총수록』『지귀장원통초』)

이처럼 지금 나를 교화하고 계시는 부처님은 바로 나의 미래불이다. 범부 오척신은 오척 법성신으로서 자체불이고, 금일 오척 범부신이 삼제에 칭합하여 부동인 것이 법신 자체이다. 법신 자체인 무주를 관하는 것이 무주관無住觀이다. 무주관은 성기관의 하나이며, 제법실상인 무주 실상을 관하는 실상관實相觀도 성기관에 포섭된다.

이 도리는 『화엄경』「광명각품光明覺品」에서 문수보살이 부처님을 찬탄한 다음 게송에도 잘 드러나 있다.

　　一念普觀無量劫　　일념보관무량겁
　　無去無來亦無住　　무거무래역무주
　　如是了知三世事　　여시요지삼세사
　　超諸方便成十力　　초제방편성십력

한생각에 널리 무량겁을 관하니
감도 없고 옴도 없고 머무름도 없다.
이와 같이 삼세의 일을 요달해 아셔서
모든 방편을 뛰어넘어 십력을 이루심이로다.

　과거·미래·현재의 삼세사가 무거무래역무주임을 확실히 요달
해 알면 모든 방편을 한꺼번에 뛰어 넘어 부처님의 모든 지혜의
힘을 단박에 다 얻게 됨을 알 수 있다.
　십력은 부처님만 가지신 열 가지 지혜의 힘이다. 열 가지, 즉
모든 지혜의 힘인 십력은 부처님의 다른 호칭이기도 하니, 경에
서 부처님을 "십력이시여!"라 부르고도 있다. 그래서 십력을 이
룬다 함은 부처님이 된다는 성불의 의미인 것이다.
　십력이란 첫째, 처비처지력處非處智力이다. 처비처는 시처비처

경북 영주 비로사에 함께 모셔진 석조아미타여래좌상(왼쪽) 및 석조비로자나불좌상(오른쪽). 통일신라 말기에 조성.

是處非處이니, 옳은 도리와 그른 도리, 해야 할 도리와 해서는 안 될 도리, 가능한 도리와 불가능한 도리, 삼세인과와 아등자성我等自性 등을 말하는 것이다. 이러한 도리를 분명히 아는 지혜의 힘이 처비처지력이다. 내지 열째는 삼세루보진지력三世漏普盡智力이니, 과거·현재·미래의 일체 번뇌를 널리 다 끊은 지혜의 힘이다.

　이와 같이 제법이 부동임은 무주이고 또 본래적이다. 본래적은 무이상을 달리 말한 것이다. 두 모양이 없기 때문에 본래 고요하다는 것은 오척법성이 곁에 다른 것이 없어 무측無側인 것이다. 즉 모든 것이 오척법성에 들어맞아 오척법성뿐이기 때문이다. 수미산법성이 오척법성이고 미진법성이 오척법성이다. 일체가 오척법성이라서 곁에 일체 다른 것이 없어서 본래 고요하다. 현재 몸도 과거 몸도 미래 몸도 동일한 법성신이라서 부동이고, 무주이고 본래 고요하다. 곁에 일체 다른 것이 없으니 오척법성신 뿐이다.

제법인 오척신五尺身은 부동이고 무주이고 부주不住이니, 마음이 대상에 집착하지 않아서 자유롭고 걸림없는 작용을 잃지 않는다. 삼세에 흘러다니지 않고 다른 몸으로 떠돌지 않는다. 그러므로 미래에 대한 불안도, 과거에 대한 회한도, 현재의 불만족도 없다. 찰나를 붙들려는 집착도 없다. 범부 오척신은 오척 법성신으로서 법신 자체인 것이다.

이와 같이 오오척신吾五尺身이 법계에 두루하니, 안주세간성정각불安住世間成正覺佛이다. 세간에 안주해서 정각을 이루니 무착불無着佛이다. 세간에 안주하기 때문에 열반에 머무르지 않고[不住涅槃], 정각을 이루기 때문에 생사에 머무르지 않는다[不住生死]. 부주열반이라서 열반에 집착하지 않고, 부주생사라서 생사에 집착하지 않는다. 이 부주생사 부주열반의 무주無住가 안주세간성정각의 무착불이다. 무착불은 의상 스님이 『화엄경』

의 부처님을 10불로 말씀한 가운데 첫째 부처님이다.

법성원융이라서 두 모습이 없는 법계에서는 제법이 부동이라, 본래적이라서 무측이고 무측이라서 본래적이다. 곁에 일체 다른 것이 없다는 무측은 옆에 다른 차별된 존재가 없다는 것이니, 나와 다른 모든 존재가 다른 것 그대로 동등함이 인정된다는 말이기도 하다. 본래 더 잘남도 더 못남도 없다. 그래서 더불어 함께 살면서 서로 시시비비할 이유가 없다. "제법부동본래적"은 일체 시비가 다 끊어진 경계인 것이다.

一乘法界圖 合詩一印 〔槃詩〕

(印 모양으로 배열된 「華嚴一乘法界圖」의 반시槃詩)

縱書·右行 기준 각 행을 위에서 아래로:

死涅槃常共和是故界實寶殿窮坐
生意如出繁理益法意如捉巧寶
覺思大境中事利行嚴故資以
正議普海入三昧實得莊故得以緣
便雨賢別分死隨際本寶隨陀得死床
時寶佛虛眾法仏為名動不自
心益生蔗空非真性極微
發成別隔亂雜不餘境妙不守隨
初方一切中即念智斬切絕相名性
十成一念一如即無是斬相無名
中是劫即一如即無是亦知非眞微
坐无遠量十世互相所甚眞妙
微量劫世相智深極微不
一一即多一諸法不動本來寂隨
一即多切一即一中多切一中

제3구

無 → 名 → 無 → 相 → 絶 → 一 → 切

3

법성게 제3구
무명무상절일체 無名無相絶一切

법성이 원융하여 두 모양이 없고, 제법이 움직이지 아니하여 본래 고요한 곳은 이름으로 지목할 수도 없고 모양으로 그려낼 수도 없다. 모든 것이 끊어졌다고 해서 "이름도 없고, 모양도 없고, 일체가 끊어져"라고 한다. 법성게의 제3구 무명무상절일체無名無相絶一切이다.

이름도 없고 모양도 없다는 것은 처음부터 이름과 모양을 보지 않는 것이다. 미세한 티끌도 거대한 수미산도 스스로의 지위를 움직이지 않고 곧 오척에 계합하기 때문이다. 오직 오척법성이므로 무이상이라서 처음부터 모양도 이름도 없다.

이 일체가 끊어진 자리에 대해서는 그 어떤 말로도 표현이 불가능하다. 그런데 혹 이 경계를 이름 짓고 모양 그린다면 그것은 마치 불 속에서 연꽃을 피우는 화중생련火中生蓮과 같다고 하겠다. 불이 모든 것을 다 태워도 허공은 태우지 못한다. 화중련火中蓮은 과분果分의 불가설 경계를 굳이 인분因分의 말을 빌어서 억지로 말해 보는 것이다.

무명무상절일체의 세계는 중생의 분별로는 이해할 수 없으니, 무분별세계로서 무분별을 상相으로 한다. 무분별상無分別相은 곧 상이 아닌 상이니, 마치 해인삼매의 물상과 같다. 바다에 비친 온갖 물상이 실제로는 물상이 없다. 바닷물에 비쳐있는 물상을 건져보면 물상은 없고 바닷물뿐이다. 그래서 해인의 상像은 상이 아닌 상이다. 즉 바다에 물상이 비친 현상해인現像海印이 곧 상이 없는 망상해인忘像海印이고, 그림자가 나타나지 않은 영불현해인影不現海印이다. 이러한 해인의 상이 무분별상인 것이다.

『총수록』 『대기』에서는 5중해인五重海印으로 『일승법계도』의 총제목을 해석하고 있다. 5중해인이란 망상해인忘像海印·현상해인現像海印·불외향해인不外向海印·보현입정관해인普賢入定觀海印·어언해인語言海印이다. 이를 각각 일승법계·도·합시일인·54각·210자에 배대하였다. 그리고 어언해인인 210자를 다시 영불현해인影不現海印·영현해인影現海印 등의 5중해인으로 나누어 배대하고, 이 가운데 "능입해인삼매중" 등 4구를 또 다시 영리해인影離海印·영현해인 등 5중해인으로 배대하였다. 그리하여 세번[三重]의 5중해인을 통해 일체를 망상해인으로 포섭하고 있음을 볼 수 있다.

이 3중의 5중해인을 도시하면 다음 〈표 2〉와 같다.

〈표 2〉 「법성게」와 3중의 5중해인

〈제1중 5중해인〉	〈제2중 5중해인〉	〈제3중 5중해인〉
1. 망상해인 (일승법계)		
2. 현상해인(도)		
3. 외향해인 (합시일인)		
4. 정관해인(54각)		
5. 어언해인 (210자, 30구) →	제1영불현해인 (증분중2구)	
	제2영현해인 (증분중여2구)	
	제3중해인 (연기분14구)	
	제4중해인 (이타행4구) →	초 영리해인 (능입해인삼매중)
	제5중해인 (수행방편 4구)	제2영현해인 (번출여의부사의)
		제3중해인 (우보익생만허공)
		제4중해인 (중생수기)
		제5중해인 (득이익)

의상 스님은 법성을 궁극적으로 증득한 경계가 해인이라고
한다. 해인의 바다는 처음 바른 깨달음을 이룬 부처님의 마음이

부석사 무량수전 아미타불(ⓒ부석사 제공).

니, 부처님의 정각 보리심바다이다. 중생의 온갖 번뇌가 다 비쳐
도 더러워지지 않는 보리심바다이다. 하나의 해海자로써 삼세간
에 도장을 찍어 셋이라는 분별을 여의고 합하여 하나가 된 부처
님의 마음이 해인이다.(『심륜초』) 이 해인의 바다는 해인의 거울
로도 비유되는데 해인거울 가운데 나타나는 모습은 나의 오척
되는 몸이 삼세간을 갖추어 달리 머무르는 곳이 없다.(「觀釋」)

　이처럼 법성은 이름 지을 수도 없고 모양 그릴 수도 없다. 말
길이 끊어지고 마음길이 멸했으니, 일체 반연과 헤아림이 모두
허용되지 않는다. 모든 것이 끊어졌다는 것은 닦고 증득함도 끊

　　　　　　　　　　　　　　해주 스님의 법성게 강설

어졌다는 것이다. 증분에서는 실로 닦고 증득함도 없다.

　그러나 성인도 닦고 증득하니, 닦고 증득함을 필요로 한다면 어떻게 닦고 증득하는가? 중생의 오척신이 곧 법신 자체로서 자체불임을 어떻게 알고 볼 수 있는 것인가? 이 점과 관련한 제자들의 물음에 의상 스님이 답해 주신 이야기가 『대기』에 전한다. 즉 표훈 스님과 진정 스님을 비롯한 10여 대덕이 의상 화상이 계신 곳에서 이 「법계도인」을 배울 때, "움직이지 않는 나의 몸이 곧 법신 자체인 뜻을 어떻게 볼 수 있습니까?[不動吾身 卽是法身自體之義 云何得見]"라고 여쭈었다. 이에 의상 화상이 사구게로써 답하여 일러주셨다.

諸緣根本我　　제연근본아
一切法源心　　일체법원심
語言大要宗　　어언대요종
眞實善知識　　진실선지식

모든 연의 근본은 나이고
일체법의 근원은 마음이며
말은 매우 중요한 근본이니
진실한 선지식이다.

의상 스님은 이어서 "여등당선용심이汝等當善用心耳, 그대들은 마땅히 마음을 잘 써야 한다."라고 당부하셨다는 것이다. 의상 스님이 표훈 스님과 진정 스님 등의 제자들로부터 질문을 받고, '움직이지 않는 나의 몸이 곧 법신 자체'인 뜻을 볼 수 있는 길을 4구게로 보이면서 '마땅히 마음을 잘 쓰는 것[當善用心]'을 증분의 실천도로 제시해 준 것이다.

의상 스님이 마음을 잘 써야 한다고 당부하면서 보여준 이 4구게 법문은 자체불인 '나'의 마음을 잘 쓰도록 한 것이다. 연기 제법의 근원이고 근본인 것이 바로 오척신인 나의 몸과 마음이며, 나의 몸 또한 마음이다. 그 마음을 잘 써야 한다는 것이다.

또 이 4구게로 자체불을 관하는 법에 대해서, 의상계 저술로 간주되는 『자체불관론自體佛觀論』에서는 다음과 같이 설명을 붙이고 있다.

> 일체법원심一切法源心이란 자체불이고
> 대요종大要宗은 자체의 원만한 원인이며
> 진실선지식眞實善知識은 자체의 원만한 결과이다.
> 세 뜻을 갖춘 까닭에 '나'이니 곧 자체불이다.

'나'는 자체불이며 마음이다. 그 자체의 원만한 원인과 결과는

해주 스님의 법성게 강설

말[語言]과 선지식이다. 이는 대법계의 인과 방편을 빌어 말한 것이나 그 말은 말하는 바가 없는 말이며, 진실이 바로 선지식이다.

큰 허공 안에 일체 법이 허공 아님이 없듯이 닦음과 닦지 않음도 마찬가지이고, 삼세간에 부동이라서 움직임과 움직이지 않음 또한 다르지 않다. 나의 마음은 움직이고 큰 허공은 움직이지 않으니, 움직임과 움직이지 않음을 여의는 것이 자체불의 증득이라고도 한다.

이처럼 법을 기준으로 하면 닦음과 닦지 않음을 여의나, 처음 닦는 사람은 닦는 방편의 말이 필요하다. 그런데 마음을 가지고 몸을 찾으며 몸을 가지고 마음을 찾으니, 마음이 몸에 두루하고 몸이 마음에 두루한다. 서로 두루하기 때문에 방편의 말이 말하는 바가 없는 말이다. 또 법계의 모든 법은 나의 몸과 마음 아닌 것이 없으니, 모두 수순함이 선지식이라는 것이다. 이렇게 자체불을 관함에 대하여 논에서는 다시 다음과 같이 남은 의혹을 풀어주고 있다.

그렇다면(닦음과 닦지 않음이 둘이 아니라면) 미혹과 깨달음이 다름이 없을 텐데 무엇을 부처라 하는가?

둘이 있기 때문에 중생이고 둘이 없기 때문에 곧 자

체불이다. 이와 같이 관하면 바른 관이 된다.

자체불은 지금 범부자리에서 한 걸음도 움직이지 않고 그대로 부처이며, 지금 나를 교화하고 계시는 부처님은 바로 나의 미래 불이다. 금일 오척범부신이 삼제에 칭합하여 부동인 것이 무주 이며 법신 자체인 그 도리를, 의상 스님은 이와 같이 4구게로 보여주면서 마땅히 마음을 잘 써야 한다고 당부하고 있는 것이다.

따라서 부동오신인 법신 자체의 부처님 마음을 관하여 그 마음을 잘 쓰는 것이 자체불의 출현임을 알 수 있다. 자체불의 용심은 여래성기구덕심如來性起具德心을 내는 것이다. 그것이 바로 제법의 성품이 일어남이 없이 그대로 일어난 법성성기이다. 법의 성품이 일어남이 없이 일어난 법성성기는 법성이 분별을 떠난 보리심 가운데 나타나 있다. 이 도리를 『법계도주』에서는 일체 방편과 사량이 모두 허용되지 않아서, 말하고자 하나 말이 미치지 않으니 수풀 아래에서 잘 상량商量하라고 한다. 처음부터 이름과 모양을 보지 않는 무명무상의 과분은 망정을 돌이켜보는 자리인 반정견처反情見處이다. 반정이란 집착이 없음이다. 보고 듣는 등의 법을 따라서 마음에 집착하지 않고 법의 실성을 깨닫는 것이다. 법의 실성은 무주의 근본이고 무주는 무분별상이며 그것은 증득한 자의 경계이다.

4

법성게 제4구
증지소지비여경 證智所知非餘境

법성이 이름도 없고 모양도 없고 일체가 끊어졌다면 어떻게 알 수 있는가? 이에 "증득한 지혜로 알 바이고 다른 경계가 아니다."라고 한다. 「법성게」의 제4구 "증지소지비여경證智所知非餘境"이다.

　의상 스님은 제자들에게 법성은 무주無住이므로 기준할 만한 법이 없고, 기준할 만한 법이 없기 때문에 무분별상이며, 무분별상이기 때문에 다만 증득한 자의 경계여서 아직 증득하지 못한 자가 알 수 있는 것이 아니라고 설하고 있다.(『도신장』) 법성은 깨달은 지혜인 증지로 알 수 있는 부처님 경계인 것이다.

　설잠 스님도 「법성게」의 핵심이 법성이고, 법성은 부처님의 지혜경계임을 강조하고 있다. 과거·현재·미래 모든 부처님께서 증득하신 것이 이 법성을 증득하신 것이고, 역대 선사가 깨달은

一乘法界圖 合詩一印 (槃詩)

法性圓融无二相
諸法不動本來寂
无名无相絕一切
證智所知非餘境
真性甚深極微妙
不守自性隨緣成
一中一切多中一
一即一切多即一
一微塵中含十方
一切塵中亦如是
无量遠劫即一念
一念即是无量劫
九世十世互相即
仍不雜亂隔別成
初發心時便正覚
生死涅槃常共和
理事冥然无分別
十仏普賢大人境
能人海印三昧中
繁出如意不思議
雨宝益生滿虛空
衆生隨器得利益
是故行者還本際
叵息妄想必不得
无緣善巧捉如意
歸家隨分得資糧
以陀羅尼无盡宝
莊嚴法界實寶殿
窮坐實際中道床
舊來不動名爲仏

제4구

證 → 智 → 所 → 知 → 非 → 餘 → 境

것 또한 이 법성을 깨달은 것이라고 한다. 이 경계는 일체가 끊어져 생각의 여지가 있는 것이 아니니, 반야지혜로 천마외도의 사견 망상을 꺾어버렸다고 한다. 그러면서도 이렇게 말하는 것조차 '일체가 끊어졌다'는 의상 스님의 본래 의도와는 맞지 않다[咄! 再犯不容]고 한다.

앞에서 의상 스님이 제자들에게 강설할 때 일체가 끊어진 이 경계를, 굳이 말한다면 '오직 대장부가 마음을 잘 쓰는 곳[善用心處]'이라고 함을 보았다. 그러면 그 마음은 어떤 마음인가? 단적으로 거듭 말하면 '법성성기심'이다. 나의 오척 되는 몸[吾五尺身]에 본래 구족되어 있는 부처님의 지혜마음인 것이다. 그 지혜마음이 증지證智이다. 의상 스님과 의상계 화엄에서 이 법성성기의 여래성기심은 매우 강조된다.

「여래출현품」에서는 여래의 지혜가 중생들에게도 평등하게 다 구족해 있으나, 단지 망상 집착 때문에 알지 못하고 깨닫지 못하여 고통받고 있다고 한다. 아직 고통받고 있는 중생의 마음이 여래장이다. 여래장의 자성청정심이 불성이다. 이를 진함경권塵含經卷喩로 보이고 있다. 삼천대천세계의 일을 다 담고 있는 삼천대천세계만한 경권이 있는데, 미세한 먼지[微塵]에 갇혀 있어서 중생들에게 이익을 주지 못하고 있다는 비유이다. 그 미진을 깨뜨려서 경권을 꺼내어 중생들에게 이익을 주는 것이 여래출현이니 즉 여래성기이다.

그래서 "만약 부처님의 경계를 알고자 한다면, 마땅히 그 마음을 허공같이 맑혀라. 망상과 모든 집착을 멀리 여의어서, 그 마음이 향하는 바가 다 걸림이 없게 하라.[若有欲知佛境界 當淨其意如虛空 遠離妄想及諸取 令心所向皆無碍)]"고 교설하고 있다. 망상 집착을 여의면 일체지一切智·자연지自然智·무애지無礙智가 바로 현전現前 하게 된다고 한다.

『화엄석제』에는 위 게송의 첫 구절이 약인욕식불경계若人欲識佛境界로 표기되어 있다. 설잠 스님은 원元의 천여유칙天如惟則 선사 법문을 인용하여 이 게송을 선적으로 풀이하고 있다. 즉 '약인욕식불경계'는 '머리 위에 머리를 올리는 것[頭上安頭]'이라고 한다. 이 말은 부처가 부처를 찾는 것이라는 의미이다. '당정기의여허공'에 대해서는 '누가 일찍이 더럽혔는가?[誰曾染汚]'라고 하여, 그 마음은 일찍이 더럽혀진 일이 없다고 한다. '원리망상급제취'는 '파도를 헤치고 물을 구하는 격[撥波求水]'이라고 하니, 파도가 온통 그대로 물이듯이 망상 집착하는 중생 밖에 청정여래가 따로 있는 것이 아니라는 뜻이다. '영심소향개무애'에 대해서는 '눈앞에 가득 청산[滿目靑山]'이라, 중생의 마음이 본래로 자재하다고 읊고 있다. 이러한 경계 또한 여래성기이다.

이러한 부처님의 지혜를 일체지 또는 일체지지一切智智라고

화엄경변. 돈황막고굴 제9굴 주실 서피.

화엄경변. 돈황막고굴 제9굴 주실 남피.

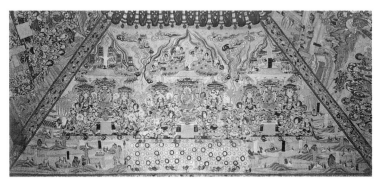

화엄경변. 돈황막고굴 제9굴 주실 북피. 돈황석굴예술, 돈황연구원.

한다. 「입법계품」에서 선재동자가 문수보살에게서 돈독한 신심으로 발보리심하고 보살도를 구하려고 선지식을 역참한 것도 여래의 지혜인 일체지지를 얻기 위함이다. 그리하여 해탈문을 증득하고 입법계한 것이 바로 일체지지를 증득한 것임을 알 수 있다.

아무튼 의상 스님은 「법성게」 중 이상의 첫 4구[法性~非餘境]를 자리행의 증분으로 분과하였으니 증분법성을 보인 것이다.

의상 스님은 이어서 자리행으로 증분 외에 연기분緣起分도 시설하였다. 「법성게」 제5구에서 제18구까지의 14구[眞性~大人境]가 이 자리행의 연기분에 해당한다. 증분이 법성원융이라면 연기분은 진성수연眞性隨緣의 경계이다. 진성이 연을 따라 이루는 것이다.

그러면 증분의 법성과 연기분의 진성은 무엇이 어떻게 같고 다른가? 증분과 연기분, 법성과 진성의 같고 다른 점을 잠깐 살펴봄으로써 증분법성에 대한 이해를 좀 더 도모해 보기로 한다.

『일승법계도』에서는 증분과 연기분이 같기도 하고 다르기도 함을 다음과 같이 설명하고 있다.

[문] 위에서 말한 증분의 법과 연기분의 법은 무슨 차별이 있는가?

[답] 차별되기도 하고 차별되지 않기도 하다. 그 뜻은 무엇인가?

증분의 법은 참모양[實相]을 기준으로 하여 설함이니 오직 깨달은 이만 알 수 있고, 연기분의 법은 중생을 위해 설함이니 연緣과 상응한다. 그러므로 완전히 차별된다.

연기의 법은 뭇 연緣으로부터 생겨나 자성이 없어서 근본[本]과 다르지 않다. 그러므로 차별되지 않는다.

이처럼 의상 스님은 먼저 증분과 연기분이 서로 다름을 보인다. 증분의 법은 실상을 설한 것이니 깨달은 이만 알 수 있고, 연기분의 법은 중생을 위해 설한 것이니 연 따라 생겨난다. 다시 말해서 증분은 실상이고 연기분은 연생법이다. 전자는 깨달은 이의 경계이고 후자는 중생교화의 경계이다. 그래서 증분과 연기분은 서로 차별되어 다르다는 것이다.

다른 한편으로는 증분과 연기분이 서로 다르지 않다고 한다. 증분은 본本이고, 연기의 법은 연으로 생겨나 자성이 없어서 근본과 다르지 않기 때문이다. 중생의 이익을 위해 언설로 교설한 연기분을 지말이라고 한다면 근본과 지말, 불가설과 가설, 깨달음과 중생을 위한 교설 등이 둘이면서 둘이 아니다. 그리하여 근본과 지말이 주반主伴이 되어서, 중생을 깨우쳐 인도하여 이름없는 참된 근원에 이르게 하는 것이다. 또 이법[理]을 기준으로 하면, 증분과 연기분[教分]은 예부터 중도이고 무분별이다.

그러면 법성과 진성이 같고 다른 점은 어떠한가? 의상 스님의 뛰어난 4대 제자로 일컬어지는 양원良圓 화상은 『일승법계도』에 대한 주기로 추정되는 「양원화상기」에서 법성과 진성에 대해서 다음과 같이 말하고 있다.

> "법성은 진眞과 망妄에 통하여 원융을 취하며, 진성은 다만 참된 법만을 기준으로 한다. 왜냐하면 참된 법은 자재하기 때문에 능히 연을 따를 수 있고, 망법은 자재하지 않아서 능히 연을 따르지 못한다. 그러므로 증분 가운데 진망에 통하는 법성을 나타내고, 연기분 중에는 오직 자재한 진성의 뜻만 나타낸다. 지혜를 기준으로 하여 진실로 논하면 차별이 없다."
>
> (균여, 『일승법계도원통기』)

또 『일승법계도』에 대한 진수 스님의 주석인 『진수기眞秀記』에서도 법성은 진眞과 망妄에 통하여 원융을 취하고, 진성은 곧 오직 진眞이라고 한다. 또한 법성은 유정有情과 비정非情에 통하며, 진성은 오직 유정문이다. 그러나 실제[實]를 기준으로 하면 진성이 곧 법성이라고 한다.

이로 볼 때 증분의 법성과 연기분의 진성은 다르면서도 다르지 않다. 모두가 본래로 법성이기 때문이다. 모든 존재는 법성의 성품이 그대로 일어난 것으로서 법성뿐이니, 진성이 법성과 다르지 않아 진성은 법성의 다른 이름이다. 법성이 유정·무정 일체 존재의 본래 그러한 세계라면, 진성이란 따로 유정문 가운데 증입분을 취하여 임시로 진성이라는 이름을 지은 것이고, 법성의 밖에 따로 일단의 진성이 있음을 가리키는 것이 아니라는 것이다.

그러나 또한 진성은 법성과 다르지 않으면서 다르다. 진성은 연기적 측면에서 말한 것이니, 유정이 연기를 관찰하여 깨달음을 얻도록 인도하고 있다. 연기분은 불가설의 증분세계에 이르기 위한 가설의 수행방편이고 그 연기의 체가 진성인 것이다.

필자는 이 글을 쓰면서 문득 어릴 때 먹었던 찐쌀이 떠올랐다. 혹 찐쌀이 뭔지 모르는 분들이 있을지 모르겠다. 찐쌀은 제때에 벼를 추수하기 전에 덜 여문 벼를 쪄서 말린 후에 찧은 쌀인데, 한 움큼 입에 넣어 침으로 불려서 씹으면 고소한 맛이 난다. 처음에는 딱딱해서 씹기도 어렵고 별맛이 없다가 씹을수록

점점 더 고소한 맛이 더해진다. 찐쌀을 오래 씹으면 고소한 맛이 진해지듯이, 불가설이기는 하나 언설에 담긴 뜻대로 오래오래 자신의 몸과 마음을 깊이 관찰해 보면, 증분법성의 경계가 목전에 현전할 때가 있을 것이다.

5

법성게 제5구
진성심심극미묘 眞性甚深極微妙

一切諸如來　　일체제여래

無有說佛法　　무유설불법

隨其所應化　　수기소응화

而為演說法　　이위연설법 (「야마천궁보살설게품」)

일체 모든 여래께서

부처님 법을 설하심이 없으니

응하여 교화할 바를 따라서

법을 연설하신다.

佛身充滿於法界　　불신충만어법계

普現一切衆生前　　보현일체중생전

一乘法界圖 合詩一印 〔槃詩〕

死-涅-槃-常-共-和-是-故-界-實-寶-殿-窮-坐
生-意-如-出-繁-理-益-故-行-莊-嚴-法-實-中
時-識-普-雨-思-不-宝-益-生-別-隔-亂-雜-道
便-正-覺-大-人-境-海-印-三-昧-繁-出-如-床
心-發-初-別-冥-然-無-分-別-十-佛-普-賢-舊
十-方-一-即-劫-一-念-即-是-無-量-劫-九-來
中-含-十-方-一-切-塵-中-亦-如-是-世-十-不
一-微-塵-中-含-眞-微-妙-不-守-自-性-隨-動
坐-无-遠-量-无-是-即-二-智-新-切-一-來-成
中-是-即-劫-即-一-念-亦-即-知-非-餘-境-妙
十-方-一-切-坐-中-性-極-相-无-名-随-名-自
微-量-劫-九-世-十-世-相-諸-法-多-切-一-中
一-一-即-多-切-一-即-一-中-諸-法-不-動-本-中

제5구

眞 → 性 → 甚 → 深 → 極 → 微 → 妙

隨緣赴感未不周　　수연부감미부주

而恒處此菩提座　　이항처차보리좌 「여래현상품」

부처님께서 법계에 충만하시어

널리 일체중생 앞에 나타나신다.

연을 따라 중생에게 두루 나아가시나

항상 이 보리좌에 앉아계신다.

　부처님을 찬탄하는 『화엄경』 게송이다. 여기서 설하심이 없으면 증분이고 설하심이 있으면 교분教分이니, 교분은 즉 연기분이다. 그런데 부처님이 설하시는 그 자체는 연기라 하지 않는다. 여래의 현상에 대한 게송에서도 부처님이 중생연을 따라 두루 나타나시지만 부처님이 연을 따르시는 것은 연기緣起라고 하지 않는다. 항상 보리좌에 앉아계시고 법계에 충만하시는 여래출현의 증분 성기性起이다.

　경의 제목으로 볼 때 우선 '대방광불'은 증분이고, '화엄'은 보살도로서 연기분에 해당하며, 불佛과 보살의 인과因果관계는 연기이다.

　의상 스님은 「법성게」의 첫 4구는 증분이고 다음 14구는 연기분이라고 분과한다. 연기분 가운데 처음 2구는 연기의 체이고,

그 첫 구절이 「법성게」의 제5구인 "진성심심극미묘眞性甚深極微妙"이다. "진성이 매우 깊고 극히 미묘하다."는 것이다. 증지證智로 알 수 있는 증분법성을 망심妄心의 중생이 증득하고자 하므로 임시로 진성眞性이라는 이름을 지어 연기분을 시설한 것이다.

표훈 스님은 진성이 중생의 팔식八識 망심의 체이고 부처님의 지혜와 다르지 않음을 다음과 같이 설명하고 있다.

> 진성의 '진眞'은 머무름 없는 본법[無住本法]이고, '성性' 은 본분 종자이다. 본분 종자란 『화엄경』 초회初會에 서 설하고 있는 과지果地의 5해五海이다. 이 5해로 본 식本識의 체를 삼는다. (『총수록』 『대기』)

5해五海는 「노사나불품盧舍那佛品」에서 모든 세계 · 중생 · 법계 존재의 업 · 중생의 욕락과 근성 · 삼세 부처님 등을 바다에 비유한 것이다. 보현보살이 이 5해를 먼저 관찰하고서 대중들에게 부처님의 지혜바다에 들어가게 하려고 열 가지 지혜[十智]를 설하고 있으니, 다섯 바다는 모든 덕을 구족한 불지혜를 의미한다. 반면 본식은 근본식이니 제8아뢰야식을 가리킨다. 이는 비록 중생의 망심이기는 하나, 연기에 대한 통찰이 가능하다. 이 본식에 의하여 행업行業과 서원誓願이 일어난다. 이 본식의 체가 진성

화엄경변 7처9회도. 막고굴 제61굴 북벽. 돈황석굴예술, 돈황연구원.

으로서 부처님의 지혜라는 것이다.

만약 상근기의 사람이라면 바로 증분에 의거하여 자기의 몸과 마음이 곧 법성임을 증득한다. 그러나 이 증득한 곳은 이름과 모습이 끊어진 까닭에 중·하근기의 사람은 믿지 못한다. 따라서 5해가 자기 본식의 근원이라고 설하니, 이로써 중·하근기가 자기의 몸과 마음이 곧 법성임을 증득하는 것이다. 이렇게 증득할 수 있는 근기가 모두 별교일승의 보현보살의 근기라고 한다.

이처럼 중생 망심의 본체인 이 진성에 의거하여 비로소 자기 본식의 근원이 부처님 지혜임을 증득하도록 하는 까닭에 진성이 매우 깊고 극히 미묘하다고 한다.

의상 스님은 연기의 체인 진성을 12연기로 설명하고 있다. 즉 10중十重 12연기관을 통하여 무분별의 증분세계에 들어가게 한 것이다. 이 까닭에 『진수기』에서도 진성은 유정문有情門에 해당한다고 하였다. 12지가 서로 반연하여 유정의 생사고통이 이어지기도 하고, 생사고통에서 벗어날 수 있는 유정의 수행방편이 되기도 함을 뜻한다.

여기서 의상 스님이 진성을 12연기로 설하고 있는 내용을 잠깐 짚어보기로 한다. 『일승법계도』에서 「십지품」 현전지의 10중 12연기설을, 천친보살의 『십지경론』과 지엄 스님의 『공목장』 설을 재인용하여 유정의 증입문證入門으로 삼고 있다.

십이지十二支는 ① 무명無明 ② 행行 ③ 식識 ④ 명색名色 ⑤ 육입六入 ⑥ 촉觸 ⑦ 수受 ⑧ 애愛 ⑨ 취取 ⑩ 유有 ⑪ 생生 ⑫ 노사老死의 열두 가지이다.

무명이란 근본진리[第一義]를 여실히 알지 못함을 말한다. 행은 무명에 의한 강한 의도로서의 업이고, 식은 행을 의지한 첫 마음이며, 명색은 식과 함께 생겨난 이름과 물질이고, 육입은 명색이 증장해서 이룬 육근(안이비설신의)과 육경(색성향미촉법)이다. 근根·경境·식識의 만남이 촉이고, 촉에 의한 감각적 지각이 수이고, 수를 좋아하고 싫어하는 갈애가 애이고, 애가 증장하여 집착함이 취이고, 취가 일으킨 유루업의 잠재적 존재가 유이다. 그리고 유의 인연으로 인한 5온의 화합이 생이며, 온의 성숙과 소멸이 노사이다. 이 12지의 인연과보 관계인 십이연기를 아래와 같이 열 번 관찰하는 연기관을 통하여 생사의 경계가 해탈의 경계임을 깨닫게 하는 것이다.

그러면 10중 12연기관의 명목과 내용은 어떠한가? 이를 간단히 요약해 본다.

첫째, 인연이 나뉘어 차례가 있음[因緣有分次第]을 관한다. 십이인연이 앞의 것[支]을 인연으로 하여 차례로 이루어지는 것이니, 무명을 연하여 행이 있고 행을 연하여 식이 있고 내지 노사가 있다. 그래서 짓는 자가 따로 있는 것이 아니며 지어지는 것도 없다.

둘째, 한마음에 포섭되는 바임[一心所攝]을 관한다. 욕계·색계·무색계의 삼계三界가 모두 한마음이 지은 것이니, 십이인연 또한 모두 한마음에 의한 것이다. 생사가 있는 마음은 망심妄心이고 생사가 없는 마음은 진심眞心이다.

셋째, 자상自相과 업으로 이룸[自業成]을 관한다. 십이인연의 각 지支에 두 가지 지음이 있으니, 무명의 경우 어리석음이 무명의 자상이고, 행行을 이루는 원인이 되는 것이 무명의 업이다.

넷째, 서로 버리거나 여의지 않음[不相捨離]을 관한다. 십이인연중 앞의 지支가 뒤의 지를 일으키지만, 뒤가 없으면 앞도 없다.

다섯째, 세 길이 끊어지지 않음[三道不斷]을 관한다. 십이인연 중 번뇌도(煩惱道, ①⑧⑨)·업도(業道, ②⑩)·고도(苦道, ③④⑤⑥⑦⑪⑫)의 세 길이 자성이 없으나 생멸을 계속하여 끊어짐이 없다.

여섯째, 과거와 미래제[先後際]를 관한다. 십이인연 중 과거세(①②)·현재세(③~⑦)·미래세(⑧~⑫)의 삼세가 끊임없이 계속 이어지나 무명이 멸하면 삼세의 상속도 멸한다.

일곱째, 세 고통이 모인 것임[三苦集]을 관한다. 십이인연 중 행고(行苦, ①~⑤)·고고(苦苦, ⑥⑦)·괴고(壞苦, ⑧~⑫)가 다 고통이다. 만약 무명이 멸하면 이 세 고통의 상속도 끊어진다.

여덟째, 인연으로 생함[因緣生]을 관한다. 십이인연의 모든 지支가 자신의 인因과 앞의 지支의 연으로부터 생겨나는 것이고, 자신에 의해 생겨나는 것이 아니다.

아홉째, 인연의 생함과 멸함에 묶여 있음[因緣生滅縛]을 관한다. 십이인연이 모두 짓는 이가 없고, 단지 서로 따라서 생과 멸에 묶여 있는 것이다.

열째, 있음과 다함을 따르는 것임[隨順有盡]을 관한다. 십이인연 중 앞의 지를 연緣하여 뒤의 지가 있고, 앞의 지가 멸함에 뒤의 지가 멸한다.

이상과 같이 우선 중생의 첫 번째 무명의 지支를 기준으로 하여 열 번의 관을 거치면, 무명의 이름과 모습을 움직이지 않고 곧 곁이 없는[無側] 이름과 모습을 이루어서 취하고 버릴 바가 없기 때문에 매우 깊고 미묘하다고 한다. 무명지無明支가 그런 것처럼 내지 노사지老死支도 다 또한 이와 같다.

이처럼 곁이 없는 이름과 모습을 움직이지 않고서 곧바로 이름을 여의고 모습을 끊는 것이 보현보살의 근기이다. 만약 열 부처님의 증득을 기준으로 하면 처음부터 이름과 모습 등을 보지 않는다.(『진수기』)

열 번을 헤아리는 것은 10은 원만수이니 한량없음을 나타낸다. 열 번의 인연이 앞과 뒤가 있기도 하지만, 육상으로 이루어진 까닭에 앞과 뒤가 없이 동시이기도 하다. 「입법계품」에 보이는 해운海雲 비구 선지식의 해탈법도 12연기의 관찰이다. 세속가世俗家를 버리고 여래가如來家에 태어나고자 원한 선재동자에게 설한 해운 비구 선지식의 법문은 12연기관으로 생사바다가 그대로 깨달음의 바다여서 곧 여래가如來家임을 깨닫게 해 준다. 생사고통은 단지 자기 생각이 만드는 것이다.

법성이 유정·무정 일체 존재의 본래 그러한 세계라면, 진성은 유정이 연기를 관찰하여 깨달음을 얻도록 인도하고 있는 방편이다. 진성자체가 법성과 다른 것이 아니라, 법성을 바로 깨닫지 못하는 중생에게 연기방편을 시설하여 진성이라 이름한 것이다. 아무튼 진성이 '심심극미묘'함을 통틀어 말하면, 진성이 자성을 고수하지 않고 연을 따라 이루기 때문이다.

6

법성게 제6구
불수자성수연성 不守自性隨緣成

「법성게」의 제6구는 "불수자성수연성不守自性隨緣成"이다. "자성을 고수하지 않고 연을 따라 이룬다."라는 진성수연眞性隨緣을 말한다. 진성이 매우 깊고 극히 미묘해서 자성을 고수하지 않고 연을 따라 이룬다. 자성을 고수하지 않고 연을 따라 이루므로 진성이 매우 깊고 극히 미묘한 것이다. 이 두 구절로 나타낸 연기의 체를 의상 스님은 곧 일승다라니법의 무장애법법계無障礙法法界라 말씀하고 있다.

이 진성수연은 먼저 진성이 있어서 연緣을 따라 이루는 것이 아니다. 일승화엄의 연기는 연緣 이전에는 법이 없다. 만약 성性에 나아가 논하면 성기性起의 법체가 본래 있으나, 연에 나아가 논하면 연 이전에는 법이 없다. 금일의 연 가운데 나타나는 오척이 연기의 본법이니, 곁이 없이 이루어지기 때문이다.(『법융기』)

一乘法界圖 合詩一尸 (槃詩)

死涅槃常共和是界實寶殿窮坐
生意如出繁理故法意如捉巧實
覚思大人昧事益行莊敢資以際
正意普海三冥最莊得緣無善中
便議賢入然無嚴法以得緣巧道
心寶佛海印分界實羅糧得如不
發益生滿虛空眾生隨器得利益動
初成別隔亂雜仍不餘境妙相无名自
十方一切中一念即是無量劫性非真微隨
合即念一如亦相融知性甚深極相无名自
中是劫即是相二无所絶寂妙相无名
微坐遠量九世互即法來本中動不為佛
量无遠量劫世十相諸法不動本來一中
一一即多切一即一中

제6구

不 → 守 → 自 → 性 → 隨 → 緣 → 成

『진수기』에서는 이것을 물과 돌 등의 예를 들어 설명하고 있다. 즉 내가 오늘 혹은 물의 작용[水用]이 되기도 하고, 혹은 돌의 작용[石用]이 되기도 한다. 연 가운데 법계의 모든 법이 남김없이 단박에 일어나기 때문이다.

이러한 진성 경계의 예로 법융 스님은 '화장세계의 매우 깊음'과 '미륵누각彌勒樓閣의 매우 깊음'을 들고 있다. 화장세계가 매우 깊다는 것은 하나하나의 티끌 속에서 법계를 보기 때문이고, 미륵누각이 매우 깊다는 것은 미륵보살 선지식이 손가락을 튕겨 누각의 문을 여니, 선재동자가 들어가자마자 단박에 삼세의 자기 몸과 법과 선우들을 다 보기 때문이라고 한다.

화장세계는 보장엄동자(80권『화엄경』에서는 대위덕태자)의 수행에 의해 건립된 연화장세계 즉 화엄정토이다. 이 세계는 낱낱 티끌 속에 법계가 있고, 무진법계의 낱낱 티끌마다 다시 무진법계가 있다. 미진과 세계가 원융무애하고 중중무진이다.

미륵누각은 미륵보살의 공덕행으로 건립된 (비로자나)대장엄장 누각이다. 이 누각은 선재동자가 미륵보살 선지식의 인도로 부처님의 깨달음 세계로 들어가는 관문을 상징한다. 선재동자는 누각 안에서 갖가지 무진공덕장엄을 보고 단박에 미륵보살의 해탈문인 불망념지不忘念智를 증득하는 것이다.

보장엄동자와 선재동자는 『화엄경』의 대표적인 두 구법자로서, 보장엄동자는 노사나불의 본생本生 보살이고 선재동자는 일승의 원생願生 보살이다. 두 보살의 수행과 성불을 통해 연기 도리의 깊고 미묘함을 접할 수 있다.

이러한 깊은 도리는 깊고 얕음을 여읜, 지극히 미묘한 깊음으로서 다음과 같은 경계로 이해되어 오기도 했다.

"문수의 오묘한 지혜에 계합하지만 완연히 초심이니
곧 깊음을 얻을 수 없으며, 보현의 현묘한 문에 들어
가지만 일찍이 별체인 적이 없으니 얕음도 얻을 수
없다."(『법융기』; 설잠, 『법계도주』)

「입법계품」에서 선재동자가 복성의 동쪽 대탑에서 문수보살을 만나 신심을 일으켜 발심하고 53선지식을 역참하여 보살도를 배우고 해탈하게 된다. 선재동자는 마지막 53선지식인 보현보살을 만나기 직전 문수보살을 다시 만난다.

「화엄경약찬게」에서도 "선재동자선지식善財童子善知識 문수사리최제일文殊師利最第一" 내지 "미륵보살문수등彌勒菩薩文殊等 보현보살미진중普賢菩薩微塵衆"이라 읊고 있다. 선재동자가 문수보살로부터 시작해서 내지 미륵보살에 이르고 다시 문수보살을 만난 뒤 마지막으로 보현보살을 만나서 구법순례의 여정이 일

설잠 스님 진영. 무량사 소장(왼쪽). 설잠 스님 부도. 무량사 소장(오른쪽).

단 끝나게 된다. 그런데 선재동자가 단지 53선지식만 만난 것이 아니라 실은 이름이 알려져 있지는 않으나 그 사이 한량없는 선지식을 만난 것이다. 아무튼 선재동자가 문수보살을 다시 찾아 만났을 때 문수보살이 선재동자에게 만약 신근信根을 여의었다면 여기까지 올 수 없었을 것이라고 하면서, 그 변함없는 돈독한 신심信心을 칭찬하였다. 선재보살을 동자라고 부르는 것도 구법의 열정이 끝까지 식지 않기 때문인 것과도 통한다.

『화엄경행원품소초』에서는 선재동자가 처음 문수보살을 친견함은 신심이 바로 지혜인 신지信智를 뜻하고, 문수보살을 다시 만남은 증득한 지혜인 증지證智를 나타내는데, 비록 신지와 증지가 시작과 끝이 달라도 지혜의 체는 원래 구별되지 않기 때문에 모두 문수보살임을 밝힌 것이라고 한다.

그리고 이와 같이 선재동자가 여러 선지식을 역참하고 다시 문수보살을 만나서 문수보살의 오묘한 지혜에 계합하지만 그 증지가 처음 문수보살을 만났을 때의 신지와 다름이 없기 때문에, "문수의 오묘한 지혜에 계합하지만 완연히 초심이니 곧 깊음을 얻을 수 없다."라고 설명하고 있다.

화엄연기는 인因과 과果가 동시이고 자력과 타력이 둘이 아니다. 선재동자가 선지식을 만나는 순례에서도 이 도리를 보여주고 있다. 선재동자가 처음 문수보살을 만날 때는 문수보살이 선재가 살고 있었던 복성으로 다가와 준다. 선재동자가 비록 선근은 깊었으나 그때까지는 문수보살을 몰랐기 때문이다. 복성동쪽 사라숲 고탑 아래에서 문수보살이 법계수다라를 설한다는 소문을 듣고 선재동자가 문수보살을 찾아가 만났다.

후에는 미륵보살의 가르침에 의하여 선재동자가 문수보살을 찾으러 다녔다. 그러자 문수보살이 선재가 떠나온 자리에서 팔을 뻗어 선재를 칭찬한 것이다. 그러고는 선재동자를 보현보살 처소에 잠깐 인도했다가 다시 제자리에 도로 데려다 놓고 사라진다. 선재동자는 다시 보현보살을 찾아다니며 끝없는 바라밀행을 닦고 중중무진 공덕을 지어서 드디어 보현보살 선지식을 만나게 된다.

이러한 선재의 선지식 역참에서도 처음과 끝, 시작과 마지막, 인因과 과果, 자력自力과 타력他力 등이 둘이 아니고 동시임을 잘 보여주고 있다. 미륵보살과 문수보살과 보현보살의 경계가 다른 것이 아니다. 그 자리가 바로 부처님 자리이고 선재동자도 그 자리에 함께 한 것이다.

선재동자는 보현보살 선지식에게서 무진 삼매문을 얻고, 낱낱 삼매에서 부처님을 뵙고 온갖 지혜 광명을 얻었다. 선재동자는 보현보살 몸의 낱낱 털구멍 속에서 말할 수 없고 말할 수 없는 부처님 세계를 본다. 또 자기 몸이 보현보살의 몸속에 있는 시방 모든 세계에 있으면서 중생을 교화함을 보았다. 그리하여 보현보살과 동등하고 부처님과 동등하고 일체 모든 존재와 동등하게 된다. 그래서 보현보살의 현묘한 문에 들어가지만 원래로 한마음 한 성품, 터럭 하나 티끌 하나도 여의지 않았기 때문에 일찍이 별체인 적이 없으니 얕음도 얻을 수 없다는 것이다.

이와 같이 선재동자의 구법 여정은 지극히 깊어서 깊고 얕음을 여읜 진성수연의 일승보살도이다. 보살행으로 부처님 세계를 장엄하는 화엄이다. 이러한 보살행은 발보리심에 의해 성취되고 발보리심은 깊은 신심이 있어야 가능하다. 신심으로 발심해서 내지 성불하는 것이다.

그래서 「보살명난품」에서는 이 신심을 방해하는 의심을 풀어주는 열 가지 문답이 펼쳐지고 있다. 그 첫째가 연기가 매우 깊다는 연기심심緣起甚深이다. 마음성품은 부처님 지혜로서 하나뿐인데 어떻게 갖가지 차별적 과보를 내며, 지혜와 경계는 어찌 서로 알지 못하는지를 연기의 도리로 풀어주고 있는 것이다.

모든 차별적인 것은 임시로 연 따라 생겨난 것이고, 연기된 모든 것은 공空해서 자성이 없다. 그러므로 차별경계는 환幻일 뿐이니, 실제를 구해도 얻을 수 없어서 일체 법은 서로 알지 못한다는 것이다. 연 따라 갖가지 차별이 일어나나 실은 평등한 법성 뿐인 것이다. 따라서 의상 스님은 임시 진성이라는 이름을 붙여 진성수연의 깊은 연기 도리를 보이고 있다. 연기관문으로 모든 법이 일체가 무분별이며 곧 참된 성품 이룸을 알게 하니, 진성에 의해 법성을 증득하도록 인도하고 있는 것이다.

나쁜 사람은 없다. 나쁜 상황이 있을 뿐이다.

해주 스님의 법성게 강설

최근의 영화 〈신과 함께 2〉에서, 한 성주신이 천 년 동안 이집 저집을 수호하면서 보고 느꼈다는 말이다. 그런데 나쁜 상황에는 반드시 까닭이 있다. 인연법을 잘 알아서 나쁜 과보를 받을 상황을 만들지 말아야 하겠다. 진성수연의 연기도리를 깨달아 본래의 자기 모습을 잃지 않는 연기적 수행이 필요한 것이다.

一乘法界圖 合詩一印 (槃詩)

死-涅-槃-常-共-和-是
生-意-如-出-繁-理-故
覚-不-人-境-中-事-益-界-寔-坐-窮-実
正-思-大-能-昧-眞-得-行-際-随-以-巧
便-議-賢-海-印-三-死-生-遠-陀-得-実
心-寔-佛-十-別-分-生-死-尼-羅-得-際
時-雨-普-方-融-一-如-性-羅-得-以-中
發-益-生-滿-虛-空-亦-法-仏-為-名-亂
初-成-別-隔-亂-不-雜-亂-隔-別-成-知
十-方-一-切-中-勿-圓-知-性-極-無-名
含-即-念-一-如-即-無-餘-境-妙-無-名
中-是-劫-即-是-相-無-二-智-所-知-非
坐-无-遠-量-无-是-卽-二-智-訂-切-一
微-量-劫-九-世-十-世-互-相-即-本-來
一-一-即-多-切-一-即-一-即-諸-法-不-動-本-來-寂

[法性圖 中央部]
一-中-多-切-一-一-中-一

제7구
一 → 中 → 一 → 切 → 多 → 中 → 一

7

법성게 제7구
일중일체다중일 一中一切多中一

'옷깃만 스쳐도 오백 생 인연'이라는 말이 있다. 모든 생겨난 것은 '인因'과 '연緣'이 만난 과보이니 인연의 소중함을 깊이 느끼고, 만난 인연을 승화시키자는 의미가 담겨있다고 하겠다. 누구나 혼자서는 살 수 없고 다른 사람 내지 주위 모든 것과 서로 의지하고 서로 관계한다는 인연화합의 연기도리이다.

인연因緣과 연기緣起는 보통 같은 뜻으로 사용하고 있으나, 그 의미를 달리 보기도 한다. 인연은 속제俗諦의 바탕이고 연기는 제일의제第一義諦의 바탕이니, 자성이 없는 인연법을 관함으로써 걸림없는 연기세계에 들어갈 수 있음을 의상 스님은 강조하고 있다.

「법성게」에서는 인연화합해서 존재하는 모든 법의 영역을 앞의 〈표 1〉에서 도시한 바대로 6부문으로 나누어 연기법을 설명하고 있다. 부연한다면 먼저 연기분의 14구절 중 처음 2구절(제5-6구)은 연기의 체임을 앞에서 보았다. 다음 2구절(제7-8구)은 다라니의 이용理用, 그 다음 2구절(제9-10구)은 사법[事], 그 다음 4구절(제11-14구)은 시간[世時], 그 다음 2구절은 계위[位]에 근거하여 연기를 말한 것이다. 그리고 연기분의 마지막 2구절(제17-18구)은 연기법의 총론이다.

이 중에 연기다라니의 이용理用에 근거해서 법을 포섭하는 영역을 변별한, 「법성계」 제7구와 제8구가 "일중일체다중일一中一切多中一"과 "일즉일체다즉일一卽一切多卽一"이다. "하나 가운데 일체이고 많은 것 가운데 하나이다."라는 "일중일체다중일"은 연기다라니의 도리[理]이고, "하나가 곧 일체이고 많은 것이 곧 하나이다."라는 "일즉일체다즉일"은 연기다라니의 덕용[用]에 해당한다. 인과도리를 기준으로 이理라 하고, 덕용자재를 기준으로 용用이라 한 것이니, 연기다라니를 체용體用으로 말한다면 이理는 역용[力用]의 용이고, 용은 덕용으로서 체의 측면인 것이다.

말하자면 "일중일체다중일"은 중문中門이고, "일즉일체다즉일"은 즉문卽門이다. 중문은 이루는 주체인 인因 외에 이루어지는 과법이 있기 때문에 인과도리문이다. 반면 즉문은 인연의 당체이니 인에 즉하고 과에 즉해서 이루는 주체인 인因 외에 이루어지는 과법이 없으므로 덕용자재문이다. 중문은 역용문이므로 주체와 대상이 이루어져 다르고, 즉문은 체문이므로 당체當體가 곧 공하여 인과가 다르지 않다는 것이다.(『원통기』)

이 중문과 즉문은 혹은 상입相入과 상즉相卽, 상재相在와 상시相是, 상자相資와 상섭相攝 등 여러 가지로 일컬어진다.(『총수록』,『고기』)

「법성게」에서 '불수자성수연성' 다음에 '일중일체다중일'을 말한 것은, 연기하는 모든 법이 낱낱에 자성이 없어서 서로서로 다른 것[他]으로써 자성을 삼고 곧바로 연을 따라 곁이 없이[無側] 일어나기 때문이라고 한다.(『법융기』)

거듭 말해서, 하나의 법이 자성이 없기 때문에 일체를 갖추어 하나를 이루고, 일체법이 자성이 없기 때문에 하나의 법으로써 일체를 이룬다. 그러므로 하나 가운에 일체여서 많은 것이 하나에 걸리지 않고, 일체 가운데 하나여서 하나가 많은 것에 걸리지 않는다.(『법계도주』)

이 '일중일체다중일'의 경증經證으로는 "일중해무량一中解無量 무량중해일無量中解一"(「여래광명각품」)이 회자되어 왔다. "하나 가운데 무량을 알고, 무량 가운데 하나를 안다."라는 것은 한량없음이 하나에 들어가고 하나가 한량없음에 들어가는 것이다.

이러한 하나와 무량, 하나와 일체의 경계는 『화엄경』에 수없이 펼쳐지고 있다. 예를 들면, "한 국토가 시방에 충만하고 시방 국

토가 한 국토에 들어가도 남음이 없다."(「노사나불품」), "일체 국토
가 한 국토에 들어가고 한 국토가 일체 국토에 들어간다."(「십지
품」), "보살마하살은 여래 몸의 한 털구멍 가운데 일체중생 수와
같은 모든 부처님 몸이 있음을 마땅히 알아야 한다."(「여래출현품」)
라는 등이다.

　이처럼 화엄세계는 한 세계에 미진세계가 있고 그 낱낱 세계
중에 또 미진세계가 있어서 거듭 거듭 다함이 없어 중중무진重
重無盡이다. 이와 같은 일다자재一多自在의 경계를 의상 스님은
동전 열 개를 세는 비유인 수십전유數十錢喩로 설명하고 있다.

> 만약 연기의 참모양[實相]인 다라니법을 관觀하고자
> 한다면, 먼저 열 개의 동전을 세는 법[數十錢法]을 깨
> 달아야 한다. 말하자면 일전一錢에서부터 십전十錢까
> 지이다. 열[十]을 말한 것은 한량없음을 나타내려는
> 까닭이다. 이 가운데 둘이 있다. 첫째는 하나 가운데
> 열이고, 열 가운데 하나이다.[一中十 十中一] 둘째는 하
> 나가 곧 열이고, 열이 곧 하나이다.[一卽十 十卽一]

　수십전법에서 '일중십 십중일'은 '일중일체다중일'로서 중문
이고, '일즉십 십즉일'은 '일즉일체다즉일'로서 즉문에 해당한다.

열[十]은 일체一切나 다多와 같이 무량의 의미이다. 의상 스님은 이어서 이 중문과 즉문을 각각 두 가지로 설명하고 있다.

첫째 문인 일중십一中十 십중일十中一의 중문은 향상래向上來와 향하거向下去의 두 가지이다. 일중십은 향상래, 십중일은 향하거에 해당한다. 향상문은 열 개의 동전을 하나에서 열로 세는 것이고, 향하문은 열 개의 동전을 열에서 하나로 세는 것이다.

향상래의 경우, 첫째는 하나로서 근본수이다. 연緣으로 이루어지는 까닭이다. 열째는 하나 가운데 열이다. 만약 하나가 없으면 열은 곧 이루어지지 않기 때문이며, 열은 하나가 아니기 때문이다. 그래서 향상래는 동전 열 개인 열 가지 문이 같지 않으나, 열이 하나에 들어가고 하나가 열을 용납하는 일중십이다. 나머지 여덟 동전 가운데도 마찬가지이니, 둘 내지 아홉도 하나 가운데 둘 내지 아홉이다. 따라서 하나에서 열로 세는 향상래는 모두 본수인 하나 가운데 들어오는 것이다.

향하거의 경우, 첫째는 열이다. 연緣으로 이루어지는 까닭이다. 열째는 열 가운데 하나이다. 만약 열이 없으면 하나는 곧 이루어지지 않기 때문이며, 하나는 곧 열이 아니기 때문이다. 이 향하거 역시 동전 열 개인 열 가지 문이 같지 않으나, 하나가 열에 들어가고 열이 하나를 용납하는 십중일이다. 아홉 내지 둘도 열 가운데 아홉 내지 둘이다. 따라서 열에서 하나로 세는 향하거는 모두 열 가운데 들어가는 것이다.

이처럼 하나란 자성自性으로서의 하나가 아니라 연緣으로 이루어지는 까닭에 하나이며, 내지 열이란 자성으로서의 열이 아니라 연緣으로 이루어지는 까닭에 열이다. 일체의 연으로 이루어지는 법은 한 법도 일정한 모양으로서 고정된 성품을 가지고 있는 것이 없다. 그러므로 하나 가운데 열과 열 가운데 하나는 서로 들어가고 용납하여 걸림이 없다는 것이다. 여기서 오고감[來去]의 모양은 자신의 위치를 움직이지 않고서[不動] 항상 오고 가는 것이다.(『일승법계도』)

의상 스님은 이와 같이 동전 가운데 첫 번째 내지 열 번째가 같지 않으나 연으로 이루어진 까닭에 서로 걸림없는 것처럼, 비록 원인과 결과[因果], 이치와 현상[理事], 사람과 법[人法], 앎과 행[解行], 가르침과 뜻[教義], 주와 반[主伴] 등의 여러 많은 문이 다르나, 한 문을 설함에 따라 일체를 다 포섭한다고 한다. 즉 서로 상반되어 보이는 법法이 낱낱 동전에 동시에 구족하는 동시구족상응문 등 십현문十玄門과 연결시켜서 일승의 연기세계를 다양하게 펼쳐 보인다.

도봉유문(道峯有聞, 18세기) 스님은 「법성게」를 주석한 『법성게과주』에서 이 "일중일체다중일" 이하 10구절을 사사무애事事無礙의 십현문으로 설명하고 있다.

도봉유문 스님 진영. 은해사 제공(왼쪽). 운문사 제공(오른쪽).

얼마 전 학생들이 사진을 찍으면서 '찌그러지자'라는 말을 하고 소리 내어 웃는 것을 보았다. 같이 사진 찍는 어느 한 학생의 얼굴이 더 좋게 보이도록 다른 학생들은 찌그러지는 표정을 짓자는 것이었다. 잠깐 뭔가 생각해 보게 하는 재미있는 장면이었다. 어느 한 사람은 좋은데 다른 모든 사람이 나쁘다든지, 다른 모든 사람은 좋은데 어느 한 사람이 나쁜 것은 바람직하지 않다. 공동체의 구성원들이 서로 서로 힘을 밀어주고, 또 모두의 힘을 받은 개개인은 그 모두의 공덕이 현발할 수 있도록 그 힘을 사용해야 한다. 이것은 마땅한 도리이지만 연 따라 나타날 수 있고, 누구나 할 수 있는 일이지만 아무나 못하는 일이기도 하다. 그래서 '일중일체다중일'의 무애자재한 삶은 바른 수행 정진이 필요하다. 불교 공동체가 참 좋은 인연도량으로 거듭 나길 바란다.

해주 스님의 법성게 강설

8

법성게 제8구
일즉일체다즉일 一卽一切多卽一

진성이 연을 따라 이루는 연기緣起의 뜻 가운데, 다라니의 덕용을 밝힌 것이 「법성게」 제8구 "일즉일체다즉일一卽一切多卽一"이다. "하나가 곧 일체이고 많은 것이 곧 하나이다."라는 이 구절은 하나와 일체, 이것과 저것이 상즉하는 즉문 도리를 읊은 것이다. "일즉일체다즉일"이 다라니의 덕용에 해당하는 점에 대하여 진수 스님은 다음과 같이 설명하고 있다.

> [문] 앞은 중문이기 때문에 힘이 있고 힘이 없는 문 [有力無力門]이며, 이것은 즉문卽門이기 때문에 체가 있고 체가 없는 문[有體無體門]인데, 어째서 용用이라 하는가?
> [답] 이것은 곧 인연의 당체當體로서 원인에 즉하고

一乘法界圖 合詩一印 (槃詩)

死涅槃常共和是故界實宝殿窮坐
生意如出繁理益行法意如捉巧窮實
覚不人境中事利者嚴敢得撘等際
正思議賢大能三真際本宝隨綠道中
便議雨普海入昧然得実尼縁无床
時宝佛十別分生匝息妄想必不来
心益生滿虛空眾法仏為名動不舊
發別隨亂雜不圓非餘境妙不守
初成別隔亂雜知法非真微无名隨
十方一切坐中勿即死无所甚絶寂
中是劫即一如相无二智尔切本来一
合即念一念亦即智尔切不深来一成
量远量无是劫多相諸法不動本中
微尘劫九世十相一一中多切一中
一一即多切一即一

제8구

一 → 卽 → 一 → 切 → 多 → 卽 → 一

결과에 즉하는 뜻을 용이라 이름한 것이고, 역용力用
의 용이 아니다. (『진수기』)

『일승법계도』에서 말하는 연기다라니의 용이란 역용의 용이
아니고 덕용德用의 용이다. 즉 "일즉일체다즉일"은 체體와 용으
로 말할 경우, 체의 측면임을 재차 확인시켜 준다. 도봉유문 스
님도 중문인 상입은 역용의 측면이므로 서로 의지함에 힘이 있
고 없음의 뜻이고, 상즉은 체의 측면이므로 서로 형체를 빼앗음
에 체가 있고 없음의 뜻에 의한 것이라고 한다.
　『화엄경』에는 이 하나와 일체의 상즉경계 또한 무진장하게 펼
쳐지고 있다.

　　若一卽多多卽一　　약일즉다다즉일
　　義味寂滅悉平等　　의미적멸실평등 (「보살십주품」)

　　하나가 곧 많음이고 많음이 곧 하나라 하더라도
　　의미가 적멸해 다 평등하다.

경에서는 하나와 많음이 다 평등하니 하나가 곧 많은 것이고
많은 것이 곧 하나임[一卽是多多卽一]을 설하며, 일즉다를 말하고

다즉일을 말하는[說一卽多 說多卽一] 광대한 법을 배우게 한다.(「십주품」) 또 한 세계가 곧 무량무변세계이고 무량무변세계가 곧 한 세계임을 잘 알아야 할 것을 강조하고 있다.(「초발심보살공덕품」)

부처님께서 한 장소에서 설법을 하시면 온 법계에서 동시에 설법이 이루어지며, 같은 명호[同名同號]의 부처님과 보살도 한량없이 출현하신다. 뿐만 아니라 화엄법계의 일체 모든 존재인 삼세간이 서로 다르지 않음도 수없이 나타나고 있다.

> "화장세계에 있는 티끌 하나하나에서 법계를 본다."
>
> (「화장세계품」)
>
> "일체중생신 중에 다 일체 부처님의 자재 신통을 나툰다."
>
> (「십회향품」)
>
> "세계 중에 갖가지 중생신이 있고 중생신 중에 다시 갖가지 세계가 있다."
>
> (「십지품」)
>
> "여래의 청정신 중에 널리 중생신을 나투신다."
>
> (「보현보살행품」)
>
> "여래신 중에 다 일체중생이 발보리심하고 보살행을 닦고 등정각 이루는 등을 본다."
>
> (「보왕여래성기품」)
>
> "마야부인신 중에 천궁전과 천룡팔부 등을 나타낸다."
>
> (「입법계품」)

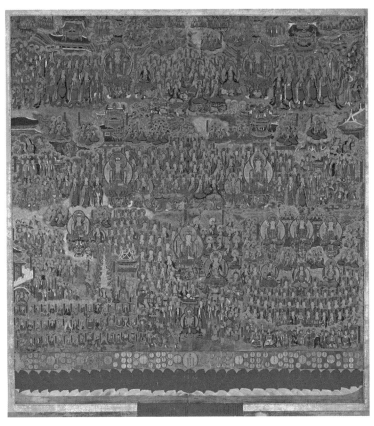

순천 송광사 화엄경변상도(송광사성보박물관 제공).

  　　"보현보살신 중에 삼세 일체 경계와 일체 부처님 세계
  　　와 일체중생과 일체 부처님 출현과 일체 보살중 등을
  　　다 나타낸다."　　　　　　　　　　　　　　「입법계품」

　이러한 교설에서 보이듯이 중생세간인 중생신, 기세간인 갖가지 세계, 그리고 지정각세간인 여래신과 보살신 등이 또 각기 다른 세간을 나타내고 있으니, 삼세간이 원융함을 알 수 있다.

의상 스님은 이 융삼세간을 「반시」로 그려내고 있으니, 「반시」에서 만약 검은 글자를 없애면 흰 종이와 붉은 줄도 모두 없어진다. 즉 종이와 줄이 글자와 떨어진 것이 아니고, 글자에 줄과 종이가 다 들어있는 것이다. 이것은 중생세간을 떠나서는 기세간과 지정각세간도 있을 수 없고, 중생세간에 기세간과 지정각세간이 모두 갖추어져 있는 것을 상징한다. 이 중생세간처럼 지정각세간과 기세간의 경우도 마찬가지이다. 모든 존재가 평등한 융삼세간불인 것이다.

이 융삼세간불은 십신十身 무애의 부처님이다. 십신 중에서 중생신·업보신은 중생세간이고, 국토신·허공신은 기세간이고, 성문신·연각신·보살신·여래신·법신·지신智身은 지정각세간에 해당한다. 삼세간이 다 부처님인 것이다.

이러한 삼세간은 해인삼매에 의한다. 삼세간의 해인은 통틀어 말해서 불해인佛海印이다. 부처님 정각의 보리심[佛正覺菩提心] 바다에 비친 만상이 실은 바닷물뿐인 것처럼 일체가 부처님인 것이다.

이 상즉도리는 동쪽에서 불어오는 바람에 의해서 일어난 파도 [東風波]와 서쪽에서 불어오는 바람에 의해서 일어난 파도[西風

波]의 비유로 설명되고 있다. 동풍파와 서풍파가 둘이 아닌 것이 상즉이다. 두 파도의 체가 물로서 둘이 아니므로 상즉이기도 하지만, 더 나아가 이 파도는 자성의 파도가 아니기 때문에 저 파도에 있고, 저 파도는 자성의 파도가 아니기 때문에 이 파도에 있는 것이 즉문이다. 만약 이 파도가 아니면 곧 저 파도가 없고 만약 저 파도가 아니면 곧 이 파도가 없는 것은 중문이다.(『도신장』)

의상 스님은 이 즉문의 연기법 역시 수십전유로 보이고 있으니, 일즉십一卽十은 향상거向上去, 십즉일十卽一은 향하래向下來로 설명한다.

향상거의 경우, 첫째는 하나이니 연緣으로 이루어지는 까닭이다. 내지 열째는 하나가 곧 열이다. 만약 하나가 없으면 열은 곧 이루어지지 않기 때문이다. 그러므로 일즉십은 하나에서 열로 올라간다. 향하래의 경우, 첫째는 열이니 연緣으로 이루어지는 까닭이다. 내지 열째는 열이 곧 하나이다. 만약 열이 없으면 하나가 곧 이루어지지 않기 때문이다. 그러므로 십즉일은 열에서 하나로 내려온다. 나머지 여덟 문은 예에 준하니, 이 뜻으로 하나하나의 동전 가운데 열 가지 문을 갖춘다고 한다.

그래서 수십전유로 보인 동전을 초발심보살의 공덕에 견주고도 있다. 즉 "처음 발심한 보살의 일념一念 공덕이 다할 수 없다."(「초발심공덕품」)라는 교설은 첫째 동전과 같으니, 하나의 문을 기준으로 하여 다함없음을 드러내는 까닭이다. 또 "한량없고 가없는 모든 지地의 공덕"은 둘째 동전 이후와 같으니, 다른 문을 기준으로 하여 설한 까닭이다. 그리고 하나의 동전이 곧 열 동전인 일즉십一卽十은 "처음 발심할 때에 문득 바른 깨달음을 이룬다."(「범행품」)라는 도리와 같으니, 수행의 바탕[體]을 기준으로 하여 설한 까닭이라는 것이다.

이와 같이 의상 스님은 연기실상다라니를 수십전법으로 설명하면서 "만일 연기실상의 다라니법을 보고자 하면 먼저 마땅히 수십전법을 배워야 한다."고 역설하고 있다.

균여 스님도 의상 스님의 이 말씀에 주목하고 보현행을 수행하고자 하는 사람들은 마땅히 수십전법의 방법을 따라 연기관을 배워야 할 것을 강조한다. "수십전법은 생사에 집착하는 병을 다스리는 가장 좋은 약이고, 열반의 걸림없는 공덕을 이루는 가장 뛰어난 가르침이다."라는 『개종기開宗記』의 말을 인용하면서 다음과 같이 설명을 더하고 있다.

> 만약 수십전법을 배우면 보는 곳마다 집착이 없게 되고 듣는 곳마다 집착이 없게 되므로 생사에 집착하는 병을 다스리는 가장 좋은 약이라고 하였다. 수십전법을 배우면 자기 몸을 떠나지 않고서도 하나하나

의 터럭 구멍에서 많은 부처님을 뵙고, 하나하나의 티끌에서 많은 부처님 세계를 볼 수 있으며, 자신이 머무르는 곳이 부처님의 법계임을 보고, 또한 자기의 몸이 부처님 몸이고 자신의 마음이 부처님의 지혜임을 보게 되므로 열반의 무애공덕을 이루는 가장 뛰어난 가르침이라고 하였다. (『일승법계도원통기』)

균여 스님은 또 이러한 수십전법에서 세로로 나열된 열 개의 동전에 세 가지 의미를 부여하고 있다. 낱낱 동전 자체는 체전體錢이고, 첫째 내지 열째 동전은 위전位錢이고, 하나 가운데 열이고, 하나가 열인 동전은 덕전德錢이다. 같은 동전인데 연 따라 다르고, 연 따라 다르지만 동전 자체는 변함이 없는 것이다.

이처럼 하나가 열이고 일체이니, 불보살이 중생을 교화함에 중생의 수에 걸리지 않는다. 선재동자의 선지식 가운데 자재주동자는 이러한 산수를 잘하는 해탈문을 보이고 있다. 화엄법계의 계산법은 하나가 일체이고 일체가 하나인 셈법임을 알 수 있다.

설잠 스님은 하나의 법이 있으므로 일체가 있고 일체가 있으므로 하나가 있으며, 중생이 있으므로 제불이 있고 제불이 있으므로 중생이 있다고 한다. 그래서 하나와 일체, 중생과 제불이 둘이 없고 걸림없음을, 송대 야보도천冶父道川 선사의 게송을 빌어 다음과 같이 읊고 있다.

竹影掃階塵不動　　죽영소계진부동
月穿潭底水無痕　　월천담저수무흔 (『화엄일승법계도주』)

대 그림자가 섬돌을 쓸어도 먼지가 일지 않고
달빛이 못 바닥을 뚫어도 물에 흔적이 없다.

「야마궁중게찬품」의 "마음과 부처와 중생, 이 셋이 차별이 없다.[心佛及衆生 是三無差別]"라는 상즉 법문은 단적으로 중생이 부처임을 깨닫게 해 준다.

　마음이 중생이고, 마음이 부처이다. 내가 중생이냐, 내가 부처이냐는 마음쓰기 나름이다. 요즈음 '내 안의 나'를 만나러 힐링의 길을 떠나는 이들을 종종 볼 수 있다. 내 안의 나를 만난다는 것은 참 나를 만나는 것이고, 참 나를 만난다는 것은 본래의 나를 만나는 것이다.

　본래의 나는 바로 부처님이니, 본래의 나인 부처님을 만남은 부처님과 다르지 않은 중생들을 만남이다. 나와 더불어 있는 모든 존재가 바로 나임을 보게 되면, 일체에 걸림없이 자재한 삶의 지혜를 얻게 될 것이다.

9

법성게 제9구
일미진중함시방 ^{一微塵中含十方}

『화엄경』에서 상즉과 상입의 무애도리는 불보살과 선지식들의 마정摩頂이라든지 집수執手라든지 탄지彈指 등에서도 잘 드러난다.

보살들이 입정하고 출정할 때 같은 이름[同名同號]의 부처님들이 보살들의 정수리를 만지며 가피해 주시고, 선지식들이 선재동자의 정수리를 만지거나 손을 잡거나 손가락을 튕기는 등의 방편으로 선재동자를 칭찬하고 삼매와 공덕을 구족하게 해서 해탈경계로 인도하고 있다. 그 가운데 보현보살이 선재동자를 마정하는 예를 들어보자.

"보현보살이 오른손을 펴서 그 정수리를 만지니 선재가 곧 일체불찰 미진수의 삼매문을 얻었다. ······ 이

一乘法界圖 合詩一印〔槃詩〕

死涅槃常共和
生意如出繁理益故界實寶殿窮坐
正思大能昧真得者
覺不人境中事利法意如捉巧寶際
便議普海印三然理益法如捉巧
時雨賢入分得莊嚴資
心寶佛十別衆法仏為名妙不守自
發益生滿虛空衆生隨器得利益
初成別隔乱雜不餘境妙不守自性
十方一切坐中亦即無所其切一
合即念一如即無所知其性極相無名隨
中是劫遠量无是相二智勁切一來
坐无遠量无是相二智勁切一來成
微一即多劫世十相諸法不動本來一中
一量即多切一即一中多切一中

제9구
一 → 微 → 塵 → 中 → 含 → 十 → 方

해주 스님의 법성게 강설

사바세계의 비로자나 부처님 처소에서 보현보살이 선
재의 정수리를 만지는 것처럼, 이같이 시방세계의 있
는 바 세계와 그 세계의 낱낱 미진 가운데의 일체 세
계 일체 부처님 처소의 보현보살이 다 또한 선재의 정
수리를 만지고, 얻은 바 법문도 또한 다 동등하였다."

「입법계품」

    선재동자는 보현보살이 정수리를 만지는 순간, 보현보살이 얻
은 미진수 삼매문을 다 얻었고, 이러한 일들이 일체 세계와 세
계의 낱낱 티끌 가운데서도 똑같이 이루어짐을 보이고 있다.
    의상 스님은 「법성게」 제9구와 제10구의 두 구절이 사법事法
에 즉하여 법을 포섭하는 분한을 밝히는 것이라고 분과하였다.
연기다라니 가운데 '티끌'도 사事이고 '시방'도 사事이니, 이 두
가지 사법을 기준으로 하여(『원통기』) 공간적으로 밝힌 사사무애
의 도리이다.
    이 중 제9구가 "하나의 미세한 티끌 가운데 시방을 포함한다."
라는 "일미진중함시방一微塵中含十方"이다.

     一微塵中多刹海　　일미진중다찰해
     處所各別悉嚴淨　　처소각별실엄정

如是無量入一中　여시무량입일중
一一區分無雜越　일일구분무잡월 (「세계성취품」)

하나의 미세한 티끌 가운데 많은 세계바다가
처소가 각각 다르나 다 장엄해 깨끗하다
이와 같이 무량이 하나에 들어가되
낱낱이 구분되어 뒤섞임이 없다.

於一微塵中　어일미진중
見有三惡道　견유삼악도
天人阿脩羅　천인아수라
各各受業報　각각수업보 (「십지품」)

하나의 미세한 티끌 가운데
삼악도와
천·인·아수라가 있어서
각각 업보 받음을 본다.

於一微塵中　어일미진중
各示那由他　각시나유타

　해주 스님의 법성게 강설

無量數諸佛   무량수제불
於中而說法   어중이설법 (「십지품」)

하나의 미세한 티끌 가운데
각각 나유타의
무량수 모든 부처님이
그 가운데서 설법하심을 나타내 보인다.

一微塵中   일미진중
現一切佛   현일체불
一切法界   일체법계
不可思議故   불가사의고 (「입법계품」)

하나의 미세한 티끌 가운데
일체 부처님이 출현하시니
일체 법계가
불가사의한 까닭이다.

　　이와 같이 『화엄경』에서는 하나의 미세한 티끌 가운데 한량없
는 세계가 있고, 한량없는 부처님이 계시고, 한량없는 불자들이

순천 송광사 불조전 53불(ⓒ 김세영).

있으며, 널리 불사가 이루어짐을 거듭 설하고 있다.

이러한 '일미진중함시방'은 넓고 좁음[廣狹]이나 크고 작음[大小], 많고 적음[多少], 길고 짧음[長短] 등이 서로 걸림없는 경계이다.

『도신장道身章』에서는 "큼과 작음이 원래 하나이다. 그러므로 작음은 작음을 무너뜨리지 않고 큼을 용납할 수 있고, 큼은 큼을 무너뜨리지 않고 작음 가운데 들어간다."라고 한다. 이 큼과 작음이 본래 하나이고 걸림없는 경계를 의상 스님은 다음과 같이 꿈 비유를 들어 설명하고 있다.

큼과 작음이 걸림없는 것은 꿈에서 보는 것과 같다.
무아無我의 마음이 잠자는 연[睡眠緣]을 말미암아 온

　　　　　　　　　　　　해주 스님의 법성게 강설

전히 티끌이고 온전히 산山이니, 적은 부분이 티끌이
고 많은 부분이 산인 것은 아니다. 꿈을 깬 마음 가
운데도 티끌과 산이 걸림없이 나타난다. (『원통기』)

　꿈에 티끌과 산을 볼 때, 티끌은 마음의 작고 적은 부분으로
보고 산은 마음의 크고 많은 부분으로 보는 것이 아니다. 티끌
이든 산이든 온 마음 전체로 본다. 꿈을 깬 마음으로도 마찬가
지이니, 온 마음이 티끌이고 온 마음이 산이라서 티끌과 산이
걸림없이 나타난다는 것이다.
　의상 스님은 또 "하나의 미세한 티끌 중에 시방세계를 머금는
다[一微塵中含十方]는 것은 한 가지로 머무름 없음[無住]인 까닭
에 그러하다."고 한다. 그리고 이에 대한 제자 상원相員 스님과의
문답이 『원통기』, 『총수록』의 『도신장』 그리고 『석화엄지귀장원
통초』 등에 다음과 같이 전하고 있다.

　상원 스님이 여쭈었다.
　"미세한 티끌의 머무름 없음은 작고, 시방세계의 머
　무름 없음은 큽니까?"
　[답] 똑같다.[一律]
　[문] 만약 그렇다면 어째서 미세한 티끌은 작고 시방

세계는 크다고 말합니까?

[답] 미세한 티끌과 시방세계가 각각 자성이 없어서 오직 머무름이 없을 뿐이다. 말한 바 티끌은 작고 세계가 크다는 것은 구하는 곳에서 구한 것일 뿐이다. 작기 때문에 작다고 하고 크기 때문에 크다고 말하는 것이 아니다.

말하자면 티끌은 작고 세계는 크다는 것을 알지 못하는 근기 중에서, 티끌은 작고 세계는 크다는 것을 알게 하려는 까닭에 우선 티끌은 작고 세계는 크다고 설하는 것일 뿐이다. 한결같이 티끌은 작은 자성이고 세계는 큰 자성인 것이 아니다. 또한 티끌이 크고 세계가 작다고도 말할 수 있다. 도리가 가지런히 하나이니 머무름 없는 실상[無住實相]이다.

티끌이 시방을 포함하는 진함시방塵含十方은 티끌과 시방이 한 가지로 무주이기 때문이며, 무주는 실상이니 티끌도 실상이고 시방도 실상이다. 실상이 실상을 포용하는 무주실상이다. 그래서 필요에 의해 구하는 대로 존재하니[須處須], 티끌이 크고 세계가 작다고도 할 수 있다는 것이다. 이처럼 작은 것을 필요로 하면 곧 작고 큰 것을 필요로 하면 곧 크므로, 하나의 티끌 가운데 단박에 시방을 나타내는 것이다. 필요에 따라 자재한 이 티끌을 총상으로서의 티끌[摠相塵]이라 한다.(『법기』)

균여 스님도 위와 같은 의상 스님의 법문을 인용하면서, 다만 하나의 머무름 없음[無住]인 까닭에 티끌이 스스로 작은 지위를 무너뜨리지 않고 큼을 용납할 수 있으며, 시방이 스스로 큰 지위를 무너뜨리지 않고 작음에 들어갈 수 있으니 큼과 작음이 걸림없다고 한다. 그러므로 큼과 작음이 동일하여 머무름이 없는 것을 밝게 알면 티끌은 크고 세계는 작다고도 할 수 있다. 시방은 스스로 작은 모양을 갖추고 있고 미세한 티끌은 스스로 큰 모양을 갖추고 있어서, 작음은 작음을 바꾸지 않고 큼을 용납할 수 있고, 큼은 큼을 줄이지 않고 작음에 들어갈 수 있다는 것이다.(『원통기』)

『법계도주』에서도 크자고 하면 곧 크고 작자고 하면 곧 작아서, 하나의 티끌에서 시방을 헤아리려 시방이 작은 것이 되고, 시방에서 하나의 티끌을 헤아리려 하나의 티끌이 큰 것이 되니, 연기된 것이 없기 때문이고 자성이 없기 때문이라고 한다.

「십주품」에서는 "지극히 큼에 작은 모양이 있음을 알고자 보살은 이로써 처음 발심한다.[欲知至大有小相, 菩薩以此初發心]"라고 설하고 있다. 크고 작은 모양에 걸림없는 것이 발심 성불하게 하는 매우 중요한 일임을 알 수 있다.

아주 미세한 티끌 하나에도 윤회하는 중생들의 업보가 다 들어있다. 아주 미세한 티끌 하나에도 온 법계가 다 들어있는 것이다. 단지 법계에 증득해 들어가지 못한 중생에게는 법계의 무진 경계가 잘 보이지 않을 뿐이다. 집을 떠나 멀리 떨어져 있는 사람이 자기 집 소식을 잘 모르는 것과 같다.

눈에 보이지도 않는 미세먼지가 사람들의 건강을 위협하고 있어서 요즈음 미세먼지 경보를 자주 듣는다. 먼지 하나에도 인과의 업보가 다 들어있음을 깊이 새겨야 하겠다.

해주 스님의 법성게 강설

10

법성게 제10구
일체진중역여시 一切塵中亦如是

하나의 미세한 티끌에 시방세계가 다 들어있듯이 티끌 티끌마다 시방세계가 다 들어있다고 해서 "일체진중역여시一切塵中亦如是"라고 한다. "모든 티끌 가운데도 또한 그러하다."라는 「법성게」 제10구이다.

광대한 시방세계가 미세한 티끌에 다 들어가니 아무리 좁은 공간이라도 좁지 않고 아무리 넓은 세계라도 넓지 않다. 좁고 넓음은 단지 구함에 따라 구한 것일 뿐이다. 큰 것을 구하면 곧 크고[須大卽大] 작은 것을 구하면 곧 작다.[須小卽小] 수즉수須卽須인 것이다. 또한 하나의 티끌만이 아니라 티끌 티끌마다 모두 다 시방세계를 머금고 있으니 좁은 공간이 거듭거듭 시방으로 광활하다. 이 "일체진중역여시"의 경계를 설하는 『화엄경』 게송을 몇 가지 들어보자.

一乘法界圖 合詩一印 〔槃詩〕

微 坐 合 十 初 發 心 時 便 正 覺 生 死
量 无 即 中 成 益 宝 意 思 議 思 意 涅 槃
遠 量 念 是 别 生 滿 普 賢 大 不 人 不 常
劫 无 一 劫 隔 亂 虛 空 海 三 昧 三 出 共 和
九 世 十 世 互 相 即 仍 不 雜 亂 隔 別 成

（법성게 반시도 — 일승법계도 합시일인 도상）

제10구
一 → 切 → 塵 → 中 → 亦 → 如 → 是

如於一微塵　　여어일미진
一切塵亦然　　일체진역연
世界悉入中　　세계실입중
如是不思議　　여시부사의 (「보현행품」)

하나의 미세한 티끌처럼
일체 티끌도 또한 그러하니
세계가 다 그 가운데 들어가
이와 같이 불가사의하다.

一一微塵中　　일일미진중
有無量佛刹　　유무량불찰
一中知無量　　일중지무량
無量中知一　　무량중지일 (「보현보살행품」)

낱낱 미세한 티끌 중에
무량 부처님 세계가 있으니
하나 가운데 무량을 알고
무량 가운데 하나를 안다.

於此蓮華藏　어차연화장
世界海之內　세계해지내
一一微塵中　일일미진중
見一切法界　견일체법계 (「노사나불품」)

이 연화장

세계해 안의

낱낱 미세한 티끌 중에서도

일체 법계를 본다.

또 "그 낱낱 티끌 가운데 다 십불세계 미진수의 모든 광대한 세계가 있다."(「여래현상품」)라고 하며, "일체 부처님 세계 미세한 티끌의 낱낱 티끌 가운데서, 열 불가설 불가설 부처님 세계 미세한 티끌 등 세계와 그 모든 부처님을 다 뵙고, 그 모든 여래께서 설하신 정법을 다 듣고 받아 지닌다."(「입법계품」)라고 설하고 있다.

이처럼 하나의 미세한 티끌에 무진세계를 부수어 나오는 티끌 수만큼 많은 부처님 세계가 있고, 그 세계의 티끌 마다마다에 한량없는 부처님께서 설법하고 계신다. 그래서 낱낱 사법에서 부처님을 뵙고 부처님 설법을 듣고 무진법계를 볼 수 있다.

전남 순천 선암사 7처9회도.

그리고 「보왕여래성기품」에서는 하나의 미세한 티끌에 한량없
는 모든 세계가 다 들어있고, 일체 세계의 낱낱 티끌 가운데도
똑같이 그러한 것은, 모든 경계가 다 마음 따라 연기[無量諸境界
悉從心緣起]한 것이기 때문이라고 한다.

새벽종성에도 보이듯이 진진혼입塵塵混入이라 티끌과 티끌이 서로 섞여 들어가고, 찰찰원융刹刹圓融이라 세계와 세계가 원융하여 걸림이 없다. 티끌과 세계가 그러하듯이 티끌과 티끌, 세계와 세계가 겹쳐져도 이지러지지 않고 낱낱 존재가 그대로 제 모습을 온전히 지니고 있다.

의상 스님은 사법事法에 즉卽하여 법을 포섭하는 분한을 밝히는 연기도리를 인다라니[因陀]와 미세다라니[微細陀]의 예를 들고 있다. 인다라니는 '인드라망[帝網]의 다라니'로서 낱낱 법과 법이 거듭거듭 서로 포섭해서 다함없고 다함없는 세계이고, 미세다라니는 미세한 법 중에 일체 제법이 가지런히 나타나 명료하지 않음이 없는 경계이다.(『법융기』)

이들은 상즉·상입의 중중무진重重無盡을 드러내는 십현문十玄門 중 각각 인다라망경계문과 미세상용안립문微細相容安立門에 해당한다. 인다라망의 보배구슬이 서로서로 비추어 사무치고 거듭거듭 사귀어 비추어서 낱낱의 보배 가운데 여러 모양이 다함없음과 같이, 낱낱 미세한 티끌 가운데 시방법계를 포함하고 시방법계가 낱낱 미세한 티끌에 들어간다.

십현문의 총상은 동시구족상응문同時具足相應門이다. 낱낱 사법에 서로 상대적으로 보이는 모든 존재[十普法]가 동시에 구족하여 걸림없다는 것이다. 이는 바닷물의 방울 방울마다 큰 바다

해주 스님의 법성게 강설

의 열 가지 공덕이 다 들어있는 것에 비유된다. 유문 스님은 『법성계과주』에서 "일체진중역여시"를 일체 티끌과 티끌이 동시에 서로 상입하여 무애한 경계라 하고, 동시구족상응문으로 설명하고 있다.

큰 바다의 열 가지 공덕이란 바다가 차례로 점점 깊어지며, 죽은 송장을 받지 않으며, 물이 본래의 이름을 여의며, 모두 한 짠맛이며, 한량없는 보물이 있으며, 바닥까지 이를 수 없으며, 넓고 커서 한량이 없으며, 큰 짐승들이 살며, 조수가 시한을 넘기지 않으며, 큰 비를 모두 받아도 넘치지 않는다는 것이다.

이것은 십지十地의 수행 공덕을 차례로 견주어 말한 것이다. 즉 큰 서원을 내어 점점 깊어지며, 모든 번뇌의 때를 여의며, 세간에서 붙인 이름을 여의며, 부처님의 공덕과 맛이 같으며, 한량없는 방편을 내며, 인연의 깊은 이치를 관하며, 광대한 지혜로 바라밀을 실천하며, 광대하게 장엄하며, 세간의 교화에 시한을 어기지 않으며, 부처님의 큰 법비를 받되 만족함이 없는 까닭이다.

의상 스님은 십지가 같지 아니하나 오직 초지初地에 있으니, 일지一地에서 일어나지 아니하고 널리 일체 모든 지의 공덕을 포섭하기 때문이라고 한다. 초지가 십지를 다 포섭하는 것처럼, 낱낱 지地 또한 십지를 다 포섭한다.

하나의 티끌처럼 모든 티끌에도 시방법계가 다 들어있음에 대하여, 진수 스님은 하나의 티끌 가운데 시방법계가 들어가 모자람도 없고 남음도 없다면, 어떻게 다시 시방법계가 티끌 티끌마다 들어갈 수 있는지에 대해 『진수기』에서 다음과 같이 문답하고 있다.

> [문] 하나의 티끌을 이루는 때에 시방을 거두어들여 다한다면 다시 남음이 없는데, 어떻게 새롭게 새롭게 포함하는가?
>
> [답] 이것은 그럴 필요가 있는 곳에서 그렇게 하는 것이기 때문이다. 하나의 티끌을 이루는 때에 시방을 필요로 하면 다하고, 새롭게 새롭게 포함함을 필요로 하는 때에도 역시 뒤에 뒤에 일어남을 장애하지 않는다. (『총수록』)

"일체진중역여시" 역시 필요로 하고 구하는 대로인 수즉수須卽須이기 때문임을 알 수 있다. 삼천대천세계의 일을 다 담고 있는 삼천대천세계만한 경권이 아주 미세한 티끌 가운데 있다는 '미진경권유微塵經卷喩'도 "일체진중역여시" 도리를 잘 드러내고 있다.

화엄경변상도 여래출현품 고려목판 52.

"불자여! 비유하면 큰 경권이 있어서 양이 삼천대천
세계와 같고 삼천대천세계 가운데 일을 서사하여 일
체를 다한다. …… 이 큰 경권이 비록 양이 대천세계
와 같으나 전체가 하나의 미세한 티끌 가운데 있고,
하나의 미세한 티끌처럼 일체 미세한 티끌도 다 또한
이와 같다. (「여래출현품」)

여기서 경권은 일체를 다 아는 여래의 지혜를 상징한다. 여래
의 지혜가 곳마다 이르지 못함이 없으니, 한 중생도 여래 지혜
를 갖추어 있지 않음이 없기 때문이다. 여기서 경권을 담고 있
는 미세한 티끌은 가지고 있는 지혜를 쓰지 못하는 중생마음
즉 여래장如來藏을 의미한다.

「여래출현품」에서는 이어서 티끌을 깨뜨려 경권을 꺼내어 중생들에게 이익을 준다는 말씀이 이어지고 있으니, 이것은 곧 망상과 집착을 여의어 부처님의 지혜인 일체지·자연지·무애지가 곧 현전하게 됨을 말한다.

그러므로 티끌도 경권도 다 마음이다. 일체가 내 마음 아님이 없다. 마음 따라 낱낱 티끌에서 한량없는 부처님 세계가 펼쳐진다. 마음 따라 육진六塵 현상계가 펼쳐지니 그 낱낱 존재가 서로 걸림이 없다. 육진 속의 나이고 내 안의 육진이다. 허공에서 내리는 방울방울 비가 온 우주 법계 소식을 전하고 있다.

해주 스님의 법성게 강설

11

법성게 제11구
무량원겁즉일념 無量遠劫即一念

「법성게」에서 사법事法에 즉하여 밝히는 연기가 공간空間을 기준으로 한 것이라면, 그 다음 4구는 시간[世時]을 기준으로 하여 법을 포섭하는 분한을 보인 것이다. 티끌과 시방이 걸림없고 겁劫과 순간[一念]이 다르지 않으니, 크고 작은 것[大小]과 길고 짧은 것[長短] 등이 본래 하나이고 둘이 아니다. 일체 존재가 시간적·공간적으로 둘이 아니고 하나이다.

이 경계는 지엄 스님이 입적하기 10일 전에 대중들과 문답한 다음 내용에서도 볼 수 있다.

> [지엄 스님] 경에서 '하나의 미세한 티끌 가운데 시방세계를 머금는다[一微塵中含十方世界]'와 '한량없는 겁이 곧 일념이다[無量劫即一念]'라는 등의 말씀을 그대들

一乘法界圖 合詩一印 〔槃詩〕

微-坐-中-合-即-一-切
量-无-是-即-念-如-亦
劫-无-劫-即-一-如-即
九-遠-量-一-念-相-即
世-遠-量-无-即-二-无
十-劫-九-世-十-智-亦
諸-量-別-生-非-真-無
一-多-切-一-中-一-成
一-即-諸-法-不-動-本
多-切-一-中-多-切-一

初-發-心-時-便-正-覺
成-益-宝-識-雨-思-不
別-生-佛-普-大-人-意
隔-滿-十-海-境-如-出
亂-虛-別-印-中-中-出
雜-空-分-三-事-事-繁
餘-眾-生-死-得-利-理
境-法-是-涅-莊-行-益
微-仏-妙-槃-敬-嚴-故

死-涅-槃-常-共-和
生-涅-槃-常-共-和
界-實-宝-殿-窮-坐
法-意-如-捉-巧-窮
意-如-捉-巧-窮-實
隨-緣-无-際-實-坐
得-舊-床-道-中-際

第11구

無 → 量 → 遠 → 劫 → 即 → 一 → 念

226   해주 스님의 법성게 강설

은 어떻게 보는가?

[대중] 연기법은 자성이 없어서 작은 것은 작은 것에 머무르지 않고 큰 것은 큰 것에 머무르지 않으며, 짧은 것은 짧은 것에 머무르지 않고 긴 것은 긴 것에 머무르지 않는 까닭에 그러합니다.

[지엄 스님] 그렇기는 그렇지만 아직 설었다.

[대중] 무슨 말씀입니까?

[지엄 스님] 많은 말을 하지 말라. 단지 하나를 말하는 것뿐이기 때문이다. (『도신장』)

『대기』에서는 '하나의 미세한 티끌'이란 부처님 세계의 티끌 수와 같은 겁 중에 익혀야 할 바를 부지런히 닦은 까닭에 비로소 시방세계를 머금어 받아들일 수 있어서 걸림없이 자재하다고 한다. 그리고 이러한 티끌이 시방을 머금는 도리를 기준으로 하여 진정대덕이 이르기를 "현상이 융섭하여 이법을 나타내는 문[事融現理門]"이라 한다고 하였다.

현상계 하나에 전체를 다 담고 있는 이 도리는 조주(趙州, 778~897) 스님과 어떤 납승의 문답에서도 볼 수 있다.

[사(조주 스님)] 그대가 이 조주 도량에 있은 지 얼마나

되는가?

[승(납승)] 7~8년 됩니다.

[새] 노승을 보았는가?

[승] 보았습니다.

[새] 나는 한 마리의 당나귀가 되었는데 그대는 어떻게 보았는가?

[승] 법계에 들어가서 보았습니다.

[새] 나는 그대가 이 하나를 챙기고 있다고 생각했는데 많은 밥만 헛되이 축내었구나.

[승] 화상께서 말씀해 주십시오.

[새] 어찌 사료[草料] 속에서 본다고 말하지 않았는가?

(『조주록』)

당나귀가 먹는 풀에서 당나귀를 보니, 풀 하나에 당나귀가 명백히 다 드러나 있음을 조주 스님은 가르쳐 주고 있다.

我今一身中　　아금일신중

卽現無盡身　　즉현무진신

徧在三寶前　　변재삼보전

一一無數禮　　일일무수례

옴 바아라 믹(3) (『석문의범』)

제가 이제 한 몸 가운데
곧 다함없는 몸을 나투어
두루 삼보 전에
일일이 수없이 예배하옵니다.

이 게송은 기도 정근시 『천수경』을 봉독하기 전에 절하며 염불하는, '널리 예경하는 진언[普禮眞言]'이다. 우리 불자들이 삼보전에 예경하는 것이 선재동자가 마야부인 선지식 앞에서 예경한 것과 같이 봉행하고 있음을 알 수 있다.

「입법계품」에서 마야부인 선지식은 염부제의 미진수 방편문의 몸을 나타내었고, 마야부인이 나타내는 몸의 수효와 같이 선재동자도 또한 그러한 몸을 나타내어 모든 곳의 마야부인 앞에서 공경 예배함을 보이고 있는 것이다. 마야부인은 그 몸의 낱낱 모공에서 여래께서 옛적에 보살행을 닦으실 때 머무르신 일체세계해 등을 다 나타내고 있다.

마야부인 선지식뿐만 아니라, 경에서는 한없는 보현보살이 그 낱낱 몸에 삼세 일체경계와 일체불찰·일체중생·일체불출현 등 모든 것을 다 나타낸다. 그리고 선재동자가 보현보살의 낱낱 털구멍[毛孔] 가운데 무량겁을 지내며 바라밀행 닦음을 설하고 있다.

일체 시·공간의 낱낱 겁, 낱낱 미진 중에 일체겁과 일체세계와 일체제불과 일체중생과 권속들이 있으며, 중생의 낱낱 몸에 모든 부처님 세계·일체중생·일체제법·삼세제불·부처님 자재신통 등이 다 나타난다고 거듭거듭 설하고 있다. 한량없는 낱낱 털구멍, 낱낱 티끌에서 삼세 모든 부처님을 뵙고 법을 듣게 되는 것이다.

「법성게」 제11구는 "무량원겁즉일념無量遠劫卽一念"이다. "한량없는 먼겁이 곧 일념이다."라는 염겁무애念劫無礙가 화엄법계의 시간이다. 일념이란 한생각을 일으키는 바로 그 순간이라는 의미인데, 법융 스님은 한 터럭을 세로로 쪼개어 천 개로 나누어 그 한 부분을 옥판 위에 얹어 놓고 날카로운 칼로 끊을 때, 그 날카로운 칼이 옥판에 닿는 때가 일념이라고 설명한다.

"무량원겁즉일념"의 경증으로 몇 가지 게송을 더 들어보자.

無量無數劫　　무량무수겁
解之卽一念　　해지즉일념
知念亦無念　　지염역무념
如是見世間　　여시견세간 (「보현행품」)

해인사 대비로전 목조 동형쌍불 비로자나불(9세기 조성).

동학사 삼세불.

한량없고 수없는 겁도
알고 보면 곧 한순간이다
생각도 또한 생각없음을 아니
이와 같이 세간을 본다.

過去諸世界　　과거제세계
廣大及微細　　광대급미세
修習所莊嚴　　수습소장엄
一念悉能知　　일념실능지 (「보현행품」)

과거 모든 세계의
광대하고 미세한 것과
수행하고 익혀서 장엄한 바를
한순간에 다 능히 안다.

無量無數劫　　무량무수겁
能作一念頃　　능작일념경
非長亦非短　　비장역비단
解脫人所行　　해탈인소행 (「공덕화취보살십행품」)

　　　　　　　　　　해주 스님의 법성게 강설

한량없고 수없는 겁도

한순간 경각이 되니

길지도 않고 짧지도 않음이여

해탈한 사람의 행하는 바이다.

如人睡夢中　여인수몽중

造作種種事　조작종종사

雖經億千歲　수경억천세

一夜未終盡　일야미종진 (「이세간품」)

마치 사람이 잠잘 때 꿈 가운데

갖가지 일을 지어서

비록 억천 세를 지내더라도

한밤도 아직 다 끝나지 않음과 같다.

　한량없는 겁이 한순간인 "무량원겁즉일념"은 잠잘 때 꿈에서 온갖 일을 하며 수많은 세월을 보냈더라도 실은 하룻밤이 채 지나지 않은 비유로 설명되고 있다. 한량없고 수없는 겁이 곧 한순간 찰나이므로, 보살이 중생을 교화함에 세월의 길고 짧음[長短]에 걸리지 않는다.

설잠 스님은 예와 지금의 삼세 모든 부처님이 처음 발심함으로부터 보현의 원을 세워 미래제가 다하도록 지금을 여의지 않는다고 한다. 혹은 기침 소리 한 번이나 혹은 손가락 튕기는 것 한 번에서 내지 눈썹을 찡그리고 눈을 깜빡임에 이르기까지 모두 부처님의 방편 아님이 없으니, 이 자리를 여의지 않고 늘 맑다[不離當處常湛然]라고 설파하고 있다.

우리가 한평생 살아온 삶도 바로 지금 이 순간, 이 모습에 다름 아니다. 지금껏 수행해 온 모든 시간 모든 모습이, 눈뜨고 눈감는 이 순간 이 모습에 모두 다 나타나 있다. 지금 여기, 이 몸으로 바로 성불할 수 있는 것이다.

12

법성게 제12구
일념즉시무량겁 一念卽是無量劫

「법성게」 제12구는 "일념즉시무량겁一念卽是無量劫"이다. "일념이 곧 한량없는 먼 겁이다."라는 이 구절도 시간에 근거해서 연기존재가 상즉함을 밝힌 것이다. 순간이 곧 긴 세월인 염겁동시念劫同時이고 염겁평등의 무애경계이다.

『화엄경』은 전체적으로 부처님께서 깨달음을 얻으신 때[始成正覺]에 깨달으신 그 자리에서 깨달음의 세계를 그대로 보여주신 법문이라 할 수 있다. 『화엄경』의 설법처는 통틀어 "부처님께서 보리수 나무 아래를 떠나지 아니하시고 7처를 법계에 펴셨다.[不離樹下 羅七處於法界]"라고 일컬어지며, 설법시는 성도하신 지 얼마 안된 제이칠일[成道未久 第二七日] 또는 성도 후 최초 21일간[最初 三七日] 등으로 전해지기도 한다.

아무튼 부처님께서 깨달음을 얻으신 그때에 한량없는 시공간

一乘法界圖 合詩一印 〔槃詩〕

法性圓融無二相　諸法不動本來寂
無名無相絶一切　證智所知非餘境
眞性甚深極微妙　不守自性隨緣成
一中一切多中一　一即一切多即一
一微塵中含十方　一切塵中亦如是
無量遠劫即一念　一念即是無量劫
九世十世互相即　仍不雜亂隔別成
初發心時便正覺　生死涅槃常共和
理事冥然無分別　十佛普賢大人境
能仁海印三昧中　繁出如意不思議
雨寶益生滿虛空　眾生隨器得利益
是故行者還本際　叵息妄想必不得
無緣善巧捉如意　歸家隨分得資糧
以陀羅尼無盡寶　莊嚴法界實寶殿
窮坐實際中道床　舊來不動名爲佛

제12구

一 → 念 → 卽 → 是 → 無 → 量 → 劫

의 모든 경계가 다 펼쳐지고 있으니, 선재동자가 무량겁 동안 한량없는 선지식을 섬겨 헤아릴 수 없는 해탈법문을 얻기도 한다. 일체처의 일처一處와 일체시의 일시一時에 현상의 사법이 다 전개되는 화엄법계의 시간은 순간이 곧 한량없는 겁이다.

深入無數劫   심입무수겁
皆悉到彼岸   개실도피안
無量劫一念   무량겁일념
一念無量劫   일념무량겁 「이세간품」

수없는 겁에 깊이 들어가서
모두 다 피안에 이르니
무량겁이 일념이고
일념이 무량겁이로다.

於念念中悉明了   어염념중실명료
不可思議無量劫   불가사의무량겁
如是了知三世劫   여시요지삼세겁
具足安住究竟行   구족안주구경행 「금강당보살십회향품」

생각생각 가운데 불가사의한

무량겁을 다 밝게 요달하시니

이같이 삼세겁을 요달해 알아서

구경행을 구족하여 안주하신다.

一切三世	일체삼세
所有劫數	소유겁수
於念念中	어염념중
悉見無餘	실견무여 (「세간정안품」)

일체 삼세의

있는 바 겁수를

생각생각 가운데

다 보아 남음이 없다.

三世所有廣大劫	삼세소유광대겁
佛念念中皆示現	불염념중개시현
彼諸成壞一切事	피제성괴일체사
不思議智無不了	부사의지무불료 (「세주묘엄품」)

삼세의 있는 바 광대한 겁을
부처님께서 생각생각 가운데 다 시현하시니
저 모든 이루어지고 무너지는 일체사를
불가사의한 지혜로 요달하시지 않음이 없다.

三世所有一切劫	삼세소유일체겁
於一念中能悉現	어일념중능실현
猶如幻化無所有	유여환화무소유
是名諸佛無礙法	시명제불무애법 「노사나불품」

삼세의 있는 바 일체겁을
한 생각 가운데 다 나타내시되
마치 환화와 같아서 있는 바가 없으니
이 이름이 제불의 무애법이다.

「초발심공덕품」에는 초발심보살의 공덕이 모든 공덕보다 수승하여 한량없으니 그것은 궁극적으로 부처되기 때문임을 설하고 있다. 그러한 초발심보살의 한량없는 공덕은 보살이 발심하는 그 까닭에 이미 담겨있음을 볼 수 있다. 그중에 다음과 같이 일념과 무량겁이 평등함을 알고자 발심하기도 한다.

긴 겁[長劫]이 짧은 겁[短劫]과 평등하고 짧은 겁이 긴
겁과 평등하며, 한 겁[一劫]이 무수겁無數劫과 평등하
고 무수겁이 한 겁과 평등하며, 부처님 계시는 겁과
부처님 안 계시는 겁이 평등하고 부처님 안 계시는
겁과 부처님 계시는 겁이 평등하다.
한 부처님 겁 가운데 불가설 겁이 있고 불가설 부처
님 겁 가운데 한 부처님이 계신다.
한량있는 겁[有量劫]과 한량없는 겁[無量劫]이 평등하
고 한량없는 겁이 한량있는 겁과 평등하며, 다함있는
겁과 다함없는 겁이 평등하고 다함없는 겁과 다함있
는 겁이 평등하며, 말할 수 없는 겁[不可說劫]이 일념
一念과 평등하고 일념이 말할 수 없는 겁과 평등하다.
일체겁一切劫이 겁 아님[非劫]에 들어가고 겁 아님이
일체 겁에 들어가며, 일념一念 가운데 전제前際 · 후제
後際 · 현재現在 일체 세계의 성 · 괴겁을 알려고 아뇩다
라삼먁삼보리심을 일으킨다.

　여기서 한순간이 곧 한량없는 겁임을 구체적으로 볼 수 있다.
짧은 겁 · 한 겁 · 한순간[一念] 등이 긴 겁 · 무수겁 · 불가설겁 등
과 평등하다는 이러한 염겁무애가 상즉은 물론 상입으로도 말

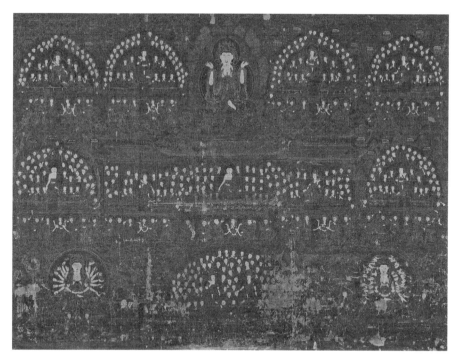

통도사 화엄칠처구회도.

쓰되고 있다.

또한 "일체 모든 부처님이 일념 중에 삼세의 일체 법계를 잘 분별해 아시고, 삼세 일체중생의 갖가지 업보를 잘 분별하시며"(「부사의품」), "일념 중에 삼세 일체 아승지겁을 잘 아시며"(「이세간품」), "삼세로 일념을 삼고 일념으로 삼세를 삼는다."(「입법계품」)라는 등의 법문에서도, 일념이 삼세 일체시의 무량겁임을 알 수 있다.

「입법계품」에서 선지식들이 구법자 선재동자에게 해탈문을 얻게 해 주는 방편도 순간이 곧 무량겁인 도리를 보여준다. 비목구사毘目瞿沙 선지식이 잠시 선재동자의 손을 잡을 때[執手] 곧 다겁多劫을 지나는 것도 그 한 예이다.

미륵보살 선지식은 삼세의 일체 경계에 들어가서 잊지 않고 기억하는 지혜로 장엄하는 무진장 해탈문[入三世一切境界不忘念智莊嚴藏 解脫門]을 펼친다. 미륵보살의 탄지로 열린 장엄장 대누각에 들어간 선재는 순간, 대누각의 모든 경계를 보게 된다. 그 순간은 바로 선재동자가 일생 동안 닦은 모든 공덕이 한꺼번에 드러나는 때이다. 일념에 삼세가 평등하여 일여一如한 염겁원융의 일체 경계에 다 들어가는 불망념지 해탈문을 증득한 것이다.

이러한 "일념즉시무량겁"에 대하여 설잠 스님은 "바로 지금의 일념이 십세十世에 걸쳐 사무치고 횡橫으로 시방에 두루하니, 일체 모든 부처님을 건립하여 동시에 중생을 제도하고, 일체중생을 펼쳐서 동시에 멸도滅度한다. 옛날도 아니고 지금도 아니며 새로움도 아니고 오래됨도 아니다."라고 주석한다. 바로 지금의 순간이 모든 시간과 공간에 두루하다는 것이다.

일체 모든 시간을 일컬을 때 삼세라고도 하고 십세라고도 한다. 모든 시간을 일단 과거·현재·미래로 나누어 삼세라 하고, 이를 더 구체적으로 원만수인 열로 펼쳐서 십세라고도 한다. 그런데 한순간인 일념이 바로 모든 시간인 삼세·십세와 평등하고,

영축총림 양산 통도사 진신사리탑.

삼세·십세가 일념을 여의지 않는다.

유문 스님은 『법성계과주』에서 화엄법계를 시무애時無礙의 시간으로 가름하면서 "십세의 예와 지금, 시작과 마지막이 현재의 한순간을 여의지 않는다.[十世古今始終 不離於當念]"라는 『통현론通玄論』을 인용하고 있다.

통도사를 창건하고 금강계단을 개설하게 된 자장慈藏 율사가 "내 차라리 하루라도 계를 지키고 죽을지언정 백 년을 파계하고 살기를 원하지 않는다.[吾寧一日持戒而死 不願百年破戒而生]"(『삼국유사』)라고 한, 출가의 원에서도 하루와 백 년이 다르지 않음을 볼 수 있다. '일념즉시무량겁'의 도리를 알면 순간을 살아도 무량겁을 살아도 그 시간은 동등한 것임이 분명하다.

우리는 원력이 깊고 깊어서 대원본존인 지장보살에게 공양올리고 기도할 때 "지장대성위신력地藏大聖威神力 항하사겁설난진恒河沙劫說難盡 견문첨례일념간見聞瞻禮一念間 이익인천무량사利益人天無量事"라고 찬탄한다. 지장대성의 위신력은 항하의 모래 수만큼 많은 겁 동안 말해도 다할 수 없으니, 그러한 지장보살을 견문하고 우러러 예경하는 한순간에 인천을 이익케 함이 한량없다는 것이다. 일념이 한량없는 원력의 공덕을 다 담고 있는 순간인 것이다.

이 '일념즉시무량겁'도 '무량원겁즉일념'의 경우처럼 꿈 비유로 말할 수 있다. 잠깐 동안 꾸는 꿈 가운데 한량없는 일이 일어나는 것과 같기 때문이며, 삼세가 다 공적해서 환화幻化와 같기 때문이다.

의상 스님은 '일념즉시무량겁'의 매 순간, 인연 따라 공덕을 쌓아서 원융한 법성의 집[法性家]으로 되돌아가게 한다. 그러면서 「법성게」 30구를 30역에 비유하여 꿈에 30역을 돌아다녔는데 깨어보니 누워있던 자리에서 한 발자국도 움직이지 않았더라고 한다.

이 꿈 비유는 '행행본처行行本處 지지발처至至發處'의 도리를 천명한 것이니, 가도 가도 본래자리이고 도달하고 도달해도 출

자장율사 진영.
영축총림 양산 통도사
박물관.

발한 자리이다. 이를 연기법의 시간으로 말하면 꿈꾸는 그 순간
이 바로 돌고 도는 긴 세월이다. 한생각 일어나는 바로 그 순간
에 자기의 본래자리인 법성가로 되돌아가는 한량없는 공덕을
지을 수 있는 것이다.

一乘法界圖 合詩一印 〔槃詩〕

法性圓融無二相　諸法不動本來寂
無名無相絶一切　證智所知非餘境
真性甚深極微妙　不守自性隨緣成
一中一切多中一　一即一切多即一
一微塵中含十方　一切塵中亦如是
無量遠劫即一念　一念即是無量劫
九世十世互相即　仍不雜亂隔別成
初發心時便正覺　生死涅槃常共和
理事冥然無分別　十佛普賢大人境
能仁海印三昧中　繁出如意不思議
雨寶益生滿虛空　眾生隨器得利益
是故行者還本際　叵息妄想必不得
無緣善巧捉如意　歸家隨分得資糧
以陀羅尼無盡寶　莊嚴法界實寶殿
窮坐實際中道床　舊來不動名為佛

제13구

九 → 世 → 十 → 世 → 互 → 相 → 即

해주 스님의 법성게 강설

13

법성게 제13구
구세십세호상즉 九世十世互相卽

의상 스님이 시간[世時]을 기준으로 연기분을 설명하는 세 번째 구절이 "구세십세호상즉九世十世互相卽"이다. 이는 「법성게」 제 13구로서 "구세와 십세가 서로 상즉한다."는 것이다.

의상 스님은 "구세십세호상즉"을 다음과 같이 설명한다.

> 넷째, '시간[世時]을 기준으로 하여'라는 것은, 이른바 구세는 과거의 과거·과거의 현재·과거의 미래·현재 의 과거·현재의 현재·현재의 미래·미래의 과거·미래 의 현재·미래의 미래세이다. 삼세가 상즉하고 더불어 상입하여 그 일념을 이루니, 총과 별을 합하여 이름 붙인 까닭에 십세가 된다. 일념은 현상으로서의 순간 [事念]을 기준으로 하여 설한 것이다.

四約世時者 所謂九世者 過去過去 過去現在 過去
未來 現在過去 現在現在 現在未來 未來過去 未
來現在 未來未來世 三世相卽及與相入 成其一念
搃別合明(名)故爲十世 一念者 約事念說也.

(『일승법계도』)

여기서 '넷째'란 자리행의 연기분을 여섯 부문으로 나누어 설
명하는 가운데 넷째이다. 여섯 가운데 첫째는 연기의 체, 둘째는
다라니의 이용, 셋째는 사법을 기준으로 한 것임은 이미 보았다.

시간을 기준으로 무애연기를 설명함에 있어서 순간과 무량겁
의 관계처럼 구세와 십세도 상즉에 비중을 두어 '호상즉'이라 한
다. 과거·현재·미래의 삼세에 각각 과거·현재·미래의 삼세가 있
어서 합하여 구세가 된다. 그리고 삼세가 상즉하고 상입하여 일
념을 이룬다. 이 일념이 총이고, 총인 일념과 별인 구세를 합하
여 십세가 된다. 그리하여 삼세가 걸림없고 구세와 십세가 걸림
없어서 "구세십세호상즉"이다.

따라서 '십세'란 총상의 순간[念]을 말하는 제십세第十世이기
도 하고, 총별을 합하여 말하는 십세이기도 하다.(『진기』) 그래서
구세가 상즉·상입하여 십세를 이루는 것이기도 하고, 십세를
기준으로 하여 지금 서로 상즉·상입하는 것이기도 하다.(『대기』)

설잠 스님은 "일념과 다겁多劫이 동시여서 걸림이 없는 까닭에, 삼세 가운데 각각 삼세를 갖추되 평등한 일세(世)에 융합하고, 법과 법이 항상 머물되 서로 사무쳐 걸림이 없다."(『법계도주』)라고 한다. 유문 스님도 "삼세가 각각 삼세를 갖추어 구세이고 현재 일념이 제십세가 되며, 원융한 십세가 다 일념 중에 갖추어져 있는 까닭에 서로 상즉한다."라고 한다.

이러한 "구세십세호상즉"의 경증에 해당하는 『화엄경』의 법문으로서는 무엇보다 「이세간품」의 다음 교설을 들 수 있다.

> 불자여, 보살마하살이 열 가지로 삼세三世를 설함이
> 있으니 무엇이 열인가? 이른바 과거세에 과거세를 설
> 하고, 과거세에 미래세를 설하고, 과거세에 현재세를
> 설하며, 미래세에 과거세를 설하고, 미래세에 현재세
> 를 설하고, 미래세에 무진無盡을 설하며, 현재세에 과
> 거세를 설하고, 현재세에 미래세를 설하고, 현재세에
> 평등을 설하며, 현재세에 삼세가 곧 일념[三世卽一念]
> 임을 설하니, 이것이 열이 된다. 보살이 이로써 널리
> 삼세를 설한다.

여기서 '무진'은 미래세이고, '평등'은 현재세를 뜻한다. 삼세에

범어사 비로전 비로자나불좌상(왼쪽).
불국사 비로전 금동비로자나불좌상(8세기 중엽)(오른쪽).

각각 삼세를 설하여 구세이고, 삼세가 한순간인 일념과 합하여
십세이다. 이처럼 삼세에 근거하여 십세를 설하니 삼세가 곧 십
세이고, 십세가 곧 삼세이다.

경에서는 또 십세인 삼세가 걸림없음을 다양하게 설하고 있다.

過去是未來   과거시미래

해주 스님의 법성게 강설

未來是過去　　미래시과거

現在是去來　　현재시거래

菩薩悉了知　　보살실요지 (「보현보살행품」)

과거가 미래이고

미래가 과거이며

현재가 과거와 미래이니

보살이 다 요달해 안다.

過去一切劫　　과거일체겁

安置未來今　　안치미래금

未來現在劫　　미래현재겁

迴置過去世　　회치과거세 (「이세간품」)

과거 일체 겁을

미래와 현재에 두고

미래와 현재의 겁을

과거세에 돌린다.

去來及現在　　거래급현재

一切十方佛　　일체시방불
靡不於身中　　미불어신중
分明而顯現　　분명이현현 (「이세간품」)

과거 미래 현재의
모든 시방세계 부처님이
몸 가운데 분명하게
나타나지 않음이 없다.

　이처럼 삼세가 구세이고 한순간임을 의상 스님은 다음의 꿈 비유로도 보이고 있다.

　어느날 밤 꿈에 이미 돌아가신 아버지와 (나와) 아직 태어나지 않은 아들이 각각 셋이어서 아홉이 있었으나, 깨어났을 때 이를 보니 다만 한순간[一念]의 마음 [心] 가운데 있는 것과 같다. 이 마음 가운데 한쪽을 나누어 아버지로 하고, 한쪽을 나누어 나로 하고, 한쪽을 나누어 아들로 한 것이 아니라 모두 한마음에 있다. 의거함을 따라서 곧 아홉 사람을 거두니 서로 아는 바가 없으나 아홉 사람의 다름이 끊어져 없는 것은 아니다.

또 한순간 외에 셋을 세워 있음으로 하고 여섯을 세워 없음으로 하는 것이 아니라, 있음과 없음이 같은 자리로서 한순간이며 있음과 없음이 다른 것이 아니다. (『도신장』)

여기서 아버지는 과거이고 나는 현재이고 아들은 미래이다. 이 셋에 각각 셋이 있어서 아홉이고, 모두가 꿈속의 한순간이라는 것이다. 또 다섯 지위를 기준으로 서로 바라보아 구세를 논하기도 한다. 지엄존자가 의상 스님에게 말씀하기를, 할아버지와 아버지 그리고 아들과 손주와 함께 지붕에 기와를 얹었는데 깨어보니 꿈이었다고 한다. 할아버지와 아버지는 위에 올라가 지붕을 덮고, 아들과 손자는 아래에서 기와를 나르며, 자기는 중간에 있으면서 기와를 전해 준다는 이야기이다.(『지귀장원통초』)

할아버지·아버지·나·아들·손자는 그제·어제·오늘·내일·모레의 다섯 지위로 말할 수 있고, 이 다섯 지위가 서로 바라보아 구세가 된다. 이를 도시하면 다음 〈표 3〉과 같다.

할아버지	그제	과거의 과거
아버지	어제	현재의 과거
		과거의 현재
나	오늘	현재의 현재
		과거의 미래
		미래의 과거
아들	내일	현재의 미래
		미래의 현재
손자	모레	미래의 미래

〈표 3〉에서도 보이듯이 과거에도 과거와 현재와 미래가 있고, 현재에도 과거와 현재와 미래가 있고, 미래에도 과거와 현재와 미래가 있다.

할아버지는 과거의 과거이다. 아버지는 오늘 나의 입장에서 보면 과거이므로 현재의 과거이고, 아버지 자신의 입장에서 보면 현재이므로 과거의 현재이다. 나는 당체를 기준으로 하면 현재의 현재이고, 아버지나 할아버지 입장에서는 미래이니 과거의 미래이고, 아들이나 손자의 입장에서 보면 과거이니 미래의 과거이다. 아들은 나의 입장에서 미래이므로 현재의 미래이고 아들 자신의 입장에서는 현재이므로 미래의 현재이다. 손자는 미래의 미래이다.

그리고 이 모든 일이 다 한순간 꿈속의 일이니, 현재 일념에 지나지 않는다. 구세에서의 현재의 현재는 별상이고 구세가 무애인 현재 일념은 총상으로서, 총별이 원융하여 상즉이다.

'나'의 경우도 현재의 현재임과 아울러 과거의 미래이고 미래의 과거이니, 오늘의 '나'는 현재일 뿐만 아니라 동시에 과거이기도 하고 미래이기도 하다. 또한 순간순간의 현재와 모든 세월이 온전히 하나임을 "구세십세호상즉"에서 보여주고 있다.

一乘法界圖 合詩一印 （槃詩）

一一即多一即一微量坐死
一即一切多即一微量劫九涅
即多切一切一量劫九世槃
多中一即多即量劫九世相常
切一即一切即劫九世相諸共
一即多即一切九世相諸法和
即一切多即世相諸法不是
一切多中一相諸法不動故
中多中一中諸法不動本界
多切一中多法不動本來實
切一中多切不動本來寂寶
一中多切一動本來寂無殿
中多切一中本來寂無名窮
多切一中來寂無名無坐

十方一切坐中亦即融知性非真實
含即念一如即無所甚絶寂隨宝
坐是劫即是至二智初切來隨性家
微遠量无是相無甚微无名性得
一量劫九世相諸法不動本中一以

成別隔亂雜不仍

初發心時便正覺生死涅槃常共和
理事冥然無分別十佛普賢大人境
能仁海印三昧中繁出如意不思議
雨寶益生滿虛空眾生隨器得利益
是故行者還本際叵息妄想必不得
無緣善巧捉如意歸家隨分得資糧
以陀羅尼無盡寶莊嚴法界實寶殿
窮坐實際中道床舊來不動名爲佛

제14구

仍 → 不 → 雜 → 亂 → 隔 → 別 → 成

14

법성게 제14구
잉불잡란격별성 仍不雜亂隔別成

연기 제법이 시간적으로 무량겁이 한순간이고 한순간이 무량겁이며, 삼세가 동일하고 구세·십세가 상즉함을 앞에서 보았다. 그러면서도 "그로 인해 뒤섞여 어지럽지 않고 나누어져 따로 이룬다."고 한다. 「법성게」 제14구 "잉불잡란격별성仍不雜亂隔別成"이다.

"뒤섞여 어지럽지 않다[不雜亂]"는 것은 시간이 체가 없고 체가 없어 상이 없는 까닭이다. 이를 설잠 스님은 "체體가 있으면 곧 섞임이 있고 상相이 있으면 곧 어지러움이 있다. 체가 없으면 곧 상이 없는 까닭에 무용無用이 용用이 되고, 무용이 용이 되는 까닭에 그 용이 다하지 않는다."고 한다. 그 용의 측면에서 삼세·구세가 상입하게 되는 것이다. "나누어져 따로 이룬다[隔別成]"는 것은 "구세십세호상즉"의 삼세간 법이 각각의 자리를 움직이지 않고 분명히 드러나, 십세가 완연함을 말한다. (『법성게과주』)

이 "잉불잡란격별성"은 십현문중 '십세가 법과 떨어져 달리 이루는 문[十世隔法異成門]'의 뜻을 기준한 것으로 간주된다.(『일승법계도원통기』) 삼세·십세가 구분됨이 격법隔法이고, 십세가 분명히 드러남이 이성異成이다.

이처럼 삼세와 십세가 비록 동시이나 삼세와 십세를 잃지 않는다. 격법이성은 십세가 그 각각의 자리에 있으니 그래서 서로 상입하는 측면에서 십세를 말한 것이라고도 하겠다.

다섯 지위로 삼세와 십세를 말할 경우에도 그 다섯 지위가 하나이지만 또한 각각의 지위를 잃지 않으니, 비유하면 마치 다섯 손가락을 구부려 쥐면 하나의 주먹이 되나 그렇다고 다섯 손가락이 없어진 것은 아닌 것과 같다고 한다. (『일승십현문』)

『화엄경』에서는 과거가 미래이고 미래가 과거이며, 현재가 과거이고 미래임을 설하면서, 다음과 같이 또 과거·현재·미래가 서로 들어감[相入]도 설하고 있다.

過去未來劫入現在劫	과거미래겁입현재겁
現在劫入過去未來劫	현재겁입과거미래겁
過去劫入未來劫	과거겁입미래겁
未來劫入過去劫	미래겁입과거겁

長劫入短劫 　　　　　장겁입단겁

短劫入長劫 　　　　　단겁입장겁 (「십지품」)

과거와 미래겁이 현재겁에 들어가고

현재겁이 과거와 미래겁에 들어가며

과거겁이 미래겁에 들어가고

미래겁이 과거겁에 들어가며

긴 겁이 짧은 겁에 들어가고

짧은 겁이 긴 겁에 들어간다.

一切衆生心　　일체중생심

普在三世中　　보재삼세중

如來於一念　　여래어일념

一切悉明達　　일체실명달 (「보살명난품」)

일체중생의 마음이

널리 삼세 가운데 있으니

여래가 일념에

일체를 다 밝게 요달하시도다.

佛一毛孔中	불일모공중
無量衆生住	무량중생주
各自受苦樂	각자수고락
而不知去來	이부지거래 (「노사나품」)

부처님의 한 털구멍 가운데
한량없는 중생이 머물러서
각각 스스로 고락을 받으나
가고 옴을 알지 못한다.

위와 같이 삼세겁이 서로 들어가고, 일체 중생심이 삼세 가운데 있으며 무량 중생이 고락을 받기도 한다. 삼세의 삼세간이 원융하여 하나이지만 낱낱 삼세간 법이 각각 그대로 드러나는 것이다. 삼세간 중 지정각세간은 교화하는 주체이고, 중생세간은 교화받는 대상이다. 기세간은 의보로서 국토 등 소의처所依處이다.

「세계성취품」에서는 일체 세계가 이루어지는 열 가지 인연을 설하고 있는데, 그 중에 여래의 위신력과 보살의 원력, 그리고 중생의 업력 등이 주목된다. 여래와 보살 등 지정각세간과 중생인 중생세간이 있고, 불보살의 위신력과 원력 그리고 중생의 업력 등으로 인하여 기세간이 펼쳐지는 것이다.

균여 스님은 『지귀장원통초』에서 일승에서는 법이 원만함을 세우는 까닭에, 시간이 법과 나뉘어 있으나 법이 흘러가지 않으므로 시간도 흘러가지 않는다고 한다. 그리고 그 이해를 돕기 위해 다음 두 가지 이야기를 전한다.

그 하나는 부처님께서 범마달왕에게 왕 앞에 누워있는 개는 왕의 과거 몸이고, 부처님은 왕의 미래라 하셨다는 『영락경』 말씀이다. 또 하나는 지통 스님이 태백산 미리암 굴에서 나무로 빚어진 존상을 모시고 화엄관을 닦고 있었는데, 존상이 "방금 동굴을 지나간 멧돼지는 그대의 과거 몸이고 나는 곧 그대의 당래 과보의 부처이다."라고 하신 말씀을 듣고, 삼세가 하나임을 깨달아 의상 스님에게서 「법계도인」을 전수받았다는 것이다.

이 일에 대해서 균여 스님은 과거의 개에 사람과 부처를 갖추고, 현재의 사람에 개와 부처를 갖추고, 미래의 부처에 개와 사람을 갖춘다고 한다.

『지통기』의 이본으로 간주되는 『화엄경문답』에서는 이를 구세·십세와 연관시켜 설명하였다. 과거의 삼세 중 과거의 과거란 곧 스스로의 당체가 축생이고, 과거의 현재는 곧 그 축생이 현재의 사람이며, 과거의 미래는 곧 그 축생이 미래의 부처임을 말한다. 현재의 삼세 중 현재의 과거란 곧 현재의 사람이 과거의 축생이고, 현재의 현재는 곧 이 사람이 스스로의 당체가 사람이며, 현재의 미래는 곧 현재의 사람이 미래의 부처임을 말한다. 미래의 삼세 중 미래의 과거는 곧 그 부처가 과거의 축생이고, 미래의 현재는 곧 그 부처가 현재의 사람이고, 미래의 미래는 곧 미래의 부처가 스스로의 당체가 부처임을 말한다. 이 구세법이 곧 일념이기 때문에 제십세가 되고 총별을 합하여 십세가 된다. 이것은 즉문卽門에 의한 설명인데 중문中門도 준해서 알 수 있을 것이라고 한다.

『총수록』「남악관공기」에서는 십세격법을 법계의 유전하는 도리라고 한다. 이 유전하는 연기도리가 매우 깊음을 「보살문명품」에서 문수보살과 각수보살의 문답으로 잘 보여준다. 문수보살이 각수보살에게 "심성은 하나인데 어찌하여 갖가지 차별이 있는지[心性是一 云何見有種種差別]"를 질문한다. 말하자면 선취에도 가고 악취에도 가며, 제근이 원만하기도 하고 모자라기도 하는 등이다. 이어서 또한 업과 마음 내지 지혜와 경계 등이 서로 알지 못하는 점에 대하여 의문을 제기하고 있다. 이에 대해 각수보살이 연기도리로 대답하니, 심성은 하나이나 인연 따라 차별이 있다는 것이다. 그래서 제법이 작용도 없고 체성도 없어서 서로 알지 못한다고 한다.

이에 "법성은 본래 생함이 없으나 나타내 보여서 생함이 있으

범어사 조사전. 의상(왼쪽) 원효(오른쪽).

니, 이 가운데는 나타내는 이도 없고 또한 나타나는 사물도 없
다.[法性本無生 示現而有生 是中無能現 亦無所現物]"라고 한다. 심성
은 불보리지혜의 법성으로서 본래 무생이다. 그런데 중생들이
다르고, 중생이 사는 곳도 다르고, 육근이 다르고, 즐거움과 괴
로움도 다 다르다. 그 차별적인 것은 인연 따라 생긴 것이다. 인
연 따라 생긴 것은 인연 따라 없어진다. 그래서 인연 따라 생긴
차별상은 환과 같은 가유이고, 연기된 모든 것은 공해서 자성이

없는 무성이다. 그러므로 차별적 존재는 단지 망심 분별로 있는 것일 뿐, 망심 분별을 버리면 무분별 지혜가 드러나고 평등한 불 세계에서 안주하게 된다는 것이다.

의상 스님과 그 법손들은 이 심성 즉 법성심이 '습기를 지나 는 바다[濕過海]'의 마음이라고 한다. 바다에 의해 일어난 파도 가 다 삼세간이니, 융삼세간의 삼세간인 것이다. 삼승에서는 바 다가 습기를 자성으로 하는 물을 본체로 하므로 바다가 습기에 머무르지만, 일승화엄에서는 바다의 체성이 무성無性이므로 바 다가 습기를 지난다고 한다. 『대기』에서는 원효 스님이 의상 스 님을 만나서 이 습기를 지나는 바다의 갖가지 마음[濕過海種種 心]의 뜻에 대한 의심을 해결하였다고 전한다.

아무튼 이러한 "잉불잡란격별성"의 경계에 대하여 설잠 스님 은 다음과 같이 주석을 이어가고 있다.

> 삼세三世를 건립함도 나에게 있고 한순간에 거두어들
> 임도 나에게 있으니, 삼세가 일시一時이고 일시가 삼
> 세이다. 예전과 다르지 않으면서 곧 새롭고 새로움과
> 다르지 않으면서 바로 예전이니, 일체一體로 뻗쳐 있
> 어 고금古今에 간격이 없다.
> 소림의 소식이 끊어졌는가 했더니, 복숭아꽃은 여전

히 봄바람에 웃고 있다.[將謂少林消息斷 桃花依舊笑春風]

(『법계도주』)

삼세가 한 때이나 삼세로 이어지고, 예와 지금이 간격이 없이 하나이나 고금이 여전히 이어짐을 알 수 있다.

십세가 찰나 일념에 다 들어있고 삼세와 십세가 동시이니 매 순간 현재에 충실하면 된다. 그러면서도 또한 삼세와 십세가 없지 않고 각기 완연하다. 그러므로 매사 오늘의 나에게만 기준을 둘 것이 아니라 각자의 입장을 이해하고 배려해야 할 것이다. 예로 '눈높이 교육'이라든지 '역할 바꾸기 놀이' 등도 그러기 위한 노력의 일환이라 하겠다.

모든 연기된 존재는 가유이고 무성이다. 착각하면 없는 뱀 때문에 다치기도 하고, 깨달으면 무상 속에서 영원을 살기도 한다. 매일 같은 해인데 또 새해가 되듯이 나날이 새마음으로 공덕짓는 새날이 되길 바란다.

一乘法界圖 合詩一印（槃詩）

初 發 心 時 便 正 覺

法性圓融無二相　諸法不動本來寂
無名無相絶一切　證智所知非餘境
真性甚深極微妙　不守自性隨緣成
一中一切多中一　一即一切多即一
一微塵中含十方　一切塵中亦如是
無量遠劫即一念　一念即是無量劫
九世十世互相即　仍不雜亂隔別成
初發心時便正覺　生死涅槃常共和
理事冥然無分別　十佛普賢大人境
能入海印三昧中　繁出如意不思議
雨寶益生滿虛空　衆生隨器得利益
是故行者還本際　叵息妄想必不得
無緣善巧捉如意　歸家隨分得資糧
以陀羅尼無盡寶　莊嚴法界實寶殿
窮坐實際中道床　舊來不動名爲佛

제15구

初 → 發 → 心 → 時 → 便 → 正 → 覺

15

법성게 제15구
초발심시변정각 初發心時便正覺

십세十世가 상즉하여 하나이나 또한 각기 상입하는 십세가 있듯이, 십세의 삼세간법 또한 원융하나 지정각세간·중생세간·기세간 등의 삼종세간이 각기 다르기도 하다. 화엄법계는 융삼세간불融三世間佛로서 전체가 법성신法性身인데 이를 바로 알지 못하는 미혹 중생을 위하여, 의상 스님이 진성眞性으로 마음을 삼아 법성을 증득하도록 수행 방편문을 시설한 것이 진성수연의 연기문緣起門이다.

이 연기문의 다섯째는 연기 제법을 계위[位]에 근거하여 밝힌 것이다. 「법성게」 제15구인 "초발심시변정각初發心時便正覺"과 그 다음 구절이 이에 해당한다. "처음 발심할 때가 문득 정각이다."라고 하니, 이 계위는 시작과 끝이 하나인 계위 없는 계위이다. 하나와 일체, 원인과 결과, 시작과 마지막 등이 다르지 않은 것과 같이 초발심과 정각 역시 상즉의 도리에 해당한다.

이 "초발심시변정각"의 경증에 해당하는 법문으로는 『화엄경』 「범행품」의 다음 구절이 주목된다.

처음 발심할 때 문득 정각을 이루어 일체법의 진실한 성을 알아서 지혜 몸을 구족하되 다른 이를 말미암아 깨닫지 아니한다.

初發心時 便成正覺 知一切法眞實之性 具足慧身 不由他悟. (「범행품」 12)

만약 보살들이 이와 같이 관행이 상응하여 모든 법에 두 가지 알음알이를 내지 아니하면, 일체 불법이 빨리 현전하여 초발심시에 곧 아뇩다라삼먁삼보리를 얻는다. 일체법이 곧 마음의 자성인줄 알아서 지혜의 몸을 성취하되 다른 이를 말미암아 깨닫지 아니한다.

若諸菩薩 能與如是觀行相應 於諸法中 不生二解 一切佛法 疾得現前 初發心時 卽得阿耨多羅三藐 三菩提 知一切法卽心自性 成就慧身 不由他悟.

(「범행품」 16)

해주 스님의 법성게 강설

그리고 「초발심공덕품」에서도 보살의 초발심공덕이 그 무엇과도 견줄 수 없을 정도로 한량없는 것은 "이 초발심보살이 곧 부처인 까닭[此初發心菩薩 卽是佛故]"이고, "초발심으로 바로 부처되기 때문[以是發心 當(卽)得佛故]"이라고 한다.

발심은 발보리심이고 발아뇩다라삼먁삼보리심의 준말로서, 아뇩다라삼먁삼보리를 얻으려는 마음을 내는 것이다. 아뇩다라삼먁삼보리는 무상정등정각無上正等正覺으로 번역되니 부처님의 위없고 바른 깨달음이다. 그러므로 보리심은 깨달을 보살의 마음이기도 하고 깨달으신 부처님의 마음이기도 하니, 보리심을 내는 것이 곧바로 보리 즉 깨달음을 얻고 쓰는 것이다.

의상 스님은 이러한 초발심보살의 공덕을 수십전유로 설명하였으니, "초발심시변성정각은 일전이 곧 십전인 것과 같다.[如一錢卽十故]"라고 한다. 이는 수행의 체를 기준으로 설한 까닭에 상즉하는 것이다.

그러면 처음 발심하는 자리는 어디인가? 의상 스님은 「반시」에서 「법성계」의 첫 글자와 마지막 글자를 한가운데에 같이 둠으로써 초발심시변정각의 도리를 그려 보이고 있다. 신심을 구족하여 발심한 보살과 정각을 이루신 부처님이 같은 자리이다. 이같이 초발심과 정각의 자리가 하나인 것을 육상으로 밝히고 있다.

계위(지위)를 기준으로 한다는 것은 육상의 방편으로
써 뜻에 따라서 풀어나가면 이해할 수 있다. 육상은
위에서 설함과 같다.

約位者 以六相方便 隨義消息 卽可解也 六相者 如
上說. (「일승법계도」)

육상이란 앞에서 설명한 바와 같이 총상·별상·동상·이
상·성상·괴상이다. 전체와 부분, 같고 다름, 이룸과 무너짐 등
이 원융하여 둘이 아닌 것이 육상원융이다. 이 육상은 보살수행
과 제법의 연기다라니를 나타내는 도리일 뿐만 아니라, 법성의
집[法性家]에 들어가는 중요한 문으로 지정각의 법성세계를 보이
는 것임을 의상 스님은 강조하고 있다.

설잠 스님은 참성품[眞性]이 생겨남이 없고 자성이 없으며 연
기도 없어서 상대가 끊어짐을 확연히 알아서, 이와 같이 발심하
고 이와 같이 행하는 까닭에 초발심시에 원만하고 원만한 불과
를 이미 두루 마친 것이 초발심시변정각이라 한다.

『화엄경』의 수행계위는 보통 42위 또는 52위로 보고 있다. 52
위라 함은 십신·십주·십행·십회향·십지·등각·묘각을 일컫는
다. 42위라 함은 십신을 본격적인 보살계위에 넣지 않고 전체 보
살도를 지지하는 토대로 간주한 것이다. 이외에도 신·해·행·증

의 4위, 보현22위 등으로 나누어 보기도 한다. 보현22위란 6도인과六道因果와 소승인과 내지 원교圓敎인과 등을 합한 것으로서 이 모두가 보현보살의 경계라는 것이다.

수행계위에서 42위나 52위 중에 발심하는 자리는 십주 초의 초발심주이다. 그런데 발심이 반드시 초주에 한정되는 것만은 아니다.「십주품」에서 불지혜가 현전함을 얻어서 삼세제불가에 머무르는데[住三世諸佛家], 이 일이 초주에서만이 아니라 초지와 제4지[生如來家]에서도 이루어지고 있다. 수행법이 계위에 따라 차례로 닦아가는 항포 차제도 있지만 하나가 곧 전체인 원융 수행도 있는 것이다.

의상 스님은 육상의 도리에 의해 볼 때, 비록 원인과 결과인 신信·해解·행行·회향回向·지地·불佛의 6위六位가 각각의 자리를 움직이지 아니하되 앞과 뒤가 없다고 한다.「현수품」에서도 신信이 열반무상도를 개시한다고 하니, 자심自心이 부처인줄 철저히 믿는 청정한 신심으로 발심하고 정각을 이루는 것이다.

『대기』에서는 보현22위 중 어느 한 지위를 따라 선악의 마음을 일으키는 것이 처음 발심함이 되니 곧 이것이 바로 정각이라고 한다. 선한 마음만이 아니라 악한 마음을 일으키는 것으로도 초발심과 정각이라 할 수 있는 것은 보현22위가 다 머무름 없는[無住] 지위이므로 처음 악한 마음을 일으키는 때에 미래의 부처님의 과위를 거둠에 이르기 때문이며, 그 대표적인 예로 만족왕(무렴족왕, 감로화왕) 선지식의 여환如幻법문을 들고 있다.

무렴족왕은 선재동자가 찾아갔을 때 나쁜 짓을 한 자에게 형벌을 가하고 있었다. 손과 발을 끊기도 하고 귀와 코를 베기도 하고 불로 지지기도 하는 등 저지른 죄에 따른 형벌로 참상이 지옥과 같았다. 선재동자는 그 상황을 보고 무렴족왕이 선지식이라는 것을 잠시 의심하였을 정도였다. 그런데 무렴족왕은 여환해탈문을 얻었기에 중생들이 악업을 끊고 아뇩다라삼먁삼보리심을 내게 하려는 환화幻化의 방편을 보인 것이었다.

이 선지식 외에도 탐욕의 방편을 사용하는 바수밀다녀, 어리석음의 방편을 사용하는 승열바라문도 환화 방편을 쓰는 대표적인 역행 보살로 간주되고 있다.

아무튼 어떤 지위를 따라서 선악의 마음을 일으키는 것이 문득 정각이라는 것은 앞서 미혹했다가 뒤에 깨달음을 말하는 것이 아니고 다만 본래 깨달음이기 때문이다. 『진수기』에서는 "나의 몸과 마음을 바른 깨달음이라고 이름할 뿐이니 십주十住의 지위에 의거함이 없다."고 한다. 그러므로 초발심시변정각하여 지혜의 몸을 구족하되 다른 이의 깨우침을 말미암지 않는다는 것이다.

그러면 발심과 필경이 다르지 않으나 발심이 더 어렵다는 그

오대산 상원사 문수동자상.

보리심이란 구체적으로 무엇이며 어떻게 일으킬 수 있는가?

「초발심주」에서는 발심의 인연을 열 가지로 설하고 있다. 보살이 부처님의 상호가 단엄하심을 보고 발심하며, 혹 가르침을 듣고 발심하며, 혹 중생들의 심한 고통을 보고 발심하는 등이다. 그리고 부처님의 열 가지 지혜를 구하고자 발심하니 '옳은 도리와 옳지 않은 도리를 아는 지혜[是處非處智]' 내지 '삼세의 번뇌가 널리 다한 지혜[三世漏普盡智]' 등이다. 이 뿐만 아니라 경에서는 발심의 인연이 거듭거듭 설해져 있으니, 삼보와 중생 등 일체가 발심의 계기가 될 수 있다고 하겠다.

「입법계품」에서 선재동자의 발심은 자신의 깊은 신심이 문수보살의 미묘한 지혜방편과 만나 이루어진다. 문수사리보살이 중생을 발심시키고 교화할 때 문수사리동자로 불리기도 하니, 어린아이와 같이 어리석은 중생을 위한 동사섭의 모습이다.

보리심과 그 공덕에 대해서는 미륵보살이 아주 다양한 비유로 설법하고 있다. 보리심은 종자와 같으니 모든 불법을 내며, 보리심은 깨끗한 물과 같으니 모든 번뇌의 때를 씻는다는 등 118상으로 한량없는 보리심의 공덕을 보이고 있다. 그러고는 선재동자를 비로자나장엄장 누각으로 인도하여 해탈문을 얻게 한다. 『법계도주』에서는 선재동자가 법계를 여의지 아니하고 일백 성城을 두루 거치고 초심을 넘지 아니한 채 미륵보살의 누각에 올랐다고 읊고 있다.

「반시」의 융삼세간불은 삼세간이 곧 부처님의 몸과 마음임을 뜻한다. 그런데 처음 발심할 때 비로소 정각을 이룬다는 것은, 비록 예로부터 부처이나 발심할 때라야 비로소 부처임을 알기 때문이다. 비유하면 꿈에 온갖 곳을 돌아다니지만 몸은 잠자리에서 한 발자국도 움직인 적이 없다는 사실을 꿈을 깬 뒤라야 아는 것과 같다.

발심이 얼마나 중요한지 아무리 강조해도 지나치지 않다고 하겠다. 발심이 곧 정각이니 발심 후의 행은 그대로 보리의 용用이고 여여행如如行이다. 초발심은 자기 마음[自心] 속의 부처님 지혜의 표출인 것이다.

生
死涅槃常共和

覚不人境中事益　是故
意思大能昧眞利者　界實
如議普海印三得還　實寶
出寶雨海印別眞本　殿窮
絮正普印三昧生際　坐實
理事益生滿虚空　匹息
益十方一切塵中　妄想
成中是劫即一如　必不
隔合即无是是　捉如
別坐无量遠劫即　无緣
隔微量九世十世　善巧
乱一一多切一即一　捉如
初一一即多切一中多　意
發中是劫即无量劫一　念

生性甚深極微妙
心寶佛普賢大人境
仏法僧圓融無二相
不守自性隨緣成
無名無相絶一切
證智所知非餘境
諸法不動本來寂

제16구

生 → 死 → 涅 → 槃 → 常 → 共 → 和

16

법성게 제16구
생사열반상공화 生死涅槃常共和

의상 스님이 연기분의 진성으로 증분의 법성을 거듭 보여 수행자로 하여금 법성을 증득하도록 방편을 시설하고 있는 가운데, 계위에 의거하여 다시 "생사열반상공화生死涅槃常共和"를 설하고 있다. "생사와 열반이 항상 함께이다."라는 「법성게」 제16구이다.

'초발심시변정각'은 발심이 곧 불과를 원만히 한 것이다. 따라서 열반에 머무르는 때에 항상 생사에 떠돌고 생사에 떠돌 때에 항상 열반에 머무르므로, 생사와 열반이 항상 함께이다.(『법기』)

流轉則生死　유전즉생사
非轉是涅槃　비전시열반
生死及涅槃　생사급열반
二皆不可得　이개불가득

유전하면 생사이고
유전하지 않음이 열반이다
생사와 열반
두 가지를 다 얻을 수 없다.

虛誑妄說者	허광망설자
生死涅槃異	생사열반이
迷惑賢聖法	미혹현성법
不識無上道	불식무상도 「보살운집묘승전상설게품」

생사와 열반이 다르다고 속여
망령되이 말하는 자는
현인과 성인의 법을 미혹하여
위없는 도를 알지 못한다.

위 게송과 아울러 "생사열반상공화"의 경증에 해당하는 예로
아래 경문을 더 들어 본다.

불자여, 이 보살이 이와 같은 삼매의 지혜력을 얻고
대방편으로 비록 생사를 시현하되 항상 열반에 머무

른다.

佛子 此菩薩 得如是三昧智力 以大方便 雖示現生
死 而恒住涅槃. (「십지품」)

불자여, 보살마하살이 열 가지 경계에 자재함이 있다.
무엇이 열인가? 이른바 …… 열반경계에 있으면서 생
사경계를 여의지 않는다.

佛子 菩薩摩訶薩 有十種境界自在 何等為十 所謂
〈中略〉 在涅槃境界而不離生死境界. (「이세간품」)

선남자여, 보살이 만약 능히 열 가지 법을 부지런히
닦으면 능히 이와 같은 해탈을 증득할 것이다. 무엇이
열인가? …… 셋째는 응당 지혜로써 생사와 열반이
동일한 모양임을 평등하게 관찰하는 까닭이다.

善男子 菩薩若能勤修十法 則能證得如是解脫 何
等為十 〈中略〉 三者 應以智慧 平等觀察生死涅槃同
一相故. (「보현행원품」)

비록 능히 생사와 열반이 둘이 없고 다름이 없음을
요달하나, 항상 선교로 중생을 요익케 한다.

雖能了達生死涅槃無二無別 而常善巧饒益衆生.
(「보현행원품」)

보살마하살도 이와 같아서 생사에도 머무르지 않고
열반에도 머무르지 아니하며, 또한 다시 생사의 흐름
에도 머무르지 아니하면서 능히 이 언덕의 중생을 실
어 건네서 저 언덕의 안온하고 두려움 없으며 근심과
고뇌가 없는 곳에 안치한다.
菩薩摩訶薩 亦復如是 不住生死 不住涅槃 亦復不
住生死中流 而能運度此岸衆生 置於彼岸安隱無
畏 無憂惱處. (「십행품」)

생사란 중생들이 미혹 번뇌의 업력으로 여기서 죽어 저기서
태어나면서 육도에 떠돌며 뭇 고통을 받는 것이다. 반면 열반이
란 모든 번뇌의 불이 다 꺼져 적정한 상락常樂의 경지이다.
　그러므로 생사는 뛰어넘고 멀리 여의며, 생사 고통은 끊어지
길 바란다. 수행의 목적도 일체중생이 생사 고통을 여의고 열반
의 즐거움을 얻는 것[離生死苦 得涅槃樂]으로 간주하고도 있다.
부처님께서는 이 생사 고통에서 중생을 건져주시려고 출현하신
것이다.

　　　　　　해주 스님의 법성게 강설

그런데 경에서는 또 생사와 열반이 둘이 아니고 다름이 없으니 동일상이라서 항상 함께임을 설하고 있다. 의상 스님도 생사와 열반이 항상 함께임을 깨달아 걸림없고 자재하게 한다. "일체걸림없는 사람은 한 길로 생사에서 벗어난다.[一切無礙人 一道出生死]"(「보살명난품」)라는, 그 일승의 경계라 할 것이다.

『대기』에서는 분단생사와 변역생사를 합해 생사라 하고, 대승의 네 열반과 『화엄경』의 열 열반을 합해 열반이라 한다. 분단생사는 중생이 자신의 지은 업에 따라 윤회하면서 겪는 생사이고, 변역생사란 성자들이 삼계의 생사 윤회하는 몸을 여읜 이후 중생 교화행으로 성불에 이르기 전까지 겪는 생사이다. 그리고 네 열반은 본래 청정한 열반·머무름이 없는 열반·남음이 있는 열반·남음이 없는 열반 등이고, 열 열반은 「이세간품」에서 부처님께서 열 가지 뜻으로 나타내시는 대반열반이다. 이 생사와 열반은 서로 알지 못하며 하나로서 무분별이므로 항상 함께라는 것이다.

생사와 열반 또한 수즉수須卽須와 무측無側의 오척신 자체임을 알 수 있다.

"생사와 열반이 항상 함께이다."라는 것은, 만약 계위에 의거하여 말하면 적멸한 열반의 체가 연을 좇아

생사를 이루니, 생사를 이루는 때가 곧 성품이 청정
한 열반의 체이기 때문이다.

일승을 기준으로 하면 곧 생사와 열반이 본래 스스
로 있는 것이 아니라 내가 필요로 하는 연에 있다. 무
엇인가? 생사의 연을 필요로 하는 가운데 곧 열반을
갖추고, 열반의 연을 필요로 하는 가운데 곧 생사를
갖추기 때문이다.

[문] 무엇이 생사이고 무엇이 열반인가?

[답] 생사가 곧 그대의 몸이고, 열반이 곧 그대의 몸
이다. (『진기』)

생사와 열반이 필요로 하고 구하는 대로 연을 따라 이루어지
고, 하나를 들면 전체가 일어나는 무측이라서, 생사를 들면 열
반을 갖추고 열반을 들면 생사를 갖추어 생사와 열반이 항상
함께이다. 다시 말해서 생사가 곧 열반이고 열반이 곧 생사이니,
생사에 떠도는 몸이 곧 열반의 오척신임을 알 수 있다.

제법은 필요로 하는 연 따라 이루어진다는 수즉수 법문과 하
나를 들면 전체가 따라 일어나서 그 옆에 아무것도 없다는 무
측 법문은, 의상 스님과 의상계 화엄교학의 특징 중 하나이다.
그리고 그 모든 존재는 오척법성에 계합하여, 일체 법이 바로 나

의 몸과 마음임도 누누이 강조된 바이다.

이러한 생사와 열반의 경계를 설잠 스님은 다음과 같이 설하고 있다.

> 만약 생사를 논한다면 바로 이것이 보현의 경계이고,
> 만약 열반을 논한다면 바로 이것이 속박된 윤회이다.
> 자, 말해 보라. 열반과 윤회가 서로 떨어진 거리가 얼마나 되는가? 무명의 실제 성품이 곧 불성이고, 환화의 헛된 몸이 곧 법신이다.
> 若論生死 卽是普賢境界 若論涅槃 卽是具縛輪廻
> 且道 涅槃與輪廻 相去幾何 無明實性卽佛性 幻化
> 空身卽法身. (『법계도주』)

생사가 바로 보현보살의 경계이고 열반이 바로 속박된 윤회로서, 열반과 윤회가 서로 떨어져 있지 않다. 이 경계를 설잠 스님은 영가현각(永嘉玄覺, 665~713) 스님의 『증도가』를 인용하여 '무명실성이 곧 불성이고 환화공신이 곧 법신'임을 보이고 있다.

『법성게과주』에서는 "생사열반상공화"를 염정무애의 연기문에 배대하고 있다. 진眞과 망妄이 하나이며 범부와 성인이 둘이 없어서, 천 파도가 다투어 일어남이 보현행의 바다이고, 이것이

연기의 대용으로서 전수문全收門의 극치라 한다.

이러한 "생사열반상공화" 도리를 확연히 깨닫지 못한다면 여전히 의문이 남을 수 있다. 생사는 허망하고 물든 범부세계이며 열반은 청정하고 진실한 성인의 해탈세계인데, 염오와 청정이 따로 없고 범부와 성인이 둘이 아니라면, 삼악도의 원인인 십악十惡 등의 업도 닦아야 할 대상이 되는가?

『대기』에서는 이러한 질문을 제시하고 "초발심시변정각"의 경우처럼 또 만족왕 선지식의 일을 예로 들어 풀어주고 있다. 만족왕 즉 무렴족왕이 참혹한 일을 벌인 것이 선지식의 실제 법문이라는 것이다. 그런데 무렴족왕 선지식의 법문을 환과 같은[如幻] 법문이라고 한 것은, 다만 삼승의 모습을 따라서 그와 같이 말한 것일 뿐이다. 또 죄와 복이라 말한 것도 나와 남을 실제로 집착하는 지위를 기준으로 하여 말한 것일 뿐, 만약 이 집착을 여읜다면 일체의 죄와 복이 환과 같고 공空과 같다는 것이다. 환화가 실제이고 또 실제가 환화임을 알 수 있다.

의상 스님은 생사와 열반에 집착하지 않음을 무착불無著佛이라 하고, 무착불을 안주세간성정각불安住世間成正覺佛이라고 부른다. 세간에 안주하면서 정각을 이루신 부처님이다. 이 경계는 세간의 생사에 있으면서 열반에 머무르고 열반에 머무르면서 생사를 따르는 것이다.

해주 스님의 법성게 강설

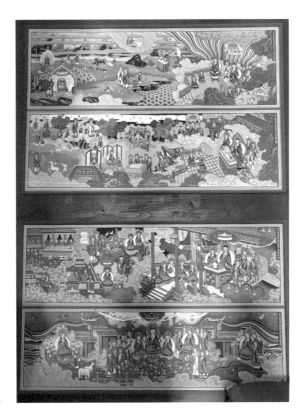

화엄경변상도.
봉녕사 대적광전.

　이를 달리 말하면 세간에 안주하므로 열반에 머무르지 않
고, 정각을 이루므로 생사에 머무르지 않는다. 부주생사不住生
死 부주열반不住涅槃이니 생사와 열반을 둘 다 얻을 수 없다. 이
점은 무주無住가 바로 무착이고 무착의 무주 도리로, 태어나고
죽는 그것이 그대로 여여한 열반임을 깨달을 수 있게 해 준다고
하겠다.

一乘法界圖 合詩一印 (槃詩)

死涅槃常共和是故界實窮坐
生意如出繁理益行實寶際中
便雨普海入三昧眞寶殿道床
正思賢隨器得莊嚴法舊來
覺意大能境中事窮叵息不動
心宝佛蔴虛空眾生隨妄名
時雨益生滿虛得利想為
發心別隔乱隔別還本必佛
十成初方一坐中亦不得
中是劫即念一如亦捉如意
合即念一即是旡所知非餘境
坐旡遠量旡是旡二智甚切眞
微量劫九世十互相即本來性
一一即切一中多切一中多成隨

제17구
理 → 事 → 冥 → 然 → 無 → 分 → 別

17

법성게 제17구
이사명연무분별 理事冥然無分別

「법성게」 제17구 "이사명연무분별理事冥然無分別"은 다음 구절인 "십불보현대인경十佛普賢大人境"과 함께 진성수연의 경계를 총체적으로 결론지어 말씀한 연기분의 총론總論이다.

　의상 스님이 스스로 「법성게」 30구를 분과한 내용을 다시 한번 인용하여, 자리행의 범주를 재차 살펴보기로 하자.

> 글(「법성게」)에 7언 30구가 있다. 이 중에 크게 나누어 셋이 있으니, 처음 18구는 자리행에 근거한 것이고, 다음 4구는 이타행이며, 다음 8구는 수행자의 방편과 이익 얻음을 변별한 것이다.
> 초문(자리행)에 둘이 있으니, 첫 4구는 증분을 나타내 보인 것이며, 다음 14구는 연기분을 나타낸 것이다.

이(연기분) 가운데 처음 2구는 연기의 체를 가리킨 것이다. 둘째, 다음 2구는 다라니의 이理와 용에 근거해서 법을 포섭하는 분제를 가린 것이다. 셋째, 다음 2구는 사법[事]에 즉하여 법을 포섭한 분제를 나타낸 것이다. 넷째, 다음 4구는 시간[世時]에 근거하여 법을 포섭하는 분제를 보인 것이다. 다섯째, 다음 2구는 계위[位]에 근거하여 법을 포섭하는 분제를 나타낸 것이다. 여섯째, 다음 2구는 위의 뜻을 총체적으로 논한 것[總論]이다. 비록 6문이 같지 아니하나 오직 연기다라니법을 나타낸 것이다.

「법성게」에서 연기분의 총론이란 앞에서 도시한 〈표 1〉에서도 보이는 바와 같이, 연기분인 교분敎分을 결론 맺는 것이다. 증분은 "증득한 지혜로 알 바이고 다른 경계가 아니다."라고 맺고 있다.

위에서 증분과 연기분에 해당하는 「법성게」 구절의 경증으로 보이는 『화엄경』 문구를 약간 소개했는데, 각 구절에 해당되는 경문은 그 내용만이 아니라, 이 총론의 경우처럼 『화엄경』 전반에 걸쳐있다고 하겠다. 단, 크게 나누어 보아 불세계가 증분이라면 보살세계는 연기분에 해당한다고 볼 수 있다.

해주 스님의 법성게 강설

"이理와 사事가 그윽하여 분별이 없다."라는 "이사명연무분별"을 총론이라 한 것은, 연기 제법이 비록 많은 법이 있으나 이와 사를 벗어나지 않기 때문이다.(『진기』)

여기서 '이'는 무엇이고 '사'는 무엇인가? '이'와 '사'가 어째서 '명연무분별'인가? '이'는 이법이고 원리이고 체성이며, '사'는 현상이고 사건이고 사물이다. 「법성게」에서 "생사열반상공화" 다음에 "이사명연무분별"을 읊고 있다. 그래서 『법기』에서는 "생사는 성품이 없으니 열반으로써 성품을 삼고 열반은 성품이 없으니 생사로써 성품을 삼는 것이니, 곧 생사와 열반이 성품이 없는 것은 이理가 되고 성품이 없는 생사와 열반이 사事가 된다. 그리고 연기가 성품이 없는 것은 '이'이고, 성품이 없는 연기는 '사'이다. '이' 역시 진성의 '이'이며, '사' 역시 진성의 '사'이다. 그러므로 그윽하여 분별이 없다."라고 한다.

다시 말하면 '이'가 곧 '사'이고 '사'가 곧 '이'이며, '이' 가운데 '사'이고 '사' 가운데 '이'이다. 의상 스님의 강설을 받아 적은 『지통기』와 그 이본으로 간주되는 『화엄경문답』에서는 보법普法 즉 화엄의 이사를 다음과 같이 언급하고 있다.

보법에서 사事와 이理란, 이가 곧 사이고 사가 곧 이이며, 이 가운데 사이고 사 가운데 이이므로, 즉卽과

중中 가운데 자재하다. 비록 사와 이가 섞이지 않으
나 그윽하여 둘이 없다. …… 이와 사의 경우처럼 사
와 사도 역시 그러하다. 심心으로 말하면 일체의 법이
심 아님이 없고, 색色으로 말하면 일체의 법이 색 아
님이 없다. 나머지 일체의 인과 법, 교와 의義 등 모든
차별 법문도 모두 그러하다. 왜냐하면 연기다라니의
무장애법은 하나의 법을 들면 일체를 다 거두어 걸림
없이 자재하기 때문이고, 하나가 없으면 일체가 없기
때문이다.

화엄보법에서 이와 사가 상즉하고 상입해서 명연무분별하니
사와 사도 그러하다. 그것은 하나를 들 때 일체를 다 거두어 무
측無側이기 때문이라는 것이다. 의상 스님은 이를 또한 수즉수
須卽須의 도리로 설명하고도 있으니 필요한 연을 따라 이와 사
를 달리 말할 수 있다. 오척五尺으로 말할 경우 오척이 사라면
그 무애는 이理를 뜻할 수도 있고 이것과 반대일 수도 있다는
의미이다.

『원통기』에서는 티끌[塵]과 시방十方, 순간[念]과 겁劫 등이 모
두 사법事法이지만 즉卽과 입入이 걸림없다는 것은 이理에서 다
르지 않기 때문이라고 한다. 만약 오직 이理를 기준으로 한다면

해주 스님의 법성게 강설

한 맛이기 때문에 즉입卽入할 만한 것이 없으며, 만약 오직 사를 기준으로 하면 서로 걸리기 때문에 즉입할 수 없으니, 이와 사가 그윽하여 다르지 않음을 말미암아야 비로소 걸림없음을 얻기 때문에 "이사명연무분별"이라고 한다.

의상 스님은 이러한 "이사명연무분별"을 이사무애理事無礙 · 사사무애事事無礙 · 이이무애理理無礙의 셋으로 밝히고 있다. 서로 상즉하고 상입하므로 무애이다. 이이무애理理無礙는 의상 스님의 독특한 무애관으로 간주되는데, 사事가 이理이고 또 사事 중의 이理이기 때문이다.

그리고 의상 스님은 사사무애의 십현문을 일승이 삼승과 다른 이유로 들고도 있다. 십현문은 육상원융과 아울러 화엄의 사사무애 법계연기를 설명하는 대표적인 연기문이다.

십현문 가운데 동시구족상응문이 총상이라면 나머지 아홉은 별상으로서 총별원융이다. 의상 스님은 동시구족상응문이 인법人法 · 이사理事 · 교의敎義 · 해행解行 · 인과因果 등 열 가지[十門]를 갖춘다고 한다. 낱낱 사법에 이 열 가지가 동시에 구족해서 상응하는 것이다. 이 열 가지는 십보법十普法이라고도 하는데, 반드시 이 열 가지만이 아니라 서로 반대되거나 대립적으로 보이는 모든 것이 걸림없음을 뜻한다. 열은 원만수이기 때문이다.

별상의 아홉 연기문도 그 가운데 십보법을 갖춘다. 단지 인다라망경계문은 비유를 따라 다를 뿐이며, 비밀은현구성문秘密隱顯俱成門은 연緣, 미세상용안립문은 연의 상[緣相], 십세격법이성문은 시간[世], 제장순잡구덕문諸藏純雜具德門은 사事, 일다상용부동문은 이理, 제법상즉자재문은 용用, 수심회전선성문隨心廻轉善成門은 마음[心], 탁사현법생해문은 지智를 따라 다를 뿐이라고 한다.

여기서 비밀은현구성문은 숨은 것과 드러난 것이 함께 이루어져 있는 문이고, 제장순잡구덕문은 모든 창고[십무진장]에 순수한 것과 잡박한 것이 공덕을 갖춘 문이다. 일다상용부동문은 하나와 많은 것이 서로 용납하되 같지 않은 상입문이고, 제법상즉자재문은 모든 법이 상즉하여 자재한 문이다. 수심회전선성문의 수심은 유심唯心이니 마음 따라 일체가 이루어짐을 말하며, 탁사현법생해문은 현상계 존재에 의탁하여 법을 나타내어 이해를 내게 하는 문이다.

이 십현문은 후에 고십현문이라 불리게 된다. 법장 스님 이래 그 명목이 약간 수정된 신십현문에는 유심회전선성문과 제장순잡구덕문 대신 주반원명구덕문主伴圓明具德門과 광협자재무애문이 추가되었다. 그리고 '비밀은현'의 자구를 수정하여 '현밀은료'로 바꾸었다.

'주와 반이 두렷이 밝아서 덕을 갖춘 문'과 '넓고 좁음이 자재

문수보살과 복성동방대탑. 화엄경 제62권 변상도(봉녕사 제공).

하여 걸림없는 문'의 둘로 변경된 것은 십현문이 이사무애가 아니라 사사무애임을 더 확실히 하고자 한 것으로 보인다. 또 마음따라 이루어지는 것은 단지 십문 중 하나가 아니라 모든 문에 다 해당되는 점에 주목한 것이라 하겠다. 십현연기의 사사무애도 진성수연의 연기 제법을 총체적으로 결론지은 "이사명연무분별"의 경계이다.

　그래서 『법계도주』에서는 "이理를 설하고 사事를 설함이 비록 천 가지가 있으나, 깊고 깊은 진성과 자성을 고수하지 않는다는 것에 지나지 않을 따름이다. 진성의 이는 묘용이 항상 그러하고 진성의 사는 법과 법이 항상 원융하다."라고 한다. 그리고 이

러한 이와 사를 문수보살과 보현보살의 불이不二 경계로 나타낸
다. 설잠 스님은 이어서 연기할 때에 분명 자성이 없으나 자성
이 없는 곳에서 언제나 연기하는 이러한 도리에 대해, 「증도가」
의 말을 빌어서 "하나의 지위가 일체의 지위를 구족함이니 물질
[色]도 아니고 마음[心]도 아니며 행하는 업[行業]도 아니다."라고
맺고 있다.

　이상 언급한 "이사명연무분별"의 뜻을 부연한다면, 진성수연
의 연기제법은 이사무애이고 이이무애이며 사사무애이다. 사사
무애란 모든 현상계의 법과 법 일체가 진성으로서 상즉하고 상
입하여 걸림없는 것이다. 의상 스님은 이러한 무애도리로 연기
분을 총체적으로 결론 맺고 있다.

　그러므로 "이사명연무분별"은 특히 존재와 존재가 걸림없는
사사무애의 연기문이다. 연기된 모든 존재는 진성이 연 따라 이
루어진 것이니 그 존재세계는 참된 세계인 것이다. 수심隨心의
심은 진성이며 여래장자성청정심이다. 더 나아가 여래의 성품이
그대로 일어나 만덕을 구족하고 있는 여래성기구덕심如來性起具
德心과 다르지 않으니, 진성이 바로 법성인 것이다. 진성수연의
연기가 법성원융의 성기性起에서 벗어나지 않음을 알 수 있다.

　　　　　　　　　　　　　　해주 스님의 법성게 강설

18

법성게 제18구
십불보현대인경 十佛普賢大人境

현실대긍정의 세계를 분명하게 보여주는 "이사명연무분별"은 바로 열 부처님[十佛]과 보현보살의 대인 경계이다. 법성게 제18구인 "십불보현대인경十佛普賢大人境" 또한 제17구와 함께 연기분의 총론에 해당한다.

『화엄경』 교설을 경의 제목에 주목하여 크게 둘로 나누어 볼 때, 불세계(대방광불)가 증분이라면 보살세계(화엄)는 연기분에 해당한다고 하겠다. 불보살의 인과관계도 연기분에 속한다. 십불十佛은 일체 부처님이고, 보현보살은 불과와 다르지 않은 인행의 보살로서 모든 보살을 거두어 대표하는 보살이다.

「법성게」의 "십불보현대인경"이 연기분의 총론이라 함은 십불의 경계도 보현보살과 함께 연기분이라는 것이다. 그러나 의상스님은 또 십불 자체는 법성원융을 달리 표현한 구래불의 구체

제2부 「법성게」 7언 30구 210자   295

一乘法界圖 合詩一印 〔槃詩〕

法性圓融無二相
諸法不動本來寂
無名無相絕一切
證智所知非餘境
真性甚深極微妙
不守自性隨緣成
一中一切多中一
一即一切多即一
一微塵中含十方
一切塵中亦如是
無量遠劫即一念
一念即是無量劫
九世十世互相即
仍不雜亂隔別成
初發心時便正覺
生死涅槃常共和
理事冥然無分別
十佛普賢大人境
能入海印三昧中
繁出如意不思議
雨寶益生滿虛空
衆生隨器得利益
是故行者還本際
叵息妄想必不得
無緣善巧捉如意
歸家隨分得資糧
以陀羅尼無盡寶
莊嚴法界實寶殿
窮坐實際中道床
舊來不動名爲佛

제18구
十 → 佛 → 普 → 賢 → 大 → 人 → 境

적인 경계인 것으로 설명하고 있다.(이 십불에 대해서는 「법성게」마지막 구절의 구래불 설명에서 말씀드리기로 한다.) 이처럼 십불이 증분세계이지만 연기분에서 보이고 있는 것은 일단 보살과 상대적인 인과관계의 측면에서 언급한 것이라 하겠다.

『진수기』에서는 연기분의 총론에 "십불보현대인경"이라고, 십불이 포함된 점에 대해서 다음과 같은 문답으로 풀이한다.

> [문] 연기분은 오직 보현보살의 경계인데 어째서 열 부처님[十佛]을 말하는가?
> [답] 부처님의 밖으로 향하는 마음이 보현보살의 마음과 그윽이 합하여 나뉘지 않기 때문에, 바로 보현보살을 취하고 나뉘지 않는 뜻 가운데서 아울러 열 부처님을 들었을 뿐이다.

부처님의 밖으로 향하는 마음이 바로 보현보살의 마음이라서 두 마음이 나뉘지 않는다는 점에서 십불을 보현보살과 같은 연기분에 두었다는 것이다.

『대기』에서는 총론 2구가 교분 즉 연기분의 대의를 맺는 것임과 아울러 증분과 교분의 대의를 통틀어 맺는 것이라고 확대해석하기도 한다. 십불의 위대한 성인의 경계를 연기분의 총론이라 한 것은 연기분 역시 십불이 밖으로 향하는 문이기 때문이다. 그리고 총론이 증분과 연기분을 통틀어 맺는 것이라 함은 '증분과 교분의 두 법은 예부터 중도이고, 하나로서 무분별이다.'라는 말씀에 근거하고, 또 '십불과 보현보살의 위대한 성인의 경계'라고 한 까닭이라는 것이다. 그리고 이 경계를 이사理事와 연계하여 다음과 같이 해석하고 있다.

> 증분을 기준으로 하면 부처님의 증득한 마음으로 이理를 삼고, 나타나는 바인 세 가지 세간의 법으로 사事를 삼는다. 또 연기분 중에서 머무름 없는 본법은 이理가 되고, 22위二十二位는 사事가 된다.
> 그러므로 증분의 이理와 사事가 무분별한 것은 십불의 위대한 성인의 경계이며, 교분의 이理와 사事가 무분별한 것은 보현보살의 위대한 성인의 경계이다.

22위란 육도·소승·대승·일승원교 등의 인과를 합한 22인과를 말하며, 이 22위는 모두 보현위普賢位에 포섭된다. 여기서 증분은 오직 십불의 경계이고 교분 중에서는 십불을 말하지 않은 것은 안으로 향하면 십불이고 밖으로 향하면 보현보살이기 때문이라고 한다. 십불의 외화外化가 보현이라면 보현의 내증內證

문수·보현보살과 선재. 화엄경 제80권 변상도(봉녕사 제공).

이 십불이라서 내증과 외화를 통틀어 총론하였다고 함을 알 수 있다.

균여 스님은 "안으로 증득함은 오직 십불의 경계이므로 다른 경계가 아니며, 연기분도 또한 십불의 경계이므로 십불보현대인경이라 한다."(『원통기』)라고 해석하고 있다. 연기분의 세계는 보살행을 통해 드러나고 모든 보살을 거두어 대표되는 보살이 보현보살이다.

그러면 『화엄경』에서 보현보살은 어떤 보살이며 어떤 역할을 하고 있는지를 좀 더 구체적으로 살펴보기로 하자.

첫째, 보현보살은 부처님의 세계, 깨달음의 세계에 대해 설하는 설주說主 보살이다. 『화엄경』은 두 품을 제하고는 다 부처님께서 광명으로 설법하신다. 그리고 그 광명설법 내용을 청법 대중 가운데 대표되는 보살이 다시 한 번 언설로 설해 보이고 있으니, 그 보살을 설주 또는 법주라고 한다.

설주로서는 『약찬게』에서도 거론하고 있듯이 보현·문수·법혜·공덕림·금강당·금강장보살들이다. 이 가운데 보현보살은 증분에 해당하는 불佛과 깨달음 세계를 말하고, 보현보살 이외 다른 보살들은 연기분에 속하는 보살도를 말하는 설주이다.

법혜·공덕림·금강당·금강장보살들의 설법내용은 차례로 십주·십행·십회향·십지의 보살도이며, 그 설처는 도리천·야마천·도솔천·타화자재천의 천상이다. 이 천궁4회설은 향상일로의 일승보살도이다.

그리고 문수보살은 보살도 중에 특히 중생으로 하여금 신심을 원만히 해서 발보리심하게 하는 보살이다. 중생을 발심케 하는 그 특별한 지혜가 미묘하다고 하여 문수보살의 지혜를 묘혜妙慧라고 한다.

문수보살이 설주인 제2회의 설처는 보현보살이 등각·묘각 경계를 설하는 장소와 동일한 보광명전普光明殿이다. 신심을 설하는 장소가 각覺을 설하는 장소와 똑같은 보광명전인 것은 중생이 신심으로 발심해서 성불하는 것이 중생에게 부처씨앗인 불성이 있기 때문에 가능함을 상징적으로 보여주는 것이라 하겠

다. 문수보살의 묘혜는 발심하게 되는 중생들에게 이미 갖추어
져 있는 것이다.

둘째, 보현보살은 문수보살과 함께 『화엄경』의 대표적인 두 보
살[兩大菩薩]로 일컬어진다. 더 나아가 이 두 보살은 서로 다르지
않으니, 보현보살이 문수보살이고 문수보살이 보현보살이다.

「여래출현품」에서는 세존께서 미간의 백호상으로부터 놓으신
광명[如來出現]이 문수[如來性起妙德]보살의 정수리로 들어가고,
입으로 놓으신 광명[無礙無畏]이 보현보살의 입으로 들어간다.
그리고 문수보살의 질문으로 보현보살이 여래출현법을 설하고
있다. 문수보살의 질문에 따라 보현보살이 답하는 내용이 바로
문수보살의 정수리로 들어간 광명설법인 성기묘덕 즉 여래출현
법이다. 또 보현보살의 입으로 말씀한 것이 부처님의 입으로부
터 놓으신 광명설법이다. 이로 볼 때 문수보살과 보현보살의 경
계가 다르지 않다고 하겠으니, 문수와 보현이 동시에 부처님 경
계를 드러내고 있는 것이다.

셋째, 보현보살도 선재동자의 선지식이다. 「입법계품」에서 선
재동자가 문수보살에게서 발심하여 선지식을 역참해서 해탈법
문을 듣고 마지막으로 보현보살을 친견하고 그 여정이 일단락된
다. 선재동자는 차례로 보현보살의 행과 원의 바다를 믿어서 보
현보살과 평등하고 부처님과 평등하며, 세계와 평등하게 된다.

넷째, 보현보살의 주처 즉 선재동자가 보현보살을 만난 장소는 다른 선지식들의 주처와는 색다르다. "보현보살의 몸은 허공과 같아서, 참됨을 의지해 머물고 국토가 아니다. 모든 중생들의 마음에 하고자 하는 바를 따라서, 넓은 몸을 나타내어 일체에 평등하다.[普賢身相如虛空 依眞而住非國土 隨諸衆生心所欲 示現普身等一切]"라는 「보현삼매품」의 게송에서 보현보살의 주처를 알 수 있다.

다섯째, 보현보살은 모든 보살을 대표한다. 보현보살행은 보살행의 총상으로서 모든 보살행을 다 거둔다. 선재동자가 선지식에게 보살도를 물을 때 열 번씩 반복하고는 통틀어 보현행을 묻고 있다. 예를 들면, "보살은 어떻게 보살행을 배우며, 어떻게 보살행을 닦으며, 어떻게 보살행에 나아가며, 어떻게 보살행을 행하며, 어떻게 보살행을 깨끗이 하며, 어떻게 보살행에 들어가며, 어떻게 보살행을 성취하며, 어떻게 보살행을 따라가며, 어떻게 보살행을 생각하며, 어떻게 보살행을 더 넓히며, 어떻게 보현의 행을 빨리 원만케 합니까?"라고 한다. 보현행으로 모든 보살행을 거두고 있는 것이다.

여섯째, 『화엄경』의 모든 수행이 통틀어 보현보살의 열 가지 행원으로 일컬어지니 보현보살의 십종대원이다.(40권 『화엄경』) 보현보살은 선재동자에게 열 가지 대원을 일러주면서 계속 실천하도록 한다. 법계에서 법계에 들어간 선재동자는 중생들이 부처님의 공덕을 이루어 법계에 들어갈 수 있도록 끝없는 원을 펼치게 된다. 모든 부처님께 예경하고 찬탄하며 내지 널리 회향하는 원 등 십대원十大願이다. 균여 스님은 보현십원가(11수)를 통해 보현행원이 민중들에게 널리 퍼지게 하였다.

회향하는 원 역시 『화엄경』에서 열 가지로 설하는데, 이를 보리회향·실제회향·중생회향의 삼처회향三處廻向으로 거두어 묶을 수 있다. 닦은 공덕을 깨달음으로 돌리고, 본래자리인 실제로 돌리고, 모든 중생들에게 돌려서 그 공덕이 원만하게 하는 것이다. 그래서 사찰에서 기도 때마다 "삼처에 회향해서 다 원만하여지이다.[廻向三處悉圓滿]"라고 축원하고 있다.

이상과 같은 불보살의 대인 경계에 해당하는 연기분의 세계를 설잠 스님은 다음과 같이 읊고 있다.

대인의 경계를 알고자 하는가?
마침 사람이 있어 천태로부터 왔다가 도리어 남악으로 간다.
要見大人境界麼 適有人 從天台來 却從南岳去.
(『법계도주』)

중생들이 여기서 저기로 일상 오가는 모든 일이 바로 대인 경계 그 자체임을 설파한 것이다.

우리의 일상사가 바로 불세계의 장엄인 보현보살의 경계이다. 『화엄경』에서 "다른 이의 깨달음을 말미암지 않는다.[不由他悟]"고 자주 말씀하고 있다. 연緣따라 수행하고 일구어내는 모든 것이 본래 자기에게 구족되어 있는 것이다. 일용사란 바로 그 구족되어 있는 것이 나타난 경계임을 알 수 있다. 진성이 연 따라 나타난 존재 모두가 참성품을 구족하고 있는 대인大人인 것이다.

19

법성게 제19구
능입해인삼매중 能入海印三昧中

「법성게」 제19구인 "능입해인삼매중能入海印三昧中"은 그 다음 세 구절을 포함하여 이타행을 밝힌 것이다.

능입能入은 능인(能仁 또는 能人)으로 전해지기도 한다. 능인能仁은 석가모니불의 의미이고, 능인能人은 '교화하시는 분[能化之人]'으로서 부처님을 뜻하니, 이 두 가지 경우는 다 "부처님의 해인삼매 가운데서"로 번역된다. 여기서는 능입을 택하여 "능히 해인삼매에 들어가서"로 번역한다. 해인삼매는 물론 부처님의 삼매이다.

의상 스님은 이 해인삼매를 읊은 구절을 포함하여 「법성게」 전체와 「법계도인」을 합한 「반시」 자체를 다음과 같이 해인삼매와 연결시키고 있다.

一乘法界圖 合詩一印 〔槃詩〕

死涅槃常共和是
生意如出繁理
覺思大人境中事利者
正議普賢入能
便雨普海印三昧
時寶佛
心益生蒲虛空
發成別隔乱雜
初方一切坐中勿
十即念一如亦
合是劫即一如即
中遠即是相
坐无量无东二智
微劫九世十相不
一一即多切一即

（中央 강조 부분）
海印三 / 入 / 能 / 境 中 / 昧

제19구

能 → 入 → 海 → 印 → 三 → 昧 → 中

해주 스님의 법성게 강설

도인(「반시」)에 의거한 것은 석가여래의 가르침의 그물에 포섭되는 세 가지 세간이 해인삼매로부터 번다하게 나타난 것임을 표현하려고 한 까닭이다.

『화엄경』 교설 자체가 해인삼매에 의해 이루어졌고 지금도 비로자나불이 해인삼매 속에서 『화엄경』을 설하고 계신다고 한다. 「약찬게」에서도 화엄의 전법륜이 해인삼매의 힘 때문이라고 한다.[根本華嚴轉法輪 海印三昧勢力故]

의상 스님이 「반시」로 보이고 있는 화엄법계의 세 가지 세간도 해인삼매에 의한 것이다. 그래서 「반시」 그림에 대한 설명에서 해인삼매에 대해 언급한 바 있으나, 이제 이타행을 펼치는 자리에서 한 번 더 해인삼매의 경계를 상기해 보기로 한다.

「법성게」에서 읊은 해인삼매에 대한 의상 스님의 설명을 다시 인용해 본다.

둘째는 이타행 중에 나아감이니, '해인海印'이란 비유를 들어서 이름 붙인 것이다. 무엇인가? 큰 바다는 매우 깊고 밝고 맑아 밑바닥까지 비치니, 천제天帝가 아수라와 싸울 때 모든 병사들과 모든 무기들이 그 가운데에 나타나 분명히 드러남이 마치 글자를 도장 찍

은 것과 같기 때문에 '해인'이라고 이름한 것이다. 능
히 삼매에 들어가는 것 또한 이와 같다. 법성을 완전
히 증득하여 밑바닥이 없어서 끝까지 청정하고 맑고
밝아서 세 가지 세간이 그 가운데 나타나므로 이름
하여 '해인'이라고 한다.

해인이란 잔잔한 큰 바다에 도장을 찍은 듯 온갖 물상이 다
비치는 비유에 의한 이름이다. 해인삼매는 법성을 완전히 증득
한 증분 불과의 삼매임을 분명히 하고 있으니,『화엄경』에서 이
타행은 '초발심시변정각' 이후에 펼쳐지는 오후悟後의 정각행임
을 말해 준다.
　『화엄경』「현수품」에서는 해인삼매를 다음과 같이 여섯 게송
으로 설하고 있다.

　　혹 어떤 찰토에 부처님이 안 계시면
　　거기에 시현하여 정각을 이루며
　　혹 어떤 국토에서 불법을 알지 못하면
　　거기서 묘한 법장을 연설한다.

　　분별도 없고 공용도 없으나

한생각 동안에 시방에 두루하되
달빛 그림자가 두루하지 않음이 없는 것같이
한량없는 방편으로 중생을 교화한다.

저 시방세계 가운데서
생각생각 시현하여 불도를 이루고
바른 법륜을 굴리고 적멸에 들며
내지 사리를 널리 분포한다.

혹 성문과 독각의 도를 나타내고
혹 성불하여 널리 장엄함을 나타내니
이같이 삼승교를 열어서
널리 한량없는 겁 동안 중생을 제도한다.

혹은 동남동녀의 모습과
천신과 용과 그리고 아수라와
내지 마후라가 등을 나타내어
그들이 즐기는 바를 따라서 다 보게 한다.

중생의 형상이 각각 다르고

경주 석굴암 본존불상.

해주 스님의 법성게 강설

행업과 음성 또한 한량없는데
이 같은 일체를 다 능히 나타내니
해인삼매의 위신력이다.

혹 부처님이 안 계시거나 법이 유통되지 않으면 그곳에 시현하여 정각 이루고 불법을 설하며, 중생들을 위하여 한량없는 방편으로 모든 몸을 나타내어 교화하는 일 등이 다 해인삼매의 힘에 의해서임을 찬탄한 것이다.

해인삼매의 경증으로서 다음의 「여래출현품」 교설 또한 주목된다.

불자여! 비유하면 큰 바다가 널리 능히 사천하 중 일체중생의 색신과 형상을 도장 찍듯 나타내므로 한 가지로 큰 바다라고 말한다. 제불보리도 또한 이와 같아서 널리 일체중생의 마음 생각과 근기와 성품과 욕락을 나타내되 나타나는 바가 없으므로 이름하여 제불보리라 한다.

如海印現衆生身   여해인현중생신
以此說其爲大海   이차설기위대해

菩提普印諸心行　　보리보인제심행

是故說名爲正覺　　시고설명위정각

바다가 중생의 몸을 도장 찍듯 나타내니

이로써 큰 바다라고 말한다.

보리도 널리 모든 마음 움직임을 도장 찍듯 나타내니

이 까닭에 이름하여 바른 깨달음이라고 한다.

　해인이 보리이고 정각인 그 바다는 부처님 정각의 보리심[佛正覺菩提心] 바다이며, 해인은 무분별·무공용의 무심 돈현頓現임을 알 수 있다. 해인삼매에 의한 삼종세간 역시 기세간해인·중생해인·지정각해인으로서 모두 다 해인이다. 큰 바다가 일체를 다 도장 찍듯 나타내나 실은 바닷물 뿐이듯이 보리심이 중생의 마음 움직임을 다 담아내나 일체가 부처님의 정각 보리심 자체이다.

　『법계도주』에서 이타의 해인에 대해서 '염부의 바다 가운데 있는 염부의 일체가 오직 하나의 큰 바다일 따름'이라고 한 것도 이 경계에 다름 아니라 하겠다.

　"능입해인삼매중"을 이타행에 배대한 것에 대해서 삼대기에서는 다양하게 풀이한다. 즉 해인삼매는 자리와 이타를 구족한다.

그리고 증분과 교분에 다 통하며, 선정의 안이므로 모습이 숨어있고, 스스로 증득하여 말을 여읜 것인데, 어째서 이타행이라 설하고 있는지 그 이유를 밝히고 있다.

『법융기』에서는 해인 가운데 자리와 이타를 구족하였으니, 세 가지 세간의 법에 섭입하는 것이 자리이고 세 가지 세간의 법을 나타내는 것이 이타라고 한다. 그러나 일승 가운데는 이타가 없다고도 한다. 왜냐하면 교화되는 중생이 바로 스스로의 안으로 증득한 오해五海 가운데 중생이기 때문에 근기에 응하여 일어나고, 교화하는 가르침도 스스로의 해인정海印定으로부터 일어난 바이기 때문이라는 것이다.

『진기』에서는 해인삼매가 스스로의 증득[自證]이어서 말을 여읜 것인데 이타利他의 처음에서 밝히는 까닭은, 이타의 연기는 별도의 자체가 없이 다만 열 부처님의 안으로 증득하신 해인에 의지하여 일어난 것임을 나타내기 때문이라고 한다.

『대기』에서는 해인이 증분과 교분에 다 통하기 때문에 교분에서 밝힐 뿐이며 동교와 별교를 갖추고 있어서 여의의 가르침을 설하니, 한 줄의 붉은 도인을 기준으로 하면 별교이나, 도인의 굴곡을 기준으로 하면 동교 중의 근기를 따른다고 한다.

의상 스님이 해인에 대해서 "구경에 청정하고 담연 명백하여 세 가지 세간이 그 가운데 나타난다."라고 하였으니, 해인삼매에 들어가 세 가지 세간을 번출하여 이타행을 펼치는 것이다.

이러한 해인삼매를 삼대기는 또 다섯 가지 해인[五重海印]으로 설명하기도 한다. 앞에서 언급한 것과 같이 『대기』에서는 『일승법계도』의 제목과 「법성게」 210자를 거듭 5중해인으로 설명하고, 「법성게」 가운데 이타행 4구를 또 다시 5중해인으로 설명하고 있다. 세 번 거듭 5중해인을 통해 해인의 일체를 상이 없는 망상해인忘像海印으로 포섭하고 있는 것이다.

"능입해인삼매중"도 해인삼매가 일체 세간을 다 나타내 보이는데 실은 세간의 어떤 상도 다 여의어 없다고 해서, 그림자를 여읜 영리해인影離海印이라 명명하니 망상해인의 다른 표현이기도 하다.

이상과 같은 해인삼매 역시 의상 스님이 천명한 법성의 도리와 상통함을 볼 수 있다. 의상 스님의 4세 법손인 숭업 스님은 해인거울에 나타나는 모습이 곧 '나'의 오척 되는 몸으로서 이 몸이 삼세간을 갖추어 달리 머무르는 곳이 없다고 한다. 그러므로 머무름이 없고[無住] 머무름이 없으니 움직임도 없다.[不動] 움직임이 없고 곁이 없는[無側] 나의 몸이 나타나는 모습이 바로 곧 해인 거울의 체이기 때문에 해인 거울을 얻을 때 모습이 없어지지 않는다. 무주이고 부동인 법성신이 해인삼매에 의해 십불로 출현한다.

해주 스님의 법성게 강설

『일승법계도』에서 "이법[理]에 의거하고 가르침[教]에 근거하여 반시를 지었다."고 밝힌, 그 이와 교를 『법융기』에서는 각각 망상해인과 현상해인으로 설명한다. 이법[理]은 부처님의 마음 가운데 삼세간을 증득하시지만 부처님의 증득하시는 마음은 하나로서 분별이 없기 때문에 망상해인이고, 가르침[教]은 부처님이 증득하신 삼세간의 법이 각자의 자리를 움직이지 않으며 성性이 중도에 있음을 분명하게 보이기 때문에 현상해인이라는 것이다.

물은 분별이 없으나 모든 사물을 그 모양의 차별을 따라서 다 나타내듯이, 부처님이 정각을 이루신 보리심해인의 그 마음으로 연 따라 자재하게 삼세간을 펼치는 것이 바로 이타행임을 알 수 있다.

一乘法界圖 合詩一斤 (槃詩)

法性圓融無二相　諸法不動本來寂
無名無相絶一切　證智所知非餘境
真性甚深極微妙　不守自性隨緣成
一中一切多中一　一即一切多即一
一微塵中含十方　一切塵中亦如是
無量遠劫即一念　一念即是無量劫
九世十世互相即　仍不雜亂隔別成
初發心時便正覺　生死涅槃常共和
理事冥然無分別　十佛普賢大人境
能人海印三昧中　繁出如意不思議
雨寶益生滿虛空　衆生隨器得利益
是故行者還本際　叵息妄想必不得
無緣善巧捉如意　歸家隨分得資糧
以陀羅尼無盡寶　莊嚴法界實寶殿
窮坐實際中道床　舊來不動名爲佛

제20구

繁 → 出 → 如 → 意 → 不 → 思 → 議

20

법성게 제20구
번출여의부사의 繁出如意不思議

「법성게」 제20구인 "번출여의부사의繁出如意不思議"는 두 가지 번역이 가능하다. 하나는 "번출의 여의함이 불가사의하다."이고, 다른 하나는 "여의를 번출함이 불가사의하다."이다.

'번출'이란 '번다하게 나타낸다', '번다하게 나타냄'이라는 의미이다. '여의'란 '뜻과 같이 자재하다', '뜻과 같이 자재함'이다. 즉 "번출의 여의함이 불가사의하다."란 "번다하게 나타내는 것의 자재함이 헤아리기 어렵다."는 것이다. 그리고 "여의를 번출함이 불가사의하다."란 "여의를 번다하게 나타냄이 헤아리기 어렵다." 또는 "여의를 다양하게 나타냄이 헤아리기 어렵다."는 것이다.

그러면 전자의 경우 무엇을 번출하는 것이고, 후자의 경우 '여의'는 무엇을 의미하는 것인가?

먼저 의상 스님이 뜻을 통틀어 도인을 해석한 설명에 의하면 번출된 것은 세 가지 세간이다. 삼세간三世間을 번출하는 것이다.

> [문] 어째서 도인에 의거하였는가?
>
> [답] 석가여래의 가르침의 그물에 포섭되는 삼세간[三種世間]이 해인삼매로부터 번다하게 나타난 것임을 표현하려고 한 때문이다. 삼세간이라는 것은 첫째는 기세간이고, 둘째는 중생세간이며, 셋째는 지정각세간이다. 지정각이란 부처님과 보살이다. 삼세간이 법을 다 포섭하기 때문에 다른 것은 논하지 않는다. 자세한 뜻은 『화엄경』에서 설하는 것과 같다. (『일승법계도』)

해인삼매에 의해 번출하는 것이 삼세간이니, 이 세 가지가 모든 것을 다 포섭하기 때문에 다른 것은 논하지 않는다는 것이다.

『진기』에서는 기器와 중생은 마땅히 세간이라고 하겠으나, 지정각은 이미 세간을 벗어난 것인데 어째서 세간이라 하는지를 묻고 있다. 그것은 비로소 정각을 이룬 때[時] 가운데[中] 삼세간의 법이 두렷이 밝게 나타나기 때문에 세간이니, 말하자면 때[時]는 세世이고 가운데[中]는 간間이기 때문이라고 한다.

삼세간의 법이 해인삼매로부터 번다하게 나타난 것은 전체가 본래 해인의 체를 여의지 않으니 삼세간 법이 곧 해인인 것이다.

해주 스님의 법성게 강설

경남 합천 해인사 전경. 화엄십찰.

이 삼세간은 곧 십신十身이고, 융삼세간은 십신무애이다. 십신이
란 중생신·국토신·업보신·성문신·독각신·보살신·여래신·지
신智身·법신·허공신이다. 이중 중생신과 업보신은 중생세간이
고 국토신과 허공신은 기세간이고 여타는 지정각세간에 거두어
진다. 기세간은 의지할 바의 곳[所依處]인 의보이고 지정각세간
은 교화하는 주체[能化主]이며 중생세간은 교화받는 대상[所化
機]이나, 의보와 정보가 둘이 아니고 불보살과 중생이 다르지 않

다. 삼세간이 다 융삼세간불이니 중생이 부처이고, 국토가 부처 몸이다. 두두물물이 십신무애의 부처님이다.

보살은 부동지不動地에서 중생의 좋아함을 따라서 이 열 가지 몸을 나타내어 중생을 교화하게 되며, 또 여래신에 열 가지 몸이 있음을 안다고 한다.(이 십불에 대해서는 마지막 구절 '구래불'에서 살펴보기로 언급한 바 있다.)

위 인용문에서 본 것처럼 삼세간이 다 부처님의 교망소섭教網所攝이다. 부처님이 가르침을 펴시는 일이 자재하므로 부처님의 가르침이 여의이고, "여의를 번출함이 불가사의하다."라고 "번출 여의부사의"를 해석할 수 있다.

> '여의를 번다하게 나타냄'이란 해인정으로부터 일어나는 가르침[教]을 여의로 삼는다. 이에 두 가지 뜻이 있으니, 첫째는 부처님의 뜻에 칭합하기 때문이고, 둘째는 중생의 뜻에 칭합하기 때문에 '여의'라 이름한다. '불가사의하다'란 불가사의한 내증內證으로부터 일어나고, 불가설의 중생 수에 응하여 일어나기 때문이다.
> (『법기』)

'번다하게 나타낸다' 등이란 순간순간마다 여의의 가

르침을 일으켜 미래가 다하도록 쉼이 없기 때문이다. 또 다만 일념에 법계를 온전히 거두어들여 곁이 없기 때문이다. 그러므로 '불가사의하다'고 말한다. (『진기』)

'여의를 번다하게 나타냄'이란 여의의 가르침의 붉은 인印이 근기에 응하여 나타나는 것이다. (『대기』)

'여의'를 부처님의 가르침으로 본 삼대기의 설명이다. 부처님의 가르침이 중생의 근기에 맞게 일어나므로 불가사의하다는 것이다. 해인정은 바다에 도장을 찍은 듯 일체 사물이 다 나타난다는 비유에 의한 불해인삼매이다. 바다만이 아니라 깨끗한 물이면 강이나 못이나 그릇에 담긴 물에도 일체 색상이 다 나타난다. 그러나 물은 스스로 분별함이 없으니 보살의 삼매도 스스로 분별함이 없다.(『화엄경』「현수품」)

부처님의 해인삼매처럼 보살의 삼매도 그러하니, 해인삼매의 힘에 의한 보살행이 모두 이타행이다. '초발심시변정각'이므로 십주·십행·십회향·십지의 보살도가 다 이타행이다.

균여 스님도 '여의'를 일음의 가르침[一音教]으로 정의하고 있다.

'여의'란 곧 일음의 가르침이니, 비유하면 큰 바다에 여의주가 있기 때문에 만물을 윤택하게 하고 여러 진귀한 보배를 비내려 일체를 이익되게 한다. 석가모니 부처님이 해인삼매 가운데 일음의 여의한 가르침으로 중생을 이익되게 하는 것도 또한 이와 같다. (『원통기』)

부처님의 일음一音을 「반시」에서는 도인이 한 줄로 이어진 것으로 나타내고 있다. 이 일음이 바로 여래성기음如來性起音이다. 부처님의 음성은 일음이지만 중생의 근기 따라 다름을 「반시」에서 도인이 한 줄이나 구불구불 54각인 것으로 표현하고 있다.

"번출여의부사의"에 대한 설잠 스님의 해석은 위의 전후 두 가지 측면이 다 반영된 것으로 보이기는 하나, 전자에 해당된다고 하겠다.

먼저 해인삼매 가운데서 일어난 법[所起之法]은 어떤 형상이며, 설해진 가르침[所說之敎]은 어떠한지를 다음과 같이 설명하고 있다.

해인정 가운데서 일어난 법은 성性도 아니고 상相도 아니며 이理도 아니고 사事도 아니며 부처[佛]도 아니고 중생衆生도 아니며 참[眞]도 아니고 거짓[假]도 아니나, 설해진 가르침은 곧 성性이고 곧 상相이며, 곧 이理이고 곧 사事이며, 곧 부처이고 곧 중생이며, 곧 참이고 곧 거짓이다.

위에서 해인삼매로부터 번출된 것이 삼세간임을 보았는데, 여기서는 성·상, 이·사, 부처·중생, 참·거짓 등 서로 상대적으로 보이는 법 즉 보법普法으로 제시되고 있다. 성이 아니면서 곧 성이고, 상이 아니면서 곧 상이며, 내지 참이 아니면서 곧 참이며, 거짓이 아니면서 곧 거짓이다. 해인의 형상은 곧 형상이 아닌 무분별의 형상이다. 모습이 나타나지 않은 영불현影不現이 곧 영현影現의 해인으로서 동시구족이다.

이어서 『법계도주』에서는 '여의부사의'를 일음과 교설의 특징으로 설명하고 있다.

한 소리[一音]로 펼쳐 말하지만 부류를 따라 각각 다르며, 부류를 따라 각각 다르지만 한 소리에 원만하게 섭수되어, 중생의 갖가지 마음으로써 중생의 갖가지 성품을 설한다. 식정識情으로 도달할 바가 아니며 사량으로 미칠 바가 아니니, 그러므로 '여의부사의'라고 하였다.

이것은 "여래의 한 음성 가운데 한량없는 음성을 내어 중생들의 차별한 마음을 따라 두루 이르러 그들로 하여금 해탈케 한다. 중생의 마음 그릇이 다르므로 차별하나 여래의 음성은 분별이 없고 동일한 해탈의 맛이다." 등의 「보왕여래성기품」(「여래출현품」) 교설과 부합함을 알 수 있다. 따라서 일체중생의 갖가지 음성과 말도 다 여래의 법륜 굴리신 교설을 떠나지 않음을 알 수 있다.

이러한 "번출여의부사의"의 경계를 설잠 스님은 다음과 같이 맺고 있다.

> 夜靜水寒魚不食　　야정수한어불식
> 滿船空載月明歸　　만선공재월명귀 (『법계도주』)

> 밤은 고요하고 물은 차서 고기 물지 않으니
> 배에 가득 공연히 달빛만 싣고 돌아온다.

이 게송은 어부송漁父頌으로 알려져 있는 당나라 선자덕성船子德誠이 읊은 사구게의 후반부 두 구를 인용한 것이다. 전반 두 구는 "천 자나 되는 낚싯줄을 곧장 드리우니, 한 물결이 일자 만 물결이 따라 인다.[千尺絲綸直下垂 一波纔動萬波隨]"이다.

밤이 고요하니 밤이 밤이 아니다. 물이 차가우니 물도 물이 아니다. 고기가 물지 않으니 고기가 고기가 아니다. 고기가 없으니 어부가 할 일이 없어 배에 달빛만 가득 싣고 돌아온다. 중생이 중생이 아니니 삼세제불이 할 일이 없다. 중생교화의 이타행도 구제받는 중생도 다 환과 같으며, 본래 둘이 아님을 알 수 있다.

「법성게」 전체를 법성과 관련시켜 해석한 유문 스님은 이타의 교화가 일미 법계의 융통무애한 법성 도리를 열어보여서, 법성원융의 자기 법신을 볼 수 있게 하므로 번출함이 자재하다고 한다.

이상에서 "번출여의부사의"란 부처님이 해인삼매 경계를 중생들의 근기 따라 삼세간의 보법으로 펼쳐 보이는 것이 자유자재함이 헤아리기 어렵다고 찬탄한 게송임을 알 수 있다.

一乘法界圖 合詩一印〔槃詩〕

死涅槃常共和　是故行者還本際
生意如出繁理　益故法意如捉巧
便議賢入三然　實隨家得嚴資際
正思普海昧實　隨器得還莊以中
覺不大印中得　本匹荘得無得道
時心宝雨益生滿虛空不守自性床
發益生滿　　圓非微諸法真　本
初成別隔乱雜不仍成餘妙自性來
十方一切中即量念即世相無二不
合即一念如相無所甚絶二智訂動
中是劫即一相無所甚絶　智訂不
坐無遠量無是盏二智所非名　來
微坐量劫九世十世互相即諸法一
一一即多一即一中多切中

제21구
雨 → 寶 → 益 → 生 → 滿 → 虛 → 空

21

법성게 제21구
우보익생만허공 雨寶益生滿虛空

「법성게」 제21구는 "우보익생만허공雨寶益生滿虛空"이다. "보배를 비내려 중생을 도와 허공을 채우니"라는 이 구절은 이타행에 해당하는 4구 가운데 세 번째 구절이다.

'번출繁出'이란 치성하게 솟아나는 것이 다함없기 때문이다. '여의如意'란 비유를 따라 이름 붙인 것이니 여의보왕이 무심히 보배를 비내려 중생을 이익되게 하는데 연을 따라 끝이 없기 때문이다.
석가여래의 훌륭하고 교묘한 방편도 또한 이와 같아서 일음一音으로 펼친 것이 중생계를 따라 악을 없애고 선을 일으켜 중생을 이익되게 하는데, 어디든 필요한 곳에 따라서 여의하지 않음이 없는 까닭에 '여의'

라고 이름 붙인 것이다. (『일승법계도』)

 "번출여의부사의 우보익생만허공"을 풀이한 의상 스님의 말씀
이다. 번출함이 자재하고, 여의를 번출하는 것이 마치 여의보왕
이 보배 비를 비내려 연 따라 끝없이 중생을 이익되게 하는 것
과 같다고 한다. 부처님이 일음으로 중생을 이익되게 하는데 연
따라 자재하다는 것이다. 그리하여 "우보익생만허공"으로 이어지
고 있다.

 "우보익생만허공"이란 비유하면 마치 전륜왕이 갖고 있는 여
의주가 왕의 창고 안에 있으면 보배를 비내리지 않으나, 만약 왕
이 이 여의주를 깃대 위에 내다 걸어두고서 중생이 청하면 그
필요로 하는 바를 따라 갖가지 물건을 비내려서 뜻과 같지 않
음이 없는 것과 같다.

 이와 같이 부처님의 서원과 중생의 지극함으로써 해인의 가르
침이 중생에 응한다. 창고 안에 있을 때는 부처님의 안으로 증
득하심을 비유하는 것이고, 깃대 위에 내다 걸어 보배를 비내리
는 때는 부처님의 밖으로 교화하심을 비유한 것이다.(『법기』)

 「여래출현품」에서 부처님의 음성에 열 가지 모양이 있음을 설
하고 있다. 여래의 음성은 두루 한량이 없으며, 내지 부사의하고
광대한 법비를 내려 일체중생의 몸과 마음을 청정케 한다. 이른

바 부처님은 보살뿐 아니라 독각과 성문과 선근 중생에 이르기까지, 그들을 위하여 넓고 큰 법비를 내려 온갖 세계에 가득하니, 중생들의 욕망이 같지 아니함을 따라서 내리는 법비에 차별이 있음을 보인다는 것이다.

보살 계위 중 마지막 자리인 법운지도 법의 구름이 충만한 자리이다. 그래서 온 법계에 큰 법비를 내리는 것이다.

"우보익생만허공"에 대한 『총수록』 삼대기의 설명은 다음과 같다.

'보배를 비내려 중생을 도와 허공을 채우니'란, 허공이 가없으므로 세계가 가없고, 세계가 가없으므로 중생이 가없으니, 이 가없는 중생에게 이와 같은 가르침을 입히지 못하는 바가 없기 때문이다. (『법기』)

'보배를 비내려'란 가르침을 기준으로 하여 '보배'라고 말한다. 또한 중생이 수용하는 갖가지 보물이다. '허공을 채운다'란 중생이 불가사의한 가르침을 입으면 곧 범부의 마음을 움직이지 않고 법성 허공과 더불어 단지 한 물건이어서 본래 스스로 원만함을 알기 때문이다. (『진기』)

'보배를 비내려 중생을 도와 허공을 채운다'라는 것은 열 보법[十普法]을 비내려 정위正爲 가운데서 온전히 온전히 응하니, 말하자면 한 줄의 붉은 도인이 원만히 나타난다는 것이다. (『대기』)

이처럼 허공과 같이 가없는 중생에게 두루 가르침을 입히므로 "우보익생만허공"이다. 또 중생이 법성 허공과 더불어 단지 한 물건이어서 본래 스스로 원만함을 알게 하려는 까닭이다. 보배 비는 열 보법이니, 지정각세간을 드러낸 한 줄의 붉은 도인이 원만히 나타나는 것이 곧 열 보법의 보배 비를 내린다는 것이다.

이타행 4구 중 제3구인 이 "우보익생만허공"을 『대기』에서는 제3중의 제3중해인에 배당한다. 즉 5중해인 중 다섯째 어언해인 語言海印을 다시 5중으로 배대하고, 그 중 네 번째 해인을 또다시 5중으로 나눈 가운데 세 번째 해인이다.

앞의 〈표 2〉에서도 보이듯이 언어 문자로 된 「법성게」 30구 또한 모두 해인삼매의 경계이다.

설잠 스님은 해인삼매를 해인정광삼매海印定光三昧라고 명명하면서, 한 개의 여의보가 백천의 여의보를 유출流出하고, 이 하나의 해인정광삼매가 백천의 해인정광삼매를 유출한다고 한다. 그러나 이 해인정광삼매는 단지 열 부처님의 대인 경계에서만

구례 화엄사 대웅전 삼존불.

홀로 증득하는 것이 아니라, 일체중생이 각각 열 부처님의 대인 경계인 해인정광삼매를 가지고 있다. 그래서 끝없이 유출하여 그 이익이 허공에 가득함을 다음과 같이 펴서 보이고 있다.

태어나서부터 죽음에 이르고 아침부터 저녁에 이르 기까지, 혹 성내고 혹 기뻐하며 혹 말하고 혹 침묵하 는 낱낱마다 각각 낱낱 해인이 있다. 낱낱 해인이 낱 낱마다 중생의 번뇌 바다를 유출하고, 낱낱 번뇌 바 다가 각각 진여법성眞如法性 바다를 갖추어 둘이 없

고 섞임이 없기 때문에, 그 허공에 가득한 이익을 다
만 두 팔 벌려[八字打開] 두 손으로 줌[兩手分付] 따름
이다. (『법계도주』)

바다가 일체 존재를 다 도장 찍듯이 나타내는 것과 같이, 해
인삼매도 동남·동녀·아수라 등 일체 색신을 다 나타낸다. 따라
서 해인이 지정각세간만이 아니라, 기세간도 해인이고 중생세간
도 해인이다. 번출된 삼세간이 각각 다르나 모두 하나의 해인으
로서 융통하고, 융삼세간으로서 하나의 해인이나 또한 삼세간
이 각각 달라서 역연히 부동이다. 『대기』에서는 이 삼세간 해인
으로 도인을 관觀하게도 한다.

즉 흰 종이와 검은 글자와 붉은 줄이 다 온전히 서로 거두어
서 따로 취할 수 없지만 세 가지 물건이 각기 다르다. 이와 같이
삼세간이 융통하여 서로 거두어 섞여서 한 덩어리가 되지만, 문
은 각기 달라서 역연히 움직이지 않는다. 그러므로 이 하나의 도
인은 만약 기세간의 문으로써 관하면 곧 기세간해인器世間海印
이다. 중생의 문으로써 취하면 곧 중생해인衆生海印이며, 부처님
의 문으로써 취하면 곧 불해인佛海印이다.

이처럼 해인이 부처님에게만 국한되는 것은 아니지만, 우선
망상이 다하여 마음이 맑아지는 뜻을 따라서 임시로 부처님의

해인이라 이름하였을 뿐이라는 것이다.

『법성게과주』에서는 보배란 삼천위의 팔만세행三千威儀八萬細行이며, 이 다함없는 보배를 널리 미진찰토에 비내려서 모든 중생들로 하여금 수행하여 이익[證眞之益]을 얻게 한다고 "우보익생만허공"을 풀이하고 있다.

아무튼 『화엄경』에서 신信·주住·행行·향向·지地·불佛의 모든 계위와 일체 방편행, 존재의 낱낱 모습이 법계에 충만한 법비임을 알 수 있다. 그 법비로 만물을 이롭게 하므로 "우보익생만허공"이라고 읊은 것이라 하겠다.

一乘法界圖 合詩一印 (槃詩)

法性圓融無二相　諸法不動本來寂
無名無相絕一切　證智所知非餘境
真性甚深極微妙　不守自性隨緣成
一中一切多中一　一即一切多即一
一微塵中含十方　一切塵中亦如是
無量遠劫即一念　一念即是無量劫
九世十世互相即　仍不雜亂隔別成
初發心時便正覺　生死涅槃常共和
理事冥然無分別　十佛普賢大人境
能仁海印三昧中　繁出如意不思議
雨寶益生滿虛空　衆生隨器得利益
是故行者還本際　叵息妄想必不得
無緣善巧捉如意　歸家隨分得資糧
以陀羅尼無盡寶　莊嚴法界實寶殿
窮坐實際中道床　舊來不動名爲佛

제22구

衆 → 生 → 隨 → 器 → 得 → 利 → 益

22

법성게 제22구
중생수기득이익 衆生隨器得利益

「법성게」 제22구는 "중생수기득이익衆生隨器得利益"이다. "중생이 근기 따라 이익을 얻는다."라는 이 구절은, 이타행 4구 중 마지막 구이다. 해인삼매의 힘으로 내리는 가르침의 법비가 삼세간을 두루 이익되게 하는데, 중생들이 근기 따라 이익을 얻는다는 것이다. 근기란 예를 들면 허공에서 가득 비가 내리나 그릇마다 그 크기에 따라 받아들이는 빗물의 양은 다르니, 그 그릇이 근기인 셈이다.

중생의 근기를 이해하기 위해서 「반시」를 다시 한 번 살펴보자. 「반시」의 그림에서 일도一道는 일승이고 54각은 삼승을 의미하며, 글자의 굴곡 차별은 삼승의 근기와 욕망이 다른 점을 나타낸다. 부처님은 일음一音으로 말씀하시는데 중생들이 근기 따라 다 달리 알아듣는다는 것이다.

「여래출현품」에서는 "부처님이 한 음성 가운데서 한량없는 음성을 내어 중생들의 차별한 마음을 따라 골고루 이르러서 그들로 하여금 해탈케 하신다."고 한다. 또 "여래의 음성이 한량없는 중생을 이익케 하는데 언제나 중생의 응당 들을 바를 따르는 것이, 마치 대해의 조수潮水가 시한을 어기지 않는 것과 같다."고 한다. 조수가 시한을 어기지 않는 바다의 공덕은 십지 가운데 선혜지善慧地의 지위에 비유되고도 있다. 선혜지는 보살이 걸림 없는 변재[無礙智辯]를 얻어서 대법사가 되고 법사의 행을 갖추어 여래의 법장을 잘 수호하는 지위이다.

그래서 불보살님의 음성을 해조음海潮音이라고도 한다. 해조음이란 바다 조수가 밀물과 썰물의 기한을 어기지 않고, 물결이 한결같이 밀려들고 밀려가는 파도 소리이다. 특히 관세음보살이 중생들에게 맞추어 이익을 주는 그 해조음을 보고 들을 수 있는 장소로서, 낙산사 홍련암과 중국 보타산 불긍거관음원의 조음동潮音洞이 널리 알려져 있다.

이처럼 글자가 각각 달라 차별한 것과 아울러, 54각이 큰 모서리에서는 크게 굽어지고 작은 모서리에서는 작게 구부러져 구불구불한 것은 중생들의 근기가 다 다름을 따라서 모두 이익 얻음을 나타낸 것이다.

그런데 다른 한편으로는 「반시」에서 일도와 54각이 분리되지

해주 스님의 법성게 강설

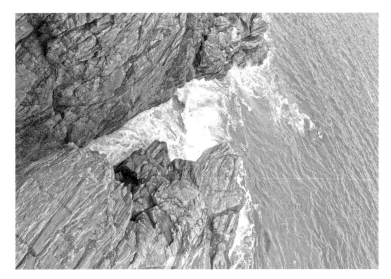

낙산사 홍련암 관음굴 입구.

중국 보타산 불긍거관음원의 조음동.

않고, 또 54각이 없으면 일도가 이루어지지도 않는다. 이것은 일승에서 흘러나오는 것[所流]이 삼승이고, 삼승이 목표로 하는 것[所目]이 일승이므로, 일승과 삼승이 주반상성主伴相成으로서 서로 다르지 않음을 의미한다. 그리고 흰 종이와 검은 글자와 붉은 줄이 다르지만 세 가지가 한 자리에 있어 서로 여의지 않는다. 삼세간의 문이 각기 달라서 역연히 움직이지 않으나, 삼세간 각각에 다른 세간을 갖추어 서로 여의지 않고 융통함을 보인 것이다.

「법성게」의 "중생수기득이익"에 대하여, 의상 스님의 법손들은 아래와 같이 이해하고 있다.

> "중생이 근기 따라 이익을 얻는다."란, 이 여의如意의 가르침이 삼승·오승·무량승無量乘 등 일체의 중생 가운데서 각각 근기에 칭합하여 이익을 얻게 하기 때문이다.
>
> [문] 만약 그렇다면 이 화엄에서 삼승의 별도의 과보를 얻는가?
>
> [답] 없다. 말하자면 이 『대경』(『화엄경』) 중에 무량승을 갖추고 있기 때문이다. 이에 이 경이 갖추고 있는 무량승 가운데 『대품경』 등에서 별도의 과보를 얻을

뿐이다. (『법기』)

"근기 따라 이익을 얻는다."란, 산왕山王의 두루 넓은
근기[普機]는 총상의 가르침을 얻고 차별한 작은 근기
는 차별의 가르침을 얻으니, 각기 스스로 이익을 이루
기 때문이다. (『진기』)

'산왕'은 「보왕여래성기품」에서 여래의 몸을 설하는 내용 중
일출고산日出高山의 비유에 나온다. 즉 태양이 떠서 먼저 대산왕
大山王을 비추고 다음에 대산, 대지 등의 순서로 비추듯이, 여래
의 지혜광명도 보살마하살을 먼저 비추고 차례로 연각, 성문, 선
근중생, 일체중생의 순서로 비춘다. 여래의 지혜에는 이러한 순
서의 구별이 없으나 중생의 선근에 따라서 갖가지 차별이 생긴
다는 것이다.

이처럼 중생이 근기 따라 이익을 얻으나, 그 이익이 삼승의 별
도의 과보가 아니다. 근기를 따르는 굴곡의 일도이므로 여의의
가르침인 것이다. 육도 윤회 중생으로부터 소승과 삼승 내지 일
승에 이르기까지의 모든 인과를 22가지로 본 22위가 다 보현위
임을 『총수록』에서 소개하고 있다. 의상 스님도 이 모든 지위가
보현의 22위이고 보현의 근기임을 강조하고 있다. 각기 다른 삼

승의 근기가 실은 일승의 다양한 근기이다.

이 점은 비유하면 법비가 차별 없이 골고루 내리는데, 중생이 근기 따라 달리 법비를 받아도 각기 그것으로 충분하다는 도리를 말해 주는 것이라고 하겠다. 중생이 근기대로 각기 달리 얻은 그 보배비가 조금도 모자라지 않은 것이다. 허공에서 평등하게 비가 내리나 큰 나무는 많이 받고 작은 나무는 적게 받는다. 큰 나무는 많은 물이 필요하고 작은 나무는 적은 양의 물이 필요할 뿐이니 수즉수須卽須이다. 작은 나무는 적은 물로 충분하다. 물이 적어도 모자라지 않다. 많은 것이 많은 것이 아니고 적은 것이 적은 것이 아닌 것이다.

설잠 스님의 다음 말씀도 이러한 도리를 잘 드러내 준다고 하겠다.

> 큰 부자의 집안에는 그릇마다 다 금이고 해인정海印定 가운데는 법마다 다 참[眞]이지만, 다만 크고 작음과 모나고 둥긂과 물들고 깨끗함이 다를 뿐이니, 그 얻은 바의 이익이 다른 법은 아니다. 다만 큰 것을 크다 말하고 작은 것을 작다 말하며, 모난 것을 모나다 말하고 둥근 것을 둥글다 말하며, 물든 것을 물들었다 말하고 깨끗한 것을 깨끗하다 말할 뿐이다. 작은

것을 넓혀서 크게 하며, 모난 것을 깎아 둥글게 하며,
물든 것을 고쳐 깨끗하다고 말하는 것이 아니다. 알
겠는가?

山虛風落石   산허풍낙석
樓靜月侵門   누정월침문 (『법계도주』)

산이 텅 비었으니 바람이 돌에 부딪히고
누각이 고요하니 달빛이 문에 들어오도다.

　의상 스님이 『화엄경』을 자리행·이타행·수행으로 파악하여 그
핵심을 담은 7언 30구에서도 모든 근기를 포섭하고 있다. 자리
행의 증분은 증지의 경계이니 불경계이다. 연을 따르는 연기분
14구와 이타행 4구 그리고 수행방편의 4구에서, 해당되는 근기
가 일단 다 달리 표현되어 있음을 볼 수 있다.
　연기분에서는 전체를 "십불보현대인경"이라고 했으니, 연기분
의 근기는 보현보살 근기이다. 보현보살은 십불의 외향이고 십
불은 보현보살의 내증이다. 다음 이타행에서 말하는 "중생수기
득이익"의 중생근기는 해인삼매의 힘에 의해서 이익을 얻는 근
기이니, 삼매 안에서 얻는 이익을 삼매 밖에서 설하여 보이고

있다. 그리고 수행방편에서는 '행자'의 근기를 시설하고 있는 것이다.

이러한 근기에 대하여 삼대기에서 5중해인과 연관시켜 자세히 논하고 있다. 『대기』에서는 "중생수기득이익"의 경우, '중생수기'를 제4중해인, '득이익'을 제5중해인에 배대시켰다. 어언해인(「법성게」)에서 이타행에 해당하는 네 번째 해인을 다시 다섯으로 나눈 가운데 제4중과 제5중의 해인이다.(〈표 2〉 참조)

바로 앞 제3중해인의 "우보익생만허공"은 교화하시는 부처님이 열 보법[十普法]의 보배를 비내려서 보현보살의 근기를 이익되게 하신다고 하며, 제4중과 제5중에 대해서는 그 근기를 다음과 같이 해석하고 있다.

> 뒤의 구(중생수기득이익)는 제4중에서 여의교의 붉은 도인이 근기의 굴곡에 알맞기 때문에 "중생이 근기 따라[衆生隨器]"라고 하며, 제5중에서 언설의 법을 일으켜 중생이 믿고 알며 행하고 증득하게 하는 까닭에 "이익을 얻는다[得利益]"라고 한 것이다. (『대기』)

그리고 이와 같이 이익을 얻는 근기로서 초회의 보장엄동자 즉 대위광태자와 마지막 회의 선재동자를 예로 든다. 보현보살이 별교일승화엄의 근기라고 한다면, 별교와 아울러 동교일승의 근기로서 대위광태자와 선재동자를 내세운 것이다. 그래서 그 이익도 화장세계의 과과와 선지식의 티끌 수 해탈법문 등이다.

『대기』에서는 또 수행방편에서 언급되고 있는 '행자'가 삼승의 근기로서 동교일승의 교화대상이라고 한다. 그러나 실제를 기준으로 하면 모든 뛰어난 이가 화엄 행자라고 회통하고 있다.

이를 부연한다면 만약 자리행의 연기분을 기준으로 하면 별교일승으로서 보현보살의 근기이고, 만약 이타행을 기준으로 하면 별교와 동교일승으로서 대위광태자와 선재동자의 근기이고, 수행방편을 기준으로 하면 동교일승으로서 삼승 근기가 행자이다. 그러나 실제를 기준으로 하면 이 모든 근기가 다 뛰어난 보현보살의 근기이다.

따라서 "중생수기득이익"의 근기로는 수행의 인因이 잘 나타나 있는 대위광태자와 선재동자를 대표로 들 수 있다. 그러나 실제로는 중생들이 모두 다 화엄행자로서 일승의 최상근기인 보현근기이다. 근기는 바로 원력이라고 하겠다. 선재동자도 보현보살의 십대원十大願으로 다시 회향하는 행원의 길을 걸어가고 있는 것이다.

一乘法界圖 合詩一印 〔槃詩〕

死涅槃常共和
生意如出繁　　　界實寶殿窮坐
覚思不人境中事理　益者
正議賢入昧實得　　行
便雨普海三然隨器　際本還　是故
時寶佛十別分生　　匹
心益生滿虛空眾法仏為名
發隔亂雜不性妙不
初成別圓　餘境極相隨
十方一切中　　　　微无名性
合即劫即一如即圓　无真无名隨
中是劫即一念亦即相二智新切一來成
坐无遠量无卽相无所其深絕寂一
微量劫九世十世互相即諸法
一一即多切一即一中多切一本中

제23구
是 → 故 → 行 → 者 → 還 → 本 → 際

23

법성게 제23구
시고행자환본제 是故行者還本際

의상 스님은 『화엄경』의 세계를 증분·연기분의 자리행과 이타행으로 파악하고, 다시 수행자의 방편과 이익 얻음[修行者方便及得利益]에 초점을 맞추어 자리이타행을 밝히고 있다. 수행자의 방편에 해당하는 네 구절 가운데 첫 구가 "그러므로 행자는 본제에 돌아가"라는 "시고행자환본제是故行者還本際"이다.

이「법성게」제23구의 의미를 '그러므로[是故]' '행자行者' '본제에 돌아가다[還本際]'라는 세 부분으로 나누어 살펴보기로 하자.

먼저 '그러므로[是故]'란 무엇을 받은 말인가? 바로 위의 이타행 4구인가? 아니면 자리행과 이타행에 다 해당되는 것인가? 그 내용은 다음 말인 '행자'와 연계된다. 즉 수행자의 근기와 수행방편 등과 연결되는 말이라 할 수 있다.

의상 스님은 행자에 대해 다음과 같이 설명하고 있다.

'행자'란 일승의 보법普法을 보고 들은[見聞] 이후, 아
직 보법을 원만히 증득하기 이전까지를 말한다. 이것
은 별교일승別敎一乘을 기준으로 하여 설한 것이다.
만약 방편일승方便一乘을 기준으로 하여 설하면 오승
五乘이 모두 일승一乘에 들어가 포섭된다. 왜냐하면,
일승으로부터 흘러나오는 것이고, 일승을 목표로 하
는 것이고, 일승의 방편이기 때문이다. 만약 이 뜻을
기준으로 하면 오승을 모두 포섭하니, 일승의 수행자
도 또한 가능하다. (『일승법계도』)

행자란 별교일승과 방편일승의 일승 수행자임을 알 수 있다.
별교일승을 기준으로 하면 행자란 일승의 화엄보법을 보고 들
은 이후부터 아직 보법을 원만히 증득하기 이전까지의 수행자
이다. 그리고 방편일승을 기준으로 하면 오승이 다 해당되니, 오
승이 일승에 포섭되기 때문이라고 한다. 방편일승은 동교일승
이다.

의상 스님의 강설을 받아 적은 『지통기』에서는 견문見聞의 지
위에 대한 다음 문답을 전하고 있다.

해주 스님의 법성게 강설

[문] 견문 등의 세 지위[三位]가 보법普法의 바른 지위 [正位]인가?

[답] 아니다. 다만 삼승을 따라서 이 말을 할 뿐이다. 만약 보법의 바른 법이라면 곧 지위도 없고 지위 아님도 없으니, 일체의 육도와 삼계의 법계에 대한 법문이 보법의 바른 지위 아님이 없다. 또 한 지위가 일체의 지위[一位一切位]이고 일체의 지위가 한 지위[一切位一位]이다. 지위의 법문과 같이 일체의 행과 가르침과 뜻 등의 법문도 또한 그러하니 생각할 수 있을 것이다.

[문] 만약 그렇다면 보법 가운데 무엇으로 처음을 삼는가?

[답] 하나의 법문을 얻는 것으로 시작을 삼는다. 이것은 곧 마지막과 다름이 없다.

견문 등의 세 지위 즉 견문·해행解行·증입證入은 삼승을 따른 방편이고, 화엄 보법의 바른 지위는 지위도 없고 지위 아님도 없으니 일체 법문이 다 보법의 바른 지위라고 한다. 또 일위가 일체위이고 일체위가 일위이니, 하나의 법문을 얻는 것이 시작이며, 시작과 마침이 다름이 없다는 것이다.

이상에서 별교일승을 기준으로 할 때 일승의 보법을 보고 들은 이후 등을 행자라 하고, 또 견문 등의 지위는 삼승을 따른 방편시설이라 하였으니, 그렇다면 양자가 혹 서로 어긋나는 말은 아닌가?

그것은 「반시」에서 54각 하나하나가 없으면 붉은 한 줄이 이루어지지 않고 54각을 지닌 한 줄이라서 바로 여의교라 하는 것처럼, 견문에서 증득까지의 지위 그 자체가 바로 별교일승임을 달리 설명한 것이라 하겠다.

균여 스님은 행자의 근기에 대하여 별교일승의 행자를 기준으로 하고 방편일승을 겸하여 포섭한 원교일승으로 해석한다. 비록 동교일승의 삼승을 들고 있으나, 근본으로 삼는 바를 기준으로 하면 오직 별교일승일 뿐이라고 한다.(『원통기』)

『대기』에서는 별교일승이라 말한 것은 삼승이 목표로 하는 바[所目]의 별교를 기준으로 한 것이라고 해석한다. 만약 불공不共의 무주 별교를 기준으로 하면 보고 들음이 곧 원만한 증득이므로, 지위에 의지해 견문에서 증득까지의 단계가 시설된 것은 소목의 별교일승이라는 것이다.

앞에서도 언급한 바와 같이 상근기는 곧바로 증분에 들어가고 중근기는 연기분에서 증분에 들어가고 하근기는 '행자' 이하의 수행방편 중에서 비로소 들어갈 수 있다고 한다. 이 뜻은 행

인도네시아 보로부두르 문수보살.

자가 방편일승의 삼승까지 포섭한 근기라 하겠으니, 실제로는 모두 뛰어난 일승 수행자라고 회통하고 있기 때문이다.

　『총수록』의 『고기』에서는 견문·해행·증입의 삼생을 여러 가지로 언급하고 있다. 즉 과보를 기준으로 하면, 과거는 견문이고 현재는 해행이며 미래는 증입이다. 또 신해信解를 증장하는 문을 기준으로 하면, 십신은 견문이고 삼현은 해행이며 십지는 증입이다. 내지는 견문을 삼현, 제4지, 제8지와 문수선지식 등의 지위로 보기도 한다.

인도네시아 보로부두르 보현보살과 선재동자.

　그러므로 행자의 근기는 두 가지 면을 다 지니고 있다. 한 면
으로는 행자가 수행방편으로 분과된 제5중해인의 근기로서, 이
타행으로 분과된 제4중해인의 근기보다 아래라고 간주되는 삼
승 또는 오승 근기이다. 그런데 실은 그 삼승 또는 오승이 소목
으로서의 별교일승근기이다.

　또 다른 한 면으로는 행자가 별교일승의 보현근기이다. 구체적
인 수행의 결과로 얻은 과보의 모습이 뚜렷이 나타난 제4중 해
인삼매 안의 선재동자나 대위덕태자 역시 별교일승의 보현행자
인 것이다.

　　　　　　　　　　　　　　　　해주 스님의 법성게 강설

행자가 본래자리[本際]에 돌아가니, 본제란 무엇이며 어디인가?

본제를 알고자 하는가? 선을 물으면 선이 망이고, 도
리를 구하면 도리가 가깝지 않다. 설사 현묘함을 알
았다 하더라도 또한 눈 속의 티끌일 따름이다.
要識本際麽 問禪禪是妄 求理理非親 直饒玄會得
也是眼中塵. (『법계도주』)

행자가 본제에 돌아간다고 했는데, 돌아갈 자리가 어디 따로
있다고 생각하고 구하면 허물이고, 설사 찾았다고 하더라도 눈
속의 티끌이라고 한다. 눈에는 금가루라도 잘못 들어간 티끌일
뿐이다.

이 게송은 설잠 스님이 극부송克符頌의 일부를 인용하여 본
제를 알게 한 것이다. 극부 스님은 극부도자克符道者로 불리는
지의紙衣 화상이니 임제의현 스님의 제자이다. 임제 스님의 사료
간四料揀 중 "경계는 빼앗고 사람은 빼앗지 않는다.[奪境不奪人]"
에 대한 극부 스님의 송頌이다. 이 '탈경불탈인'을 화엄교학에서
는 진여인 이법계理法界로 설명하기도 한다. 경계는 사법[事]이고
사람은 이법[理]이니, 경계는 제하고 이법의 도리만 남겨두었다
고 본 것이다.

극부 스님의 본 게송은 "경계는 빼앗고 사람은 빼앗지 않음이여! 말의 뜻만 헤아린다면 어느 곳이 참인가? 선을 물으면 선이 망이고 도리를 탐구하면[究理] 도리가 가깝지 않다. 해가 비치니 찬 빛이 담박하고 산이 아득하니 푸른빛이 새롭다. 설사 현묘함을 알았다 하더라도 눈 속의 티끌일 따름이다."(『인천안목』, 『대혜보각선사어록』)라고 여덟 구절로 되어 있다.

대혜 스님은 보설普說에서 '문선問禪' 내지 '안중진眼中塵'에 대하여 "좋은 일도 없는 것만 못하다.[好事不如無]" "스스로 일어났다가 스스로 거꾸러진다.[自起自倒]"라 설하고 있다.

본제와 환본제를 『일승법계도』의 다른 주석서에서는 다음과 같이 일컫고 있다.

> 본제란 안으로 증득한 해인이다.
> 本際則內證海印也. (『법기』)

> 본제란 법성의 자리이다.
> 本際者法性處也. (『원통기』)

> 본제에 돌아감은 불과를 증득함이다.
> 還本際證果也. (『법성게과주』)

해주 스님의 법성게 강설

이 행자 등은 자기의 몸과 마음이 곧 노사나불의 체
임을 알기 때문에 본제에 돌아간다.
此行者等 知自身心卽舍那體 故云還本際也.
(『대기』)

「비로자나품」에서 대위덕태자가 수없는 보살도를 닦아서 불
과를 증득하고 화장세계를 펼친 것을 본래자리로 되돌아갔다고
하여 환귀본처還歸本處라고 설하고 있다. 대위덕태자가 돌아간
본제는 비로자나불과의 화장세계이다. 「입법계품」에서는 선재
동자가 한량없는 해탈문을 증득해서 법계에 들어가 보현보살과
동등해지고 부처님과 동등해지고 일체 모든 존재와 동등해짐을
설하고 있다. 선재동자의 입법계 역시 법계 안에서 법계에 들어
간 것이니, 환귀본처이고 환본제라 할 수 있다.

이같이 의상 스님은 지혜의 눈이 어두워 망상심으로 수행하
려는 미혹한 자도 본제에 되돌아갈 수 있는 방편을 시설하고 있
으니, 법성으로 연결된 연기의 끈을 잘 잡아서 법성의 집으로
돌아가게 되는 수행자는 다 보현근기라 할 수 있는 것이다.

의상 스님이 자서自序에서 밝힌 「반시」의 저술 목적도 이름없
는 참된 근원으로 되돌아가게 하는 것이니, 바로 환본제이고 환
귀본처임을 알 수 있다. 의상 스님은 『화엄경』의 문문구구가 다

부처이고, 나의 몸과 마음인 오척신五尺身이 바로 법신으로서 법성신임을 천명하였다. 처처處處가 일승법계이고 물물物物이 오척법성이니, 되돌아갈 참된 근원이 따로 없는 그 본래자리에 안주하는 것이 환본제라 하겠다. 그래서 불유타오不由他悟라, 다른 이를 말미암아 깨닫는 것이 아니다.(『화엄경』)

그러면 의상 스님은 언제 어떤 인연[機緣]으로 환본제하셨을까? 그 답은 분명 스님의 행장과 「법성게」를 저술하기까지의 수학 과정, 그리고 제자들에게 설해 준 법문 등에 이미 나타나 있을 것이다. 그럼에도 의상 스님에게 직접 듣고 싶은 맘이 간절해질 때가 있다.

24

법성게 제24구
파식망상필부득 叵息妄想必不得

若有欲知佛境界 　약유욕지불경계

當淨其意如虛空 　당정기의여허공

遠離妄想及諸取 　원리망상급제취

令心所向皆無礙 　영심소향개무애

(『화엄경』「여래출현품」)

만약 부처님 경계를 알고자 한다면

마땅히 그 뜻을 허공처럼 맑혀라.

망상과 모든 집착을 멀리 여의어,

마음이 향하는 바가 걸림이 없게 하라.

모든 중생들에게 부처님과 똑같은 지혜가 구족해 있는데 망

一乘法界圖 合詩一印 〔槃詩〕

死涅槃常共和
生意如出繁理益故
覚不人境中事利者
正思六昧眞得
便議普海斤器本
時雨普海印隨寶
心寶佛十別分際
發益生滿虛空眾生隨
初成別隔亂不法仏爲名
十方一切坐勿圓知
合即念即如無所
中是劫即是无二
坐无遠量无是智
微量劫九世十諸
一一即切一即一
一一即多中一中

叵 息 妄 想 必 不 得

제24구

叵 → 息 → 妄 → 想 → 必 → 不 → 得

해주 스님의 법성게 강설

상과 집착 때문에 알지 못하고 보지 못해서 괴로움을 받고 있다. 망상과 집착만 여의면 본래 구족한 부처님 지혜를 얻어서 안락하게 된다. 망상과 집착을 여의면 부처님 경계를 알 수 있으니, 다시 말해서 여래로 출현하게 된다는 「여래출현품」 법문이다.

「법성게」 제24구 "파식망상필부득叵息妄想必不得"은 "망상을 쉬지 않을 수 없다." "망상 쉼을 반드시 얻지 않을 수 없다."라고 번역할 수 있다. 망상 쉼을 반드시 얻지 못함이 불가하다는 것이다. 또는 "망상을 쉬지 않으면 반드시 얻을 수 없다."라고도 번역한다. 파叵는 불가不可의 뜻이며, 혹은 막莫의 뜻으로 사용되고도 있다.(『원통기』)

망상은 망령된 생각, 허망한 생각, 헛된 생각 등의 의미이다. 망상은 집착을 생기게 한다. '망상을 쉰다[息]'는 것은, 망상을 일으키지 않는 것이며[不起], 망상을 멀리 여의고[遠離], 끊어 멸하는 것이다. 그러면 구체적으로 무엇을 망상이라 하며 식망상息妄想은 어떠한 경계인지, 『일승법계도』의 주석서와 『도신장』 등을 통해서 살펴보자.

첫째, 망상은 두 가지 아집[二我執] 즉 인아집人我執과 법아집法我執이다.(『법기』) 인아집은 단일한 개체의 자성이 실유實有라고 집착하는 사견이며, 법아집은 색色과 심心을 구성하는 모든 법의 자성이 실유라고 집착하는 사견을 말한다. 아집은 아견我

見이라고도 한다.

그런데 보법을 믿고 향하는 수행자는 안으로 증득한 해인의 본래자리에 돌아가니, 그 해인의 경지는 만약 아我가 있으면 이를 수 없고 아집을 여읜 사람이라야 능히 이를 수 있다는 것이다. 또 만약 아집을 야기하는 팔식八識의 망상을 점차로 쉬어서 이를 수 있다고 한다면 이것은 삼승의 뜻이고, 일승에서는 한 걸음도 옮기지 않고 본래자리에 돌아갈 수 있다고 한다. 행자가 여의의 가르침으로 처음 발심하는 때에 한 걸음도 움직이지 않고 곧바로 법성가에 들어가게 된다.(『대기』)

둘째, 망상이란 일승에서 흘러나온 것[所流]과 일승을 목표로 하는 것[所目] 등에 통한다. 삼승의 사람이 자교自教의 자취를 지켜서 집착하여 구경을 삼기 때문에, 이 미혹한 집착을 기준해서 총체적으로 망상이라 한다.(『대기』)

만약 이 집착을 끊으려면 육상六相의 칼을 사용해야 하니, 육상 가운데 이상異相의 도장을 찍으면 곧 그 끊어지는 대상이 각각의 자리를 움직이지 않고서 분명하게 차별된다. 그러므로 만약 일승에 들어가려면 삼승에서 말하는 망상을 끊는다는 마음을 쉬어야 한다. 만약 그 망상 끊는다는 망상을 쉬지 않는다면 곧 망상을 쉬지 않기 때문에 반드시 들어가지 못한다. 그런즉 망상을 끊는다는 마음을 끊어 없애서 일어나지 않는 것이 '식망상'이라는 것이다.

셋째, 망상이란 자기의 몸과 마음 외에 부처를 바라고 법을 구하는 마음을 총체적으로 일컫는 말이다.(『대기』) 『원통기』에서는 본유本有를 기준으로 해석하여, 만약 망상을 쉰다면 곧 반드시 본래자리로 돌아갈 수 없다고 해석하기도 한다. 본유의 진여는 항하의 모래 수처럼 많은 성性 공덕을 갖고 있기 때문이라는 것이다.

넷째, 망상이란 본래 없다. 망상은 실체가 있는 것이 아니니, 번뇌는 오직 용用일 뿐이고 체體가 없다. 따라서 번뇌가 본래 끊을 바가 없는 것임을 아는 것을 끊음[斷]이라고 이름할 뿐이다.(『도신장』)

『화엄경』의 「여래광명각품」에서는 "일체 모든 세간이 다 망상을 좇아 생겨났으나, 이 모든 망상 법이 그 자성이 일찍이 있지 아니하다.[一切諸世間 皆從妄想生 是諸妄想法 其性未曾有]"라 하고, 진실상眞實相을 아는 것이 도사導師이신 부처님을 뵙는 것이라 설하고 있다.

> 의상 화상이 이르기를, "번뇌[惑]는 오직 용用일 뿐이고 체體가 없으나, 지혜는 체와 용을 갖춘다."라고 하였다.

[문] 체가 없으면 어떻게 작용이 있을 수 있는가?

[답] 체는 머무름 없는 실상이며 미혹의 작용이 번뇌가 되니, 미혹의 작용을 쉴 뿐이고 끊을 수 있는 체가 없다.

[문] '하나를 끊으면 일체가 끊어진다'란 이미 체가 없으면 무엇을 기준으로 하여 하나 및 일체로 삼는가?

[답] 장애되는 법문을 기준으로 할 수 있기 때문이니, 그러므로 하나와 일체를 말하는 것은 하나가 곧 일체인 법문을 장애하기 때문이다. (『도신장』)

이처럼 번뇌 망상은 '하나를 끊으면 일체가 끊어진다'고 하나, 실제로는 끊을 바가 없다. 그래서 『도신장』에서는 또 덕으로써 말하면 처음부터 걸림이 없고, 미혹으로써 바라보면 다함없는 덕을 덮는 것이라고 한다.

『진기』에서는 '망상을 쉰다'란 지위에 의거함을 기준으로 해서 말한다면 끊을 수 없음으로써 끊음을 삼기 때문에 끊음의 뜻이 이루어지며, 만약 곧바로 일승을 기준으로 한다면 그 장애를 듦에 체의 양이 법계와 같고 지혜를 드는 것도 또한 그러하다고 한다.

설잠 스님은 『법계도주』에서 "삼세 제불 역대 선사와 일체 설

화엄경변상도. 봉녕사 대적광전 외벽.

법이 향상의 한 수와 끝내 관계가 없으며, 온 대지가 곧 업식業
識이어서 넓고 넓어 본래 의지할 것이 없다."라고 한다. 다만 거
짓 이름자로써 중생을 인도할 뿐이라는 것이다.

　이와 같이 망상과 식망상 그리고 "파식망상필부득"에 대한 해
석이 다양함을 볼 수 있다. 이 가운데 "망상을 쉬지 않으면 반드
시 얻을 수 없다."라고 번역함은 삼승과 동교일승적 해석이다. 별
교일승적으로 본다면, 본제에 돌아간 일승화엄 행자에게는 망
상은 없다. 망상이 실재하는 것이 아닌 줄 알아서 망상이 없는
것이니, 그것이 망상 쉼을 얻은 것이다. 그래서 필자는 "파식망

상필부득"을 "망상 쉼을 반드시 얻지 않을 수 없다."라고 해석한
것이다.

이러한 별교일승적 식망상을, 의상 스님의 법손들은 일승의
지계바라밀과 연계해서 설명하고 있다. 『진기』에서는 만약 일승
을 기준으로 한다면 장애의 체를 듦에 양이 법계와 같고 지혜
를 들어도 또한 양이 법계와 같으니, 만약 장애와 다른 지혜로
지혜와 다른 장애를 끊고자 한다면 망상을 쉬지 않은 까닭에
반드시 끊을 수 없으며, 계를 지님도 또한 그러하다고 한다. 만
약 별도로 선善을 취하여 막음의 주체로 삼고 그 불선不善을 취
하여 막음의 대상으로 삼는다면 이와 같이 지니는 자는 오히려
계를 깨뜨리는 사람이라고도 한다.

숭업 스님은 일승의 계는 본래 계를 받고 버림이 없어서 막음
의 주체와 대상을 여의었다고 한다. 그것은 제2지에서 부처님이
행하시는 것이 일승의 계가 되나, 일승 중에는 모든 범부와 소
승 및 보살이 없고 오직 만족된 부처님만 계시기 때문이라는 것
이다. 숭업 스님은 의상 스님의 4세 법손이니 신림 스님의 제자
로서 9세기 전반에 활동한 스님이다.

『화엄경』의 제2지[離垢地]에서는 지계바라밀의 구체적 내용으
로 십선업十善業을 펴고 있다. 십선업은 신업身業의 세 가지, 구
업口業의 네 가지, 의업意業의 세 가지이다. 이 신구의 삼업은 지

계자인 보살의 성품이 저절로 일체 악업을 멀리 여의어서 저절로 악업을 짓지 않고, 그 성품이 바로 십선업으로 나타남을 강조하고 있다. 이 신구의 삼업이 바로 부처님의 삼업이므로 계를 받음도 없고 버림도 없음을 숭업 스님은 다음과 같이 설명하고 있다.

> 십선 가운데 처음 셋은 「여래명호품」의 신업의 행하는 바이고, 다음 넷은 「사성제품」의 구업의 행하는 바이고, 다음 셋은 「광명각품」의 의업의 행하는 바이다. 이러한 삼업은 법계의 일체 모든 법이 모두 부처님의 삼업임을 나타내 보이는 것이니, 지금 이 나의 몸은 부처님의 십선에 감응하여 얻은 바이다.
> 그러므로 본래 미혹한 때가 없고 다시 법을 받음도 없어서 삼세가 다하도록 항상 스스로 움직이지 아니하며 또한 법을 버림도 없다. 몸 밖에 경계가 없으며 경계 밖에 몸이 없어서 막음의 주체와 대상을 여의었다. (『관석』)

「여래명호품」과 「사성제품」과 「광명각품」은 『화엄경』 제2회에서 설하는 믿음의 대상이 되는 세 품이다. 「여래명호품」에서는 시방세계 부처님의 명호가 한량없으니, 그것은 부처님의 신업이 한량없기 때문이다. 「사성제품」과 「광명각품」도 부처님의 구업과 의업 경계가 한량없어서 사성제 법문과 깨달음의 광명이 시방세계에 한량없는 것이다. 따라서 이러한 부처님의 삼업에 감응하여 얻은 몸이 지금 이 나의 몸이므로, 본래 미혹한 때도 없고 다시 계를 받을 것도 없으므로 계를 버릴 것도 없다는 것이다.

따라서 일승의 수행자는 피울 망상도 없고 버릴 망상도 없어서, 망상을 쉬지 않을 수 없으므로 "파식망상필부득"이라 함을 알 수 있다.

해주 스님의 법성게 강설

25

법성게 제25구
무연선교착여의 無緣善巧捉如意

화엄 행자가 본제에 돌아가 망상을 쉬어서, "무연의 선교로 여의를 잡는다."고 한다. 「법성게」 제25구 "무연선교착여의無緣善巧捉如意"이다. 의상 스님은 이 구절을 다음과 같이 풀이하고 있다.

> 분별을 반대로 되돌려 무분별을 얻는 것을 '연이 없다[無緣]'라고 이름한다. 이법을 따라서 머무르지 아니하므로 '훌륭하고 교묘한 방편[善巧]'이라고 이름한다. 말씀대로 수행하여 성자의 뜻을 얻으므로 '잡는다[捉]'라고 이름한다. '여의'는 앞과 같다. (『일승법계도』)

'여의如意'란 비유를 따라 이름 붙인 것이다. 여의보왕如意寶王이 무심히 보배를 비내려 중생을 이익되게 하

一乘法界圖 合詩一印 〔槃詩〕

死涅槃常共和是故界實寶殿窮坐
生意如出繫理益行莊敢資擔
覚思普議意寶陀隨以緣善
正議賢大能入三昧然器際中道
便雨普海滿虛空眾生隨分得
時寶益生滿眾生隨分得資
心實益生眾法為名隨分
發益生滿妙不來資中際
初成別隔乱不圓非真微無不守自
十方一切坐中勿即圓非甚妙無
合即念一如相無所甚深寂
中是劫即一至二智訶絕寂來
坐无遠量无至二來緣隨
微坐劫九世十互相諸法不動本
一量多切一即一中多切一
一一即多切一即一中一

제25구

無 → 緣 → 善 → 巧 → 捉 → 如 → 意

해주 스님의 법성게 강설

는데 연을 따라 끝이 없다. 석가여래의 훌륭하고 교묘한 방편 또한 이와 같아서, 일음一音으로 펼친 것이 중생계를 따라 악을 없애고 선을 일으켜 중생을 이익되게 하는데, 어디든 필요한 곳에 따라서 여의롭지 않음이 없는 까닭에 '여의'라고 이름 붙인 것이다.

(『일승법계도』)

'무연'이란 무분별이고 '선교'란 무주이며, '착여의'의 '착捉'이란 가르침대로 수행하여 여래의 뜻을 얻는다는 것이다. '여의'란 석가여래의 가르침인 일음이며 여래가 중생을 이익되게 함이 자재한 것이니, 석가여래가 일음으로 연을 따라 중생을 이익되게 하되 자재하지 않음이 없다는 것이다.

『진기』에서도 무연의 선교란 무분별이라고 한다. 무연의 선교 방편에 자재하게 됨이 바로 착여의이고, 무연선교가 무분별 무주로서 곧 착여의인 것이다. 『법융기』에서는 행자가 본래자리에 돌아가고자 하면 반드시 망상을 쉬어야 하고 망상을 쉬고자 하면 반드시 연이 없어야 하므로, "파식망상필부득" 다음에 "무연선교착여의" 구절이 이어진 것이라고 한다.

본제에 돌아간 행자는 아집을 일으키는 기심起心, 망상을 끊으려는 단망斷妄, 불법을 바라고 구하는 희구希求 등의 망상을 끊을 뿐만 아니라, 망상이 본래 없는 것임을 깨달아 망상을 쉬게 된다. 망상을 쉬면 무연으로 여의를 잡으니, 이것을 '훌륭하고 교묘한 선교善巧'라 한다.(『법계도주』) 선교는 방편이니 『진기』에서는 방편의 의미에 대하여 법을 들을 때 마음이 밖으로 반연하지 않고 오로지 이 법에 의거하여 계속 사유함이 '방方'이며, 이로 말미암아 마음이 법에 익숙한 것이 '편便'이라고 풀이한다.

그러면 무연의 선교방편이란 구체적으로 무슨 의미인가? 진성수연의 연기문은 모두 일승보살의 수행문이다. 그런데 여기서는 어째서 무연이라 했는가? 그보다 먼저 무엇이 연緣인가?

> '연이 없다[無緣]'라는 것은 무엇인가?
> 오식五識이 오진五塵의 경계를 반연하는[緣] 때에 의식이 함께 반연하고, 그 말나는 곧 안으로 향하여 아我에 집착하고, 아뢰야 본식은 세 종류의 경계를 반연하니 그러므로 여의를 잡을 수 없다. 연이 없기 때문에 성자의 뜻을 얻을 수 있음을 이름하여 '잘 여의를 잡는다'고 한다. (『법융기』)

여기서 '연'이란 전5식·제6의식·제7말나식·제8아뢰야식 등

8식의 대상이다. 제8식이 반연하는 경계는 종자와 전오근前五根과 기세간의 세 가지이다. 8식이 그 대상인 경계를 분별하고 따라가 집착하므로 일승의 가르침인 여의를 따라 잡지 못한다. 일체 경계에 집착이 없어야 여의를 얻을 수 있으니, 그래서 무연이 선교방편이 된다.

중생의 염오심은 대상에 따라 흔들리고 움직인다. 경계에 흔들리고 물드는 것이 중생이다. 우리는 보통 마음을 인식하는 주체로만 생각하는데 그 마음을 바로 보려면 그 마음을 대상화시켜야 한다. 그런데 모든 것은 마음이 만드니, 만들어진 모든 것이 바로 마음이다. 다시 말해서 대상인 모든 경계가 다 자기 마음이다. 보이는 것, 들리는 것 등이 다 내 마음이니 보는 마음, 듣는 마음 등이 다 보이는 것, 들리는 것 등과 다르지 않다. 대상화 된 마음이 바로 주관적으로 보는 마음이니, 주관과 객관이 다 마음이다. 그러므로 자기 마음인 경계에 자재한 것이 무연임을 알 수 있다.

『대기』에서는 선교로 여의를 잡는 것을 장님이 자신의 보배장소에 연결된 끈을 잡아서 그곳으로 돌아감에 비유하고 있다. 행자도 그래서 지혜의 눈이 멀었기 때문에 스스로의 안으로 증득한 법성의 보배있는 곳을 미혹하여 궁핍해서 다른 이에게 구걸하다가, 성자의 대비의 원에 의해서 다라니의 끈을 잡아서 법성 보배집으로 돌아가게 된다는 것이다.

그 다라니는 연기다라니이다. 성자가 이 연기다라니의 '하나 가운데 일체이고 많은 것 가운데 하나이다' 등의 한 끈을 행자의 신심의 손에 쥐어주고, '진성이 매우 깊다'는 다른 한 끝을 증분의 보배집에 매고는 부지런히 수행 정진하게 하였다는 것이다.

행자가 믿고 받아서 성자의 뜻을 얻어 여의의 가르침을 잡으면 처음 발심하는 때에 문득 십안十眼을 열어서 한 걸음도 움직이지 않고 곧바로 안으로 증득한 법성의 보배 있는 곳에 들어가서 다함 없는 자기 집의 진귀한 보배를 받아 쓰게 된다는 것이다.

십안이란 부처님의 열 가지 눈으로서 육안 내지 일체지안一切智眼의 보안普眼이다. 처음 발심하는 때에 문득 십안을 연다는 것은 정각을 얻어 부처님이 된다는 것이다.

방편은 지혜를 기준으로 한 말이며, 또한 방편은 성자의 뜻을 기준으로 설한 것이다. 지혜란 일승에 들어가는 지혜이니, 선교방편의 지혜는 모든 근기의 이익을 볼 수 있는 지혜인 것이다. 성자의 뜻이란 교화하는 위대한 성인이 훌륭한 방편으로써 일승 가운데 삼승을 나누어 설해서 중·하근기 중생을 이끌어 근본의 일승으로 들이는 것이다.(『대기』)

행자가 '일중일체다중일'과 진성수연의 끈, 즉 여의의 가르침에 의해 법성의 보배처소에 이른다는 것은 선재가 선지식의 해탈법문을 통해 법계에 들어가는 것과 같다고 하겠다. 선지식은 법계로 향해가는 점차적인 단계가 아니라 하나의 지위가 일체의 지위인 일위일체위一位一切位의 일승보살도를 다양하게 가르쳐주고 있다.

선재동자 역시 초발심에 해탈하여 법계에 들었으며[入法界] 계속해서 선지식들을 만나 무수한 해탈문을 증득하는 것은 중중무진으로 불세계를 장엄하는 화엄일승보살도를 펼쳐 보이는 것이다.

의상 스님은 「자서」에서 대성인의 선교방편은 일정한 방소가 없음을 「반시」가 한 줄[一道]로 이어진 그림으로 나타내고 있으니, 일도로 나타낸 일음의 여의교가 일승원교의 방편인 것이다. 그런데 그 일도가 54각으로 구불구불한 것은 눈먼 장님으로 비유되는 중생의 근기에게 필요한 삼승방편 그 자체가 일승의 방편임을 상징하고 있다.

삼승을 돌이켜 별도의 일승으로 돌아가게 하는 것이 아니라, 삼승 자체가 바로 일승이고 일승 외에 따로 삼승이 없는 별교일승의 선교가 무연선교이다. 미혹한 이를 인도하고 꿈꾸는 이를 깨우는 방편이 실은 모두 다 성자의 훌륭하고 교묘한 일승의 방편이다. 여래가 중생을 거두는 선교방편의 뜻은 하나여서 둘이 없으니, 삼승 또는 오승이 모두 일승의 방편이라는 것이다.

또 「반시」에서 굴곡 있는 한 길인 도인은 육상의 선교방편임을 보인 것이기도 하니, 육상설이 법성가法性家에 들어가는 요문要門임을 밝히고 있는 것이다. 이 육상은 관법으로도 실천되어졌다. 관법에는 여러 가지가 있으나 연기관緣起觀과 성기관性起觀이 대표된다. 육상설은 보통 연기 제법을 관하는 수행법으로 중요시된다. 『일승법계도』에서는 육상을 보이는 도인이 바로 지정각세간의 상징이기도 하다. 그래서 법계연기의 보살도가 법성가에 맞닿아 있는 것이다.

이와 같이 무분별 무주인 무연선교로 여의를 잡는다는 것은 '반정즉시反情卽是'의 법문으로 이해할 수도 있다. 즉 무연의 선교방편이 곧 망정을 돌이키는 반정(反情, 返情)의 방편이라 하겠다. 반정방편이 한량없는데 그 핵심은 보이는 것에 집착함이 없고, 들리는 것에 집착함이 없는 것이다.(『도신장』) 보고 들리는 것에 집착함이 없고, 보고 들리는 법에 자재한 반정의 방편이 바로 무연의 선교방편이라 할 수 있다. 이러한 '반정즉시'가 곧 무연의 선교로 여의를 잡아서 법성가에 돌아가는 것이다.

해인사 대장경정대 모습(1993년 김인화 촬영).

一乘法界圖 合詩一印 (槃詩)

死涅槃常共和是故
生意如出繁理益行
覺思人境中事利者
正意大能三昧寂得　本寳
便雨普海入一隨際　盡无
時識賢別令生妄器　想必
心宝生蒲虚空勿法　仏爲
發益隨隔乱雜不餘　境妙
初成別隔乱雜不　　境非
十方一切坐中勿　　性知
含即念一如即无　　相极
中是劫即一如相　　深絶
坐无遠量无是二　　寂來
微量劫九世十相　　一成
一一即多切一中　　本中

敀資糧
家得以
隨陀緣
分得无
得无床
資床道
糧

제26구

歸 → 家 → 隨 → 分 → 得 → 資 → 糧

26

법성게 제26구
귀가수분득자량 歸家隨分得資糧

'수행자의 방편'에 해당하는 끝 구절이 「법성게」 제25구 "귀가수분득자량歸家隨分得資糧"이다. 행자가 부처님의 가르침을 따라 "집으로 돌아가 분수 따라 자량을 얻는다."라는 이 구절에 대한 『일승법계도』의 풀이 가운데, 집으로 돌아간다는 '귀가歸家'의 설명은 다음과 같다.

'집으로 돌아간다[歸家]'란 본성本性을 증득한 까닭이다. '집[家]은 무슨 뜻인가? 그늘지게 덮는다[陰覆]는 뜻이며 머무르는 곳[住處]이라는 뜻이기 때문이다. 이른바 법성의 참된 공[法性眞空]은 깨달은 이가 머무르는 곳이므로 '집[宅]'이라 이름하고, 대비大悲의 훌륭하고 교묘한 방편으로써 중생을 그늘지게 덮어주는 것을 이름하여 '집[舍]'이라고 한다. 이 뜻은 삼승에 있으니, 일승이라야 비로소 구경이 된다.

무슨 까닭인가? 법계와 상응하기 때문이다. 이른바 법계다라니의 집[法界陀羅尼家]과 인다라니의 집[因陀羅家]과 미세다라니의 집[微細家] 등이다. 이것이 성자가 의거하여 머무르는 곳이므로 이름하여 '집[家]'이라고 한다. (『일승법계도』)

　의상 스님은 집이라는 뜻을 가진 가家, 사舍, 택宅의 세 가지에 각각 다른 의미를 부여하고, 일승의 행자가 돌아가는 집의 특별한 의미로 가家를 사용하고 있다. 택宅은 대비로 중생을 시원하게 덮는다는 뜻이고, 사舍는 깨달은 성자가 머무르는 곳이며, 가家는 일승의 집이니 성자가 의거하여 머무르는 곳으로서 법계와 상응한다는 것이다. 그래서 그 집은 법계다라니가이다. 그 법계는 인행의 연기다라니가이기도 하고, 그 연기는 미세한 존재들에게도 해당된다. 법융 스님은 이 집을 십현문十玄門으로 설명한다. 십현문은 남을 위하여 설하면 교분이고 자증自證을 기준으로 하면 증분이라고 한다. 연기분과 증분이 모두가 법계임을 알 수 있다.

　이러한 법계의 집에 돌아가는 것을 『진기』에서는 참된 근원

[眞源]으로 돌아간다고 하며, 『법계도주』에서는 법성의 집으로 돌아간다고 한다. 그리고 집으로 돌아가는 살림살이는 본래 기특할 것이 없으니 다만 본지풍광本地風光으로써 본래의 한전지閑田地를 얻으면 그 집 살림살이로 충분하다고 한다.

본지풍광이란 본지는 본래의 마음자리[心地]이고 풍광은 마음자리에서 일어나는 부처님의 지혜, 즉 심성의 참모습이 그대로 드러난 것을 나타낸 말이다. 이 본지풍광은 본래면목이라고도 하고 공적영지라고도 하는데, 여기서는 법성을 가리키는 것이다. 그리고 노는 땅이라는 한전지는 아무 일 없이 한가한 상태, 모든 것을 뛰어넘어 편안한 상태를 말한다.

아무튼 법계法界와 상응하는 일승의 법성가에 돌아가 분수 따라 자량을 얻는다는 '수분득자량'을 의상 스님은 다음과 같이 설명하고 있다.

> '분수를 따른다[隨分]'란 원만하지 않은 뜻[未滿義]이기 때문이다. '자량資糧'이란 보리를 돕는 덕목[助菩提分]이기 때문이다. 아래 경의 「이세간품」 가운데 2천 가지의 답 등과 같은 것이 그것이다. (『일승법계도』)

이처럼 수행자가 분수 따라 얻는 자량이 보리를 돕는 덕목이고, 그 예로 『화엄경』「이세간품」의 2천 가지 법문을 들고 있다.

　보리를 돕는 덕목이란 깨달음을 얻는 데 도움이 되는 조도법
이다. 초기 부파불교에서는 사념처四念處·사정근四正勤·사여의
족四如意足·오근五根·오력五力·칠각지七覺支·팔정도八正道를
합한 37보리분법이 그 대표적 덕목이다.

화엄경변상도 이세간품 고려목판 53.

화엄경변상도 이세간품 고려목판 54.

　　　　　　　　　　　　　　　해주 스님의 법성게 강설

이 보리분법은 제4지 보살의 구체적인 수행 내용이기도 하다. 『화엄경』에서는 또 보살이 바라밀을 구족하면 일체 보리분을 순간순간 구족하게 되며, 여래가 설하신 법이 다 보리분이라고 한다. 특히 「이세간품」의 2천 가지 답이 일승의 보리분으로 주목된다.(『화엄오십요문답』)

2천 가지 답이란 보광普光 법당에서 보현보살이 불화엄삼매佛華嚴三昧에 들었다가 일어나, 보혜普慧보살의 2백 가지 질문을 받고 한 물음에 열 가지씩 모두 2천 가지로 대답한 내용이다. 그 가운데 한 문답을 예로 들어보자.

> 불자여, 보살마하살이 열 가지 눈[十眼]이 있으니 무엇이 열인가? 이른바 육안肉眼이니 일체 색을 보는 까닭이다. 천안天眼이니 일체중생이 여기서 죽고 저기서 태어남을 보는 까닭이다. 혜안慧眼이니 일체중생의 모든 근根을 보는 까닭이다. 법안法眼이니 일체 법의 진실상을 보는 까닭이다. 불안佛眼이니 여래의 십력을 보는 까닭이다. 지안智眼이니 일체 법을 분별하는 까닭이다. 명안明眼이니 일체 부처님 광명을 보는 까닭이다. 출생사안出生死眼이니 열반을 보는 까닭이다. 무애안無礙眼이니 일체 법의 무장애를 보는 까닭

화엄경변상도 이세간품 고려목판 55.

화엄경변상도 이세간품 고려목판 56.

이다. 보안普眼이니 평등법문으로 법계를 보는 까닭이
다. 불자여, 이것이 보살마하살의 열 가지 눈이니, 만
약 보살마하살이 이 눈을 성취하면 일체 제불의 위없
는 대지혜안大智慧眼을 얻는다.

　　　　　　　　　　　해주 스님의 법성게 강설

보살이 이러한 십안을 얻으면 부처님의 대지혜안大智慧眼을 얻게 된다고 한다. 80권『화엄경』에서는 그 명목과 설명 내용에 약간의 차이가 있다. 천안은 일체중생심一切衆生心을 보는 까닭이라 하며, 명안은 광명안이고 보안은 일체지안一切智眼으로 명명되어 있다. 그리고 일체지안은 보문법계普門法界를 보는 까닭이라고 한다. 이 십안은 부처님에게서는 그 전체가 그대로 일체지안一切智眼이고 대지혜안大智慧眼이다.

화엄수행계위로 볼 때 「이세간품」은 묘각妙覺에 해당하는 구경의 자리이다. 묘각에서 다시 중생계를 향하여 근기 따라 전체 보살도를 펼치고 있는 것이다. 의상 스님은 이러한 「이세간품」의 법문이 일승의 보리분으로서 자량資糧이 됨을 분명히 제시하고 있는 것이다. 삼대기에서도 '자량'이란 2천 가지 도의 품목[道品] 등이며, 자량을 얻음이 행자의 가행방편加行方便이라고 한다. 그리고 법성가法性家에 돌아가고자 한다면 반드시 다라니의 끈을 잘 잡아서 지니어 잃어버리지 말고 자량으로 삼아야 한다고 당부하고 있다.

'분수를 따라 자량을 갖춘다'란 인행이므로 '분수를 따라'라고 하고, 이러한 인행으로써 보리에 이르므로 '자량'이라 한다. 비유하면 어떤 사람이 여의주를 얻

어 모든 생계 도구를 다 자재하게 얻는 것과 같다. 이
와 같이 만약 모든 행자가 여의교를 얻으면 이미 보
리의 자량을 갖추게 되고 과果의 처소에 이르러 모든
것이 자재하다. (『원통기』)

이처럼 균여 스님은 보리과에 이르는 인행이 자량이고, 행자
가 여의의 가르침을 따르면 자량을 갖추게 된다고 한다.
설잠 스님 역시 자량은 삼십도품三十道品이고 자량을 얻는다
는 것은 행자의 가행방편加行方便이라고 간주하면서도, 그 경계
에 대해서는 다음과 같이 읊고 있다.

주리면 밥 먹고 목마르면 마시며 추우면 불 쬐고 더
우면 바람 쏘이니, 무슨 소식이 있는가? 비록 그러하
나 오이를 심어 오이를 얻고 과일을 심어 과일을 얻
으니, 일승의 청정한 법계에 종자를 심어 어찌 현묘한
이야기가 없겠는가. 얼른 일러라.

長因送客處　　장인송객처
憶得別家時　　억득별가시 (『법계도주』)

화엄경변상도 이세간품 고려목판 57.

화엄경변상도 이세간품 고려목판 58.

화엄경변상도 이세간품 고려목판 59.

제2부 「법성게」 7언 30구 210자   383

길이 손님 보내는 도리로 인하여

집 떠나 있던 때를 추억하도다.

  자량은 집에 돌아온 주인이 수용하고 있는 자재한 경계이면서, 또한 집밖에서 아직 돌아다니고 있는 나그네를 위한 양식이기도 하니, 득자량이 수행방편으로서 교화의 양식이 됨을 알 수 있다.

  유문 스님은 삼승이나 오승五乘이 양껏 바닷물을 마셔서 각기 다 배부른 경계로 중생의 이익을 설명하고 있다. 애증愛憎이 없는 무연으로 여의를 잡고 자량을 얻는 것이 교화받는 중생의 득이익을 거듭 말한 것이라 해석한다.

  이상 본 바와 같이 집은 법성의 집[法性家]이다. 이 집은 행자가 돌아간 본제이고 참된 근원이며 본성을 증득한 곳으로서 법계이다. 그 집은 또한 본지풍광의 한전지이면서 연기다라니의 집이기도 하다.

  그래서 집에 돌아가 분수 따라 얻는 자량은 묘각에서 중생계로 크게 방향을 돌려 펼치는 2천 가지 도품이고, 보살이 구하여 실천하는 만큼 얻어서 수용하는 보살도의 공덕이기도 하다. 구하는 만큼 구해지고, 구해지는 만큼 곧 만족되는 도리가 '귀가수분득자량'이라고 하겠다.

27

법성게 제27구
이다라니무진보 ^{以陀羅尼無盡寶}

「법성게」의 마지막 네 구절은 수행자의 이익얻음[得利益]을 밝힌 부분이다. 그 처음은 "이다라니무진보以陀羅尼無盡寶"이니 「법성게」 제27구 "다라니의 다함없는 보배로써"로 시작되고 있다.

다함없는 보배[無盡寶]로 표현된 다라니(dharani)는 총지總持, 능지能持, 능차能遮 등으로 번역된다. 다라니는 한량없는 의미를 다 지니고 있어서, 모든 선법을 능히 지니고 악법을 능히 막아준다는 뜻이다. 또 이 다라니는 진실한 말이라는 의미에서 진언眞言으로 통용된다. 그런데 진언은 보통 다라니보다 좀 짧은 구절이며 신비스런 주呪로도 불린다.

『화엄경』에서 설하고 있는 다라니 법문을 보면, 먼저 비로자나불의 본행에 보문다라니普門陀羅尼가 있다. 대위광태자가 증득한 십종 법문 가운데 두 번째가 일체불법보문다라니이다.(「비

一乘法界圖 合詩一印 (槃詩)

法性圓融無二相　諸法不動本來寂
無名無相絕一切　證智所知非餘境
真性甚深極微妙　不守自性隨緣成
一中一切多中一　一即一切多即一
一微塵中含十方　一切塵中亦如是
無量遠劫即一念　一念即是無量劫
九世十世互相即　仍不雜亂隔別成
初發心時便正覺　生死涅槃常共和
理事冥然無分別　十佛普賢大人境
能人海印三昧中　繁出如意不思議
雨寶益生滿虛空　衆生隨器得利益
是故行者還本際　叵息妄想必不得
無緣善巧捉如意　歸家隨分得資糧
以陀羅尼無盡寶　莊嚴法界實寶殿
窮坐實際中道床　舊來不動名爲佛

제27구

以 → 陀 → 羅 → 尼 → 無 → 盡 → 寶

로자나품」)

「이세간품」에는 다음의 열 가지 다라니가 설해져 있다. ① 문지聞持다라니이니, 일체 법을 지니어 잊어버리지 않는 까닭이다. ② 수행修行다라니이니, 실답고 교묘하게 일체 법을 관하는 까닭이다. ③ 사유思惟다라니이니, 일체 모든 법성法性을 요달해 아는 까닭이다. ④ 법광명法光明다라니이니, 부사의한 모든 부처님 법을 비추는 까닭이다. ⑤ 삼매三昧다라니이니, 널리 현재의 일체 부처님에게서 들은 정법에 마음이 산란하지 않는 까닭이다. ⑥ 원음圓音다라니이니, 부사의한 음성과 말[語言]을 아는 까닭이다. ⑦ 삼세三世다라니이니, 삼세의 불가사의한 모든 불법을 연설하는 까닭이다. ⑧ 종종변재種種辯才다라니이니, 가없는 모든 불법을 연설하는 까닭이다. ⑨ 출생무애이出生無礙耳다라니이니, 말할 수 없는 부처님이 설하신 법을 다 들을 수 있는 까닭이다. ⑩ 일체불법一切佛法다라니이니, 여래의 힘에 안주하여 두려움이 없는 까닭이다.

이 열 가지 다라니는 수행·사유·법광명·일체불법다라니와 나머지 여섯 다라니의 둘로 크게 나누어 볼 수 있다. 전자는 일체 법을 관하고 법성을 요달하고 불법을 비추고 여래의 힘에 안주하여 두려움이 없는 경계이다. 후자는 설법과 청법에 모두 직접 연관되어 있다. 특히 원음다라니는 미가장자가 총지법을 깨달아 얻은 묘음妙音다라니법문(『文殊指南圖讚』)을 연상시킨다.

『화엄경』에서는 또한 다라니가 해탈로 인도하고, 그 자체가 해탈경계임을 설하고 있다. 예를 들면 가애락보조可愛樂普照 대자재천왕은 보문다라니바다에서 유출된 해탈문을 얻고, 총지대광명總持大光明 시분천왕은 다라니문陀羅尼門의 광명으로 일체 법을 기억해 지니어 잊어버림이 없는 해탈문을 얻었다.(「세주묘엄품」)

자행동녀 선지식은 반야바라밀보장엄법문般若波羅蜜普莊嚴法門에 들어갔을 때, 보문다라니 등 한량없는 다라니문을 얻었다. 말하자면 불찰佛刹다라니문·불佛다라니문·법다라니문·중생다라니문·과거다라니문·미래다라니문·현재다라니문 내지 자심청정自心淸淨다라니문의 118가지 다라니문 등이다.(「입법계품」)

이처럼 다라니는 의보와 정보, 삼보와 중생, 시간과 공간 등 일체를 다 지니고 있는 총지이며, 일체 불법을 지니게 하고 불세계를 장엄하고 있다.

의상 스님도 『일승법계도』에서 '다라니'를 10여 차례 언급하고 있다. 이를 의미상 몇 가지로 나누어 살펴보자.

첫째, 다라니는 일승의 연기법이다. 이 점은 연기다라니법緣起陀羅尼法·대연기다라니법大緣起陀羅尼法·연기실상다라니법緣起實相陀羅尼法·일승다라니대연기법一乘陀羅尼大緣起法 등으로 다라니를 부르고 있는 데서도 알 수 있다.

전남 구례 화엄사 각황전. 화엄십찰.

둘째, 다라니법을 연기무분별의 육상 도리로 설명한다. 이 도리로써 다라니법이 주반상성主伴相成하고, 한 법 듦을 따라서 일체를 다 포섭함을 보이고 있다. 만약 모임[會]을 기준으로 설하면 모임·모임 가운데 일체를 다 거두고, 품品을 기준으로 설하면 품·품이 일체를 다 포섭하며, 내지 문장을 기준으로 설하면 문장·문장과 구절·구절이 일체를 다 포섭한다. 만약 이것이 없으면 저것이 이루어지지 않기 때문이며, 다라니의 법이 으레 그러하기 때문이라고 한다. 육상이 법성가에 들어가는 중요한 문이고, 다라니의 창고[陀羅尼藏]를 여는 좋은 열쇠라 하며 오직 일승다라니의 대연기법을 드러내 보이는 것이다.

셋째, 연기다라니법을 육문六門으로 나타내 보이고 있다. 그 가운데 연기의 체를 곧 일승의 다라니법이라 하고, 상입과 상즉을 '다라니의 이용'으로 명명하고 있다. 하나가 곧 일체이고 일체가 곧 하나인, 걸림없는 법계의 법인 것이다. 또 사事에 즉하여 법을 포섭하는 문으로는 인다라니因陀羅尼와 미세다라니로 나타나고 있다.

넷째, 화엄행자가 돌아가 머무르는 법계를 법계다라니가라고 부른다. 깨달은 성자가 머무르고 교화를 펼 법성 진공의 법계를 인다라가와 미세가 등으로 보이고도 있다. 십현연기문의 인드라망경계문과 미세상용안립문 등이 법계에 들어가는 요문이면서, 인드라와 미세 등이 곧 법계의 모습이기도 하다.

다섯째, "이다라니무진보"에서 다라니는 총지總持인 까닭이니 수십전법數十錢法의 설과 같다.

의상 스님은 상입과 상즉인 중中·즉卽의 연기법을 수십전유로 설명하고 있으니, 수십전유 역시 연기실상다라니법을 관찰하는 방편이다. "만약 연기실상다라니법을 관하고자 한다면 먼저 마땅히 수십전법을 깨달아야 한다."라고 역설하고 있는 것이다.

수십전유에서 일전 가운데 십전이고 일전이 곧 십전인 이유는 대연기다라니법이 연성緣成인 까닭이다. 만약 하나가 없으면 일체가 이루어지지 않으니 하나는 자성의 하나가 아니고 연성인 까닭에 하나이며, 내지 열은 자성의 열이 아니고 연성인 까닭에 열이라서, 일중십一中十이고 일즉십一卽十이라는 것이다.

이상과 같이 의상 스님은 다라니를 일단 연기법으로 보았다. 법성가로 돌아가고 법계가에 들어가는 방편에 비중을 둔 것이다. 그래서 연담蓮潭 화상은 이 구절 역시 닦음[修]을 밝힌 것이고, 마지막 두 구절이 증득[證]을 밝힌 것이라고 한다. 그것은 인因 가운데서 보리분의 자량을 닦기 때문이라 간주된다.

그러나 다라니 무진보로써 법계를 장엄하는 것이 법계에 들어가지 못하고 법계 밖에서 하는 일이 아니라, 법계 안에서 법계를 장엄하는 것이니, 이 구절을 '득이익'으로 분과한 것이라 하겠다.(『원통기』)

『법융기』에서는 '다라니'란 법계 법이 다함없다는 뜻으로 정의하고 있다. 그리고 수많은 법이기 때문에 다함없기도 하지만, 다만 하나의 법을 기준으로 해서도 다함없다고 한다. 하나 가운데 무진이고 하나가 곧 무진이기 때문이다. 법융 스님은 또 다음과 같이 법계의 집을 설명하고 있다.

택宅은 증분이고 사舍는 연기분이다. 법계다라니가는 이理이고 인다라니가와 미세가 등은 사事이다. 말하 자면 한 법이 법계를 온전히 거두어 옆이 없고[無側] 남김이 없는 것은 법계다라니이다. 낱낱 법과 법이 거 듭거듭 서로 거두어 다함없고 다함없는 것은 인다라 니이다. 한 법 가운데 일체 모든 법이 머리가 가지런 하여 나란히 나타나는 것은 미세이다.

그래서 『대기』에서는 행자가 집에 돌아가고자 한다면 반드시 신심의 손으로 중中·즉卽의 다라니끈을 잘 잡아 지녀서 잃어버 리지 말고 자량을 삼도록 당부한다. 다라니끈의 다른 한끝인 진 성이 법성보배 처소에 연결되어 있어서 부지런히 정진하면 반드 시 바로 자기의 법성보배 처소에 돌아가게 된다는 것이다.

다라니끈의 한 끝은 수행방편의 연기분이고 다른 한 끝이 연 결되어 필경에 도달되는 법성가는 증분의 법계다라니가이다. 무 주별교의 연기분 즉 교분으로는 인다라니가와 미세가 등이라 일컬어진다. 법성진공도 증분의 법성가이면서 연결되는 다라니 의 측면에서 보면 교분에도 통한다. 연기분의 십현문 역시 스스 로 증득하면 증분이라 할 수 있다.

이와 같이 다라니는 모든 것을 다 지니므로 곧 무진 보배가 된다. 그러면 다라니장인 이 보배창고는 어디에 있는 것인가?

『법계도주』에서는 이 보배창고가 부처님 세계에도 있지 않고 중생 세계에도 있지 않으며, 청정한 세계에도 있지 않고 물든 세계에도 있지 않다고 역설한다. 그러면 그 어느 곳에서도 찾을 수 없는 것인가? 설잠 스님은 이어서 보배창고가 낱낱이 두렷이 밝고 낱낱이 교섭하여 사무쳐 있다고 한다. 총지 법계의 다함없는 오묘한 보배는 십이시十二時 동안 늘 볼 수 있다. 매일 소리를 듣고 색을 보고 역순 경계에 부딪치는 것이니, 다른 데서 얻는 것이 아님을 알게 한다.

이처럼 다라니의 무진 보배창고를 육상의 도리로 열면, 늘상 보고 듣고 만나는 모든 것에서 바로 무진 보배를 얻을 수 있다. 또 보리심으로 대지혜의 눈을 뜨면 한 걸음도 움직이지 않고 바로 안으로 증득한 법성가에 들어가 자기 집의 무진장한 보배를 수용하게 되니, "이다라니무진보"로 이를 말해 준다고 하겠다.

一乘法界圖 合詩一印 （槃詩）

```
一 微 坐 合 中 十 初 發 心 時 便 正 覺 生 死 涅 槃 常 共 和
一 量 死 即 是 方 成 益 宝 議 雨 思 不 意 如 出 繁　　　　是 故
即 劫 遠 念 劫 一 別 生 佛 普 大 人 境 中　　　　　　　理 益
多 九 量 一 即 切 隔 滿 賢　　　　　　　　　　　事 行
一 世 无 如 一 亦 乱 虛　　　　　　　　　　利 者
即 十 是 東 如 如 雜 空　　　　　　　　　　本
多 世 二 智 是 分　　　　　　　　　　宝
即 互 智　　　不　　　　　　　　　　隨
一 相 絶　　　性　　　　　　　　　　分
一 一 一 一 中 一 相 妙 无 名 隨 緣　　界 實 寶 殿
　　　　　　　　　　　　　　　　莊 嚴 法
```

제28구

莊 → 嚴 → 法 → 界 → 實 → 寶 → 殿

28

법성게 제28구
장엄법계실보전 莊嚴法界實寶殿

「법성게」 제28구는 "장엄법계실보전莊嚴法界實寶殿"이다. 무진보배다라니로, "법계의 진실한 보배궁전을 장엄한다."는 것이다.

의상 스님은 앞에서 언급한 것처럼 일승경전인 『화엄경』의 세계를 그림으로 그려 보였는데, 그 그림을 '법계'라 이름붙이고 법성을 통해서 일승법계를 드러내고 있다. 법계는 일심一心을 그 체體로 하니, 『화엄경』의 대의도 "만법을 통틀어 거두어서 일심을 밝힌다.[統萬法明一心]"(『화엄품목』)라고 전해져 왔다.

그러면 '법계'란 구체적으로 어디이며, 법계를 '실보전實寶殿'이라 하는 의미는 무엇인가? 또 '장엄'은 어떻게 한다는 것인가?

화엄교학에서 법계는 우주만유의 영역이니 법계의 법은 온 우주 일체 존재로서 이를 삼종세간으로 나타내고 사종 또는 오종법계로 나누어 보기도 한다. 의상 스님은 또한 법계를 법성의 증분과 진성의 연기세계로 일단 나누어 파악하고, 법성과 진성이 둘이 아닌 구경의 자리를 증분의 법성처로 간주하고 있다. 물론 이사무분별의 법계에 있어서는 사종법계에 이이무애理理無礙를 더한 오종법계로 파악하고, 삼종세간으로는 융삼세간의 무애세계를 법계의 영역으로 파악하고 있다. 이러한 법계를 진실한 보배궁전[實寶殿]이라 한 것이다.

『법융기』에서는 이를 다음과 같이 설명하고 있다.

> '진실한 보배궁전'이란 증분을 기준으로 하면 법성의 자리[法性處]이며, 연기분을 기준으로 하면 곧 화장세계의 염오를 떠난 진성이다.

이처럼 증분의 법성과 연기분의 진성세계가 다 실보전임을 법융 스님은 각각 다음과 같은 문답으로 다시 이해를 도모하고 있다.

> [문] 만약 다라니로써 법성의 진실한 보배궁전을 장엄하는 것이라면, 증분의 처소에서 중중重重의 중中·즉卽과 미세 등의 뜻을 허락하는 것인가?
> [답] 저 증분은 설할 수 없기 때문에 이와 같은 뜻을

설하지 않을 뿐이다. 그러나 법은 남음이나 결여됨이 없이 일체를 만족하기 때문에 인다라 등의 구경의 궁극이라야 이에 증분인 것이다.

[문] 화장세계의 염오를 떠난 진성은 어떤 것인가?

[답] 부처님의 밖으로 향하는 문이 그것이다. 화장정토華藏淨土는 삼승이 함께 배우는 곳이기 때문에 삼승의 근기를 따라서 계界를 나누고 바다[海]를 여읜다. 만약 자종自宗을 기준으로 하면 오직 하나의 바다일 뿐이니 세 품류가 없다.

여기서 세 품류란 계界·종種·해海라고 하겠으니 계는 법계, 종은 법성, 해는 해인으로 추정된다. 오직 하나의 바다일 뿐이라는 것은 일승법계가 정장정淨藏定, 즉 해인삼매 가운데 모든 법의 모습이 단박에 나타난 것이기 때문이다.

『진기』에서는 '진실한 보배궁전'을 세계해라 하며, 『대기』에서는 국토해라고도 하고 삼덕三德의 차별과라고도 하나, 구경으로 말한다면 성기과性起果라고 한다. 부처님의 과위果位가 갖추고 있는 지덕智德·단덕斷德·은덕恩德 등의 삼덕도 중생교화 측면으로는 차별과이니, 구경의 실보전은 법성성기과라는 것이다.

연기다라니로 법계실보전을 장엄한다는 것은 중中·즉卽으로 끝없이 장엄하는 것이다. 일승의 다라니법은 하나 가운데 일체이고 일체 가운데 하나이며, 하나가 곧 일체이고 일체가 곧 하나인 걸림없는 법계의 법이다. 이러한 법계장엄은 이와 이, 이와 사, 사와 사의 상즉과 상입 등의 이사인다라理事因陀羅를 구족하지만, 특히 별교일승의 무장애법계를 논하여 사사무애를 말하는 것이다.(『원통기』) 하나와 전체 등으로 사사무애의 무진연기를 보이고 있는 것이다.

> 현상과 현상이 걸림없는 법계[事事無礙法界]를 마주하여 곧 현상과 현상이 걸림없음에 대한 관觀을 이루기 때문에 상즉하고 상입하여, 넓음과 좁음, 숨음과 나타남, 주主와 반伴이 서로 참여하여 거듭거듭 다함없음 등도 또한 법을 근본으로 한다. 이와 같이 법에 의거하여 관하는 까닭에 '관觀'이라고 이름한다. 관에 의거하여 행行을 일으키니 행行 또한 이와 같다.
>
> (『화엄금관초』)

이로 보면 사사무애의 무장애법계를 관하여 걸림없는 무애행을 하는 관행觀行이 연기분의 법계장엄이라 할 수 있다.

비로자나불 후불탱화삼존불. 통도사 대광명전(1759년).

한편 『법계도주』에서는 법계실보전의 인다라망은 그림자와 형상이 서로 참여하여 거듭거듭 다함이 없으니, 장엄함을 말미암지 않고 닦아 증득함도 말미암지 않고, 본래 갖추어 있으며 본래 두렷이 이루어져 있기 때문에 '실實'이라 하며, 또한 이 실자實字는 움직일 수 없으니 움직이면 재앙이 생긴다고 못박고 있다.

인다라망은 제석천 궁전의 보배구슬망으로서 투명하고 영롱한 낱낱 보배구슬이 서로 서로를 반영하여 거듭거듭 다함이 없다.[重重無盡] 법계의 낱낱 존재 역시 중중무진이니 그 자체로 장엄되어 있는 것이다. 따라서 본래 갖추어져 있으며 여여부동한 법계실보전을 장엄한다는 것은 장엄함이 없이 장엄하고 장엄하되 장엄함이 없는 것이다. 증득함이 없이 증득하고 증득하되 증득함이 없다. 달리 말하면 법계 안에서 법계에 들어가는 것이다.

일체 법이 언제 어디에나 다함이 없어서 일체 공덕이 법성과 상응하여 무진하기 때문에 법계는 법계불이라 불리기도 한다.(『화엄경문답』) 신림神琳 스님은 법계의 본래자리는 바로 나의 오척 되는 몸이니, 이 뜻을 드러내고자 의상 스님이 모든 법계가 한 몸임을 나타내는 그림[全法界一身之像]을 그려 보였다는 것이다.

> 신림의 뜻은 다음과 같다. 즉 『일승법계도』에서 법계의 법은 증득의 대상[所證]이고 오늘의 내 마음은 증득의 주체[能證]이니, 곧 이 주체와 대상을 얻을 수 없는 곳이 '일一'이다. 수행하는 사람의 행과 지위를 '승乘'이라 이름한다. 이와 같이 움직이지 않는 법칙의 분제가 이루어지는 까닭에 '법계法界'라고 한다. 법계의 법의 본래자리는 나의 오척 되는 몸이다. 이 뜻을 나타내고자 법계 전체를 한 몸의 형상으로 그린 까닭에 '도圖'라고 한다. (『대기』)

해주 스님의 법성게 강설

나의 오척 되는 몸과 마음인 오척신을 의상 스님은 법성신이라 한다. 오척신이 곧 오척법성신으로서 자체불自體佛이다. 『추혈문답』에서는 법계의 모든 존재가 나의 체體로서의 부처님 아님이 없으니, 만약 자체불을 예배할 수 있다면 예배할 바 아닌 사물이 없다고 한다. 자체불이라 함은 지금 나를 교화하시는 부처님도 나의 미래불임을 뜻한다. 과거·현재·미래의 삼세가 동일제이니 삼세 모든 부처님이 바로 오척신이다. 삼세 모든 부처님이 곧 지금 이 나의 몸과 마음이다.

『화엄경』에서는 부처님께서 천궁의 일체 보배궁전을 포함한 온 법계 도량에서 광명으로 혹은 언설로 한량없는 법문을 펴신다. 균여 스님은 그 법문이 비록 광대하나 210자를 벗어나지 않으며, 210자는 30구를 벗어나지 않고, 30구는 7자의 제목을 벗어나지 않으며, 제목 7자는 가장 청정한 법계를 벗어나지 않으므로 '법계도'라 한다고 법계를 설명하고 있다. 또한 대大자 등의 7자가 다 마음을 여의지 않는다 하니, 『화엄경』과 『일승법계도』는 결국 마음[心]에 거두어지는 것이다.

> 그러나 '마음'이라는 한 글자는 체體도 아니고 작용[用]도 아니며, 원인[因]도 아니고 결과[果]도 아니며, 뜻[義]도 아니고 가르침[敎]도 아니다. 비록 일체가 아

니나 일체가 될 수 있다. 하나의 법계의 마음은 상대
가 끊어진 법이기 때문이다. (『화엄금관초』)

'청정한 법계'라는 이름 또한 안립한 것일 뿐이고 체體는 얻을
수 없으며(『원통기』) 오척신의 이 마음 역시 법성원융의 마음으로
서 '무명무상절일체無名無相絕一切'이다. 일체가 끊어진 증지證智
의 지혜 마음이다. 그래서 그 마음은 또 일체와 하나이다. 일체
와 하나인 그 마음이 일어나는 것이 그대로 법계의 진실한 보배
궁전을 장엄하는 것이라 할 수 있다.

경에서 세주들이 각기 해탈한 경계만큼 부처님을 찬탄하는
세주묘엄이 법계장엄이고, 삼세간이 원융한 것이 법계장엄이다.
시성정각始成正覺도 법계장엄이고, 해탈문을 열고 보살도를 행
하는 것 역시 법계장엄이다. 이와 같이 법계는 증분의 법성성기
세계이고, 연기분의 진성 연기세계이다. 법계는 불佛이고, 공空
이고, 심心이다. 법계는 오척신이고, 오척법성신이다.

일체 존재가 법계의 모습이고 그 자체가 법계의 장엄이다. 관
법, 관심, 관행 등으로 공덕을 쌓는 것이 실보전을 장엄하는 것
임은 물론이고, 바람 불고, 비 내리고, 햇살 비치는 것 하나하나
가 법계장엄 아님이 없다.

29

법성게 제29구
궁좌실제중도상 窮坐實際中道床

의상 스님은 수행을 통해 얻는 이익 가운데 "마침내 실제의 중
도자리에 앉는다."는 것을 들고 있다. 「법성게」 제29구 "궁좌실
제중도상窮坐實際中道床"이다.

중도는 석가모니 부처님 재세 당시부터 양 극단을 여읜 일관
된 수행방편으로 중요시되어 왔다. 『일승법계도』에서는 중도자
리가 수행방편에서 더 나아가 수행의 결과, 법성을 증득한 실제
의 열반자리임을 천명하고 있다. 이 "궁좌실제중도상"에 대한 의
상 스님의 법문을 보자.

'실제實際'란 법성을 끝까지 다하기 때문이다. '중도中
道'란 두 변을 원융하게 하기 때문이다. '자리에 앉는
다[坐床]'란 일체를 섭수하기 때문이다. 법계의 열 가

一乘法界圖 合詩一印 (槃詩)

法性圓融無二相　諸法不動本來寂
無名無相絕一切　證智所知非餘境
真性甚深極微妙　不守自性隨緣成
一中一切多中一　一即一切多即一
一微塵中含十方　一切塵中亦如是
無量遠劫即一念　一念即是無量劫
九世十世互相即　仍不雜亂隔別成
初發心時便正覺　生死涅槃常共和
理事冥然無分別　十佛普賢大人境
能仁海印三昧中　繁出如意不思議
雨寶益生滿虛空　衆生隨器得利益
是故行者還本際　叵息妄想必不得
無緣善巧捉如意　歸家隨分得資糧
以陀羅尼無盡寶　莊嚴法界實寶殿
窮坐實際中道床　舊來不動名爲佛

제29구

窮 → 坐 → 實 → 際 → 中 → 道 → 床

지 열반의 광대한 보배자리에 편안히 앉아서 일체를 섭수하므로 '자리에 앉는다'라고 이름한 것이다. '보배' 란 귀하기 때문이며, '자리[床]'란 곧 섭수하여 지니는 뜻인 까닭이다. '열 가지 열반'은 아래 경의 「이세간품」 에서 설한 것과 같다. (『일승법계도』)

이처럼 법성을 증득한 자리가 실제이고 중도이며, 중도는 두 변이 원융한 것이다. 궁극적으로 이러한 실제의 중도자리에 앉는다는 것은, 일체를 다 섭수하여 지니는 것이다. 이 중도자리는 법계의 열 가지 열반의 자리이니, 「이세간품」에서 설하는 것과 같다고 한다.

「이세간품」에서는 부처님께서 모든 불사를 마치시고 열 가지 뜻이 있어서 대반열반大般涅槃을 시현하신다고 한다. 즉 ① 일체 행行이 다 무상함 ② 일체 유위법이 편안[安隱]하지 않음 ③ 반열반이 가장 안온함 ④ 반열반이 일체 두려움을 멀리 여의었음 ⑤ 색신이 무상한 법임을 밝혀 청정한 법신에 머무르기를 구하게 함 ⑥ 무상의 힘은 강해서 되돌릴 수 없음 ⑦ 유위법은 좋아함을 따라 행해지지 않으며 자재롭지 못함 ⑧ 삼계의 법이 다 견고하지 않음 ⑨ 반열반이 가장 진실하며 깨뜨릴 수 없음 ⑩ 반열반이 생사를 멀리 여의어 일어나지도 멸하지도 않음이다. 이러한 열 가지 이치를 밝히기 위해 부처님께서 반열반을 시현하신다는 것이다.

이로 볼 때 열반은 항상하고 안온하고 두려움없고 청정한 법신이고 자재하고 견고하며 진실하고 생멸이 없다. 의상 스님은 이러한 열반의 자리에 편안히 앉아서 일체를 섭수하는 것이 중도의 자리에 앉는 것임을 보이고 있다.

중도란 양 극단을 떠나기 때문에 중도라 하는 것만이 아니라, 모든 극단을 기준으로 하여 다 중도인 것이다. 중도는 두 변이 원융하니 두 변이 없고, 일체를 다 섭수하여 지닌다. 이러한 중도는 하나를 들면 일체가 다 따라와 옆에 아무것도 없는 무측의 중도[無側中道]라 할 수 있다. 『대기』에서도 중도의 뜻이 듦을 따라 무측인 까닭이라고 한다.

의상 스님은 이러한 중도를 또한 범부의 몸과 마음에 바탕하여 무분별이며 무주인 법성중도로 설하기도 한다. 중도란 지정각세간·중생세간·기세간의 세 가지 세간이 자기의 몸과 마음이 되어서, 한 물건도 몸과 마음 아닌 것이 없기 때문이다. 이러한 중도에 궁극적으로 앉는다는 것은 법성가에 완전히 되돌아가는 것임을 알 수 있다. '궁좌'란 『법융기』에서는 십세에 상응하고 법계에 응하여 들어맞는 까닭이라고 하며, 『진수기』에서는 일승의 구경인 참된 근원에 완전히 도달하는 것이라고 한다.

균여 스님 역시 "궁좌실제중도상"의 중도를 '무주법성중도無住法性中道'라 이름하고, '궁극적으로 실제의 중도의 자리에 앉는다'는 것이 법계의 궁극적인 자리에 들어맞는 것이라고 설명한다.(『원통기』) 그리고 『일승법계도』에 보이는 중도설을 다음의 일곱 가지 중도[七重中道]로 요약하고, 그 전체를 이 무주법성의 중도로 총칭하고 있다.

① 인과양위因果兩位 무주중도無住中道이다. 이는 「반시」에서 시작과 끝의 두 글자를 한가운데에 두고, 그 이유를 "원인과 결과의 두 자리가 법성가의 진실한 덕용이며 성이 중도에 있음을 나타내기 때문이다."(『일승법계도』)라고 한 내용에 해당한다. 인과가 같지 않지만 무분별하여 머무름이 없는 중도이다.

② 일승삼승一乘三乘 무이중도無二中道이다. 의상 스님은 일체 연으로 생겨난 법을 육상으로 설명하면서, 총상인 원교일승과 별상인 삼승이 즉하지도 않고 여의지도 않으며 하나도 아니고 다른 것도 아니니, 항상 중도에 있다고 한다. 일승과 삼승이 둘이 아닌 중도이다.

③ 증교양법證教兩法 구래중도舊來中道이다. 증분과 교분의 두 법이 만약 정情으로 말한다면 항상 두 변에 있게 되나, 만약 이 법[理]을 기준으로 말한다면 예부터 중도이며 하나로서 무분별이라 한다. 증분과 교분의 두 법이 하나로서 무분별인 중도이다.

④ 정의정설正義正說 본래중도本來中道이다. 모든 법이 본래 중도에 있으니, 중도는 말과 말 아닌 것에 통한다고 한다. 바른 뜻과 바른 교설이 하나로서 무분별인 중도이다.

⑤ 이사체용理事體用 원융중도圓融中道이다. 이理와 사事가 그 윽하여 무분별하고 체와 용이 원융하여 항상 중도에 있다. 이·사와 체·용이 무분별인 중도이다.

⑥ 일다생불생一多生不生 무이중도無二中道이다. 하나와 일체는 자성이 없고 연으로 이루어진[緣成] 까닭에 하나이고 일체이다. 일체 연으로 생겨난 법은 무자성인 까닭에 자재하지 않고, 자재하지 않으므로 생生하되 불생不生의 생이다. 불생의 생은 곧 부주의 뜻이고 부주의 뜻은 곧 중도이다. 중도의 뜻은 생 불생에 통하고 무분별이다. 무분별법은 자성을 고수하지 않으므로 연을 따르는 것이 다함이 없고 머무름이 없으므로, 하나 가운데 열이고 열 가운데 하나로서 서로 용납하여 걸림이 없다. 하나와 열[十 多 一切]이 둘이 아니고 생과 불생이 무분별임이 중도이다.

⑦ 일체법무주一切法無住 법성중도法性中道이다. 『일승법계도』에서는 발문에서, "모든 연緣은 전도된 마음[顚倒心]에서 오며 전도된 마음은 무시무명無始無明에서 오고, 무시무명은 여여如如로부터 온다. 여여는 자기법성[自法性]에 있고 법성은 무분

김제 귀신사 대적광전. 화엄십찰(17세기).

별로 상을 삼는다. 그러므로 일체 모든 것은 중도에 있어서 무분별 아님이 없다. 그러므로 詩에서 법성원융무이상 내지 구래부동명위불이라 하니 뜻이 여기에 있다.”고 결론짓고 있다. 일체법이 곧 그 자체로서 중도 아님이 없다는 것이다. 균여 스님은 이와 같은 칠중의 중도가 일관되게 무분별이며 무주법성의 중도로 통일된다고 하여 무주법성중도로 포섭한 것이다.

　법성을 중도로 이해한 것은 이전 법융 스님도 만약 일승의 진실한 뜻에 의하면 원인과 결과가 원융하여 법성의 덕용이 다만 중도에 있으므로 앞과 뒤가 없다고 하였다. 『대기』에서는 원인과 결과의 양위가 같은 자리인 것은 모든 법이 각각 스스로 여여한 지위에 머물러 본래 움직이지 않음을 보인 것이고, 필요에 따라서 자재하니 성性이 중도에 있기 때문이라 하며, 또 육상의 뜻을 쓰면 일승별교가 주主가 되고 삼승별교가 권속으로서 반伴이니 주반구족이 중도의 뜻이라 하고, "궁좌실제중도상"이란 인위因位에서 배움이 다하여 과위果位에 이르기 때문이라고 한다.

『일승법계도』에서 전반적으로 설해지고 있는 중도의 뜻을 의상 스님이 "궁좌실제중도상"으로 모두 거둔다고 하겠으니, 실제중도는 무측중도이고 무분별의 무주법성중도인 것이다.

『법계도주』에서는 이 "궁좌실제중도상"의 7자를 일단 각각 따로 해석한다. '궁窮'은 깊이 법성의 바다에 들어가 마침내 구경처가 없기 때문이며, '좌坐'는 요긴한 나루를 차단하여 범부와 성인을 통하지 않게 하기 때문이고, '실實'은 참도 없고 거짓도 없어 유위에 속하지 않기 때문이며, '제際'는 일체 범부와 성인이 몸담을 데가 없기 때문이다. '중中'이란 도리어 한 물건[一物]이라고 불러서 움직일 수 없음이고, '도道'란 삼승과 오성五性이 항상 밟아감이며, '상床'이란 구경에 평온하고 항상하여 안배를 쓰지 않음이다.

이렇게 일곱 자를 설명한 설잠 스님은 이어서 "비록 그러하나

김제 귀신사 소조비로자나삼불좌상(17세기 전반).

화장세계는 물듦을 여의어 청정한데 어찌 이와 같은 상량商量
이 있겠는가?"라고, 헤아려 설명한 그 전체를 떨쳐버린다. 그리
고 다시 "만약 이와 같은 상량이 있으면 어찌 오늘에 이르렀겠
으며, 만약 상량이 없으면 열 가지 보법의 세계는 어느 곳에서
출생하는가?"라고 하면서, "불사문 중에는 한 법도 버리지 않는
다.[佛事門中不捨一法]"라고 그 의미를 살려낸다. 그러고는 또 다
시 "한 법도 보지 않음이 곧 여래이다.[不見一法卽如來]"라면서
"모래알처럼 많은 대천세계는 바다 가운데 거품이고, 일체 성현
은 번개가 번쩍함과 같다."라고 마무리하고 있다.

유문 스님은 구경의 의미가 '궁'이고, 들어가 증득함이 '좌'이
며, '실제중도상'은 원융무애 일미법계라 한다. 즉 "궁좌실제중도
상"이란 구경에 원만히 증득하여 본제에 돌아간 것이니, 이것이
여래출현의 본뜻이라고 강조한다.

「여래출현품」에서는 부처님께서 열반에 드신 것은 중생들에
게 사모함을 내어 방일하지 않도록 하기 위해서라고 한다. 부처
님께서 열반에 드시는 것 또한 출현하시는 모습인 것이다.

이상을 부연한다면 의상 스님은 무주·무분별의 법성을 궁극
적으로 증득한 것을 실제중도라 하고, 이 중도자리에 궁극적으
로 앉는다는 것은 법계의 열반자리에 편안히 앉아서 일체를 거
두어 지니는 것이라 한다. 즉 무주법성중도이고 무측중도인 것
이다. 그리하여 "궁좌실제중도상 구래부동명위불"이라고, 수행자
의 이익 얻음을 총결하는 것이다.

법성게 제30구
구래부동명위불 舊來不動名爲佛 (1)

"구래부동명위불"이란?

「법성게」의 마지막 제30구는 "예부터 움직이지 아니함을 부처라 한다."라는 "구래부동명위불舊來不動名爲佛"이다.

이 마지막 구절은 처음의 "법성원융무이상 제법부동본래적"과 대응되고 있다. 법성이 원융하고 본래 적정한 경계를 '구래부동명위불'로 다시 한 번 일깨워주는 것이다. 이것은 수행을 통해 도달한 불세계가 바로 증분의 법성성기임을 뜻한다고 하겠다.

이 "구래부동명위불"을 알기 위해서 다음 몇 가지로 나누어 점차 이해를 깊게 해 보자.

① 예부터[舊來]는 언제부터인가?

② 움직이지 아니함[不動]은 어떤 상태인가?

一乘法界圖 合詩一印 (槃詩)

死涅槃常共和是故界實殿窮坐
生意如出繁理益法意如捉巧善
覺不人境中事利者嚴故資糧善實
昉議賢入三昧真得莊得以緣死際
便雨普海中然隨器本寶分陀得床
正思大能事得還家緣死道
心寶佛十別衆法性餘境妙不守
發益生滿虛空衆生非真微無名自
初成別隔乱雜不法非真微無名性
十方一切坐中勿圓
舍即念一如亦即即
中是劫即是即一相無
坐遠量无东二智絶切
微死量劫世十相諸法不
一一即多切一即一中多切一中

仏爲名動不來舊

제30구

舊 → 來 → 不 → 動 → 名 → 爲 → 佛

③ 구래부동의 부처님[佛]은 어떤 분이신가?
④ 예부터 부처[舊來佛]라면 단혹 수행의 문제는 없는가?
⑤ "구래부동명위불"이란 통틀어 어떤 경지인가?

　의상 스님은 구래부동이란 구래성불舊來成佛이고, 『화엄경』에서 설하는 십불十佛이 구래불이라고 단적으로 말씀하고 있다.

　　'예부터 움직이지 않는다'란 '예부터 부처(를 이루었다)'
　　라는 뜻이기 때문이다. 이른바 열 부처님[十佛]이니
　　『화엄경』에서 설하는 것과 같다. 첫째는 무착불無着佛
　　이니 …… 열째는 여의불이니 두루 덮기 때문이다. 어
　　째서 열의 수로 설하는가? 많은 부처님을 드러내고자
　　하는 까닭이다. 이 뜻은 모든 법의 참된 근원이며 구
　　경의 오묘한 핵심이어서 매우 깊고 난해하니 깊이 생
　　각해야 한다. (『일승법계도』)

　의상 스님이 인용해 보인 이 십불은 「이세간품」의 십불이다.(이 십불에 대한 인용과 그 설명은 잠깐 뒤로 미루기로 한다.) '모든 법의 참된 근원'이란 '나의 몸과 마음'인 법성이니, 법성신이 십불로 출현하는 것이다. 그래서 이 경계는 매우 깊고 난해하니 깊이 생각해야

화엄경변상도 여래십신상해품 고려목판 48.

한다고 당부하고 있다.

구래부동의 의미에 대하여 『법융기』에서는 '구래'란 위의 증분 가운데 '본래적本來寂'이고, '부동'이란 위의 증분 가운데 '제법부동'이라고 하면서 꿈 비유로 설명하고 있다. 즉 어떤 사람이 침상에서 잠이 들어 꿈속에서 30여 역驛을 돌아다녔으나 깨고 난 뒤에 비로소 움직이지 않고 침상에 있었던 줄을 아는 것과 같다고 한다.

이 비유에서 30역驛을 돌아다닌다는 것은 「법성게」에서 30구를 펼친 것이다. 본래 움직인 일 없이 침상에 있었다는 것은, 처음의 '법法'자와 마지막의 '불佛'자가 한 자리이니, 본래의 법성으로부터 30구를 지나서 다시 법성에 이른 것이다. 구래부동이 법성원융 제법부동으로서, 단지 법성 하나일뿐이고 본래 움직이

해주 스님의 법성게 강설

지 않은 까닭이라는 것이다.(『대기』『법융기』)

이 "구래부동명위불"에 대해서 의상 스님은 다시 '구래성불'과 '단혹'의 두 가지 측면에서 자문자답을 시설하여 그 의미를 더욱 확실하게 해 준다. 먼저 구래불이 증분의 십불이라면 아직 번뇌를 끊지 못한 범부가 어째서 구래성불인지 의문이 들 수 있다. 이에 대해 의상 스님은 번뇌를 아직 끊지 못했으면 성불이라고 하지 않으며, 번뇌를 다 끊고 복덕과 지혜[福智]를 이루어 마쳐야 그때부터 구래성불이라 한다고 단정하고 있다.

> [문] 얽매여 있는 중생이 아직 번뇌를 끊지 못했고 아
> 직 복덕과 지혜를 이루지 못했는데, 무슨 뜻으로 예
> 부터 부처를 이루었다고 하는가?
> [답] 번뇌를 아직 끊지 못했으면 부처를 이루었다고
> 하지 않는다. 번뇌를 다 끊고 복덕과 지혜를 이루어
> 마쳐야, 이로부터 이후로 '예부터 부처를 이루었다'라
> 고 한다. (『일승법계도』)

이에 대하여 『진수기』는 번뇌에 묶인 중생이 만약 아직 닦음의 연을 일으키지 않은 때라면 구래성불이라 할 수 없으니, 오늘 발심하는 연 가운데 법계의 모든 법이 비로소 단박에 일어나

기 때문이라고 해석한다. 즉 오늘 발심하는 연을 기다려서 곁이 없이[無側] 일어나는 때에 비로소 예부터 이루어진 것이니, 필요로 함을 따라서 모두 하나를 얻는다는 것이다.

『대기』도 이러한 문답을 시설한 의상 스님의 뜻에 대해서 다시 짚고 있다. 즉 질문은 "만약 열 부처님을 기준으로 하면 법계의 모든 법이 부처님 아님이 없으나 오늘 우리들은 눈이 먼 범부이니 어떻게 곧 열 부처님일 수 있는가?"라는 뜻이다. 답은 "망정을 뛰어넘는 법은 망정을 돌이키면 바로 이것이니[超情之法反情卽是] 만약 망정을 돌이켜 보면 법계가 두렷이 밝아서 일체 중생이 번뇌를 끊어 다하고 복덕과 지혜[福智]를 이루어 마치니 어찌 부처님이 아니겠는가?"라는 뜻이라고 해석한다.

그러면 번뇌는 무엇이며 언제 어떻게 끊는다는 것인가?(이 점은 앞의 "파식망상필부득"에서도 언급한 바 있다.) 의상 스님은 단혹에 대해 다음과 같이 문답하고 있다.

[문] 번뇌를 끊는다는 것은 무엇인가?
[답] 『십지경론』에서 설한 것과 같이, 처음도 아니고 중간도 나중도 아니니, 앞과 가운데와 뒤에서 취하기 때문이다.
어떻게 끊는가? 허공과 같다.[如虛空] 이와 같이 끊으

석가모니불과 관음지장보살상. 북악산 수미정사.

므로 아직 끊기 이전을 '끊었다'라 하지 않고, 이미 끊은 이후를 '예부터 끊었다[舊來斷]'라고 한다. 마치 꿈을 깸과 꿈을 꿈, 잠을 잠과 잠을 깸이 같지 않은 것과 같아서 이룸[成]과 이루지 않음, 끊음[斷]과 끊지 않음 등을 세우지만, 그 참된 도리는 모든 법의 실상이 늘지도 않고 줄지도 않으며 본래 움직이지 않는 것이다. 그러므로 경에서 이르기를, "번뇌의 법 가운데 한 법도 줄어드는 것을 보지 못하며, 청정한 법 가운

데 한 법도 늘어나는 것을 보지 못한다."라고 한 것이
그 일이다. (『일승법계도』)

이러한 단혹의 내용에 대하여 삼대기에서 자세히 풀이하고
있다. 먼저 "처음도 아니고 중간도 나중도 아니다."라는 것은 세
찰나로 나누어서 끊을 바 장애를 구하는 것이니, 세 찰나가 다
지혜의 체體 아님이 없어서 장애를 끊을 수가 없다. "앞과 가운
데와 뒤에서 취하기 때문이다."란 끊지 아니하되 끊기 때문이
다.(『진수기』)

그래서 『도신장』에서는 부처님께서 한량없는 겁 동안 닦으신
뜻이 옛적이 아니고 새롭게 얻음도 없으며, 또한 끊을 바 번뇌가
있기 때문에 끊으려는 것도 아니다. 번뇌가 본래 끊을 바가 없
는 것임을 아는 것을 끊음이라고 이름할 뿐이라고 한다.

또한 "만약 진실로 끊을 바가 없다면 어째서 미혹한 사람이
아직 얻지 못했으며, 만약 끊을 바가 있다면 끊어지는 것은 무
엇인가?"라는 의문점에 대해 이 『십지경론』의 말을 인용하여 설
명한다. 세 때[三時] 중에서는 끊는 모습을 얻을 수 없으나 깨달
은 이후에는 세 때에 걸림이 없으니, 도리가 끊음과 끊지 않음
중에 있지 않으나 단지 근기에 따라 끊음을 말하고, 근기에 따
라 끊음을 말하나 또 끊을 바가 없다는 것이다.

'허공과 같이 끊는다'란, 허공은 사물이 없는 뜻이기 때문에 끊는 주체와 대상이 없는 것이 바로 허공과 같이 끊음이 되고, 일승을 기준으로 하면 허공은 곁이 없는[無側] 뜻이기 때문에 지혜와 장애의 체도 서로 곁이 없어 허공과 같이 끊을 뿐이다.(『진기』)

잠과 꿈의 예는 두 사람이 함께 한 침상에 있으면서 한 사람은 처음부터 잠을 자지 않고 다른 한 사람은 밤새 꿈을 꾼 비유로 『법융기』는 설명한다. 그래서 일체중생이 오늘 발심하여 장애를 끊고 수행하여 증득한다고 해도 모든 법의 실상은 늘지도 않고 줄지도 않으니, 중생과 부처님이 이미 하나의 법성의 침상에 함께 있어서 비록 중생이라고 해도 모자라거나 남는 것이 없고 비록 모든 부처님이라고 해도 보태거나 뺄 것이 없기 때문이라는 것이다. 이처럼 번뇌가 본래 없으니 줄어드는 것을 볼 수 없으며, 그래서 번뇌가 본래 끊어진 것임을 아는 것이 단혹이다.(『대기』)

균여 스님은 본래 부처이고[本來是佛] 예부터 부처임을 깨달아 아는 것이 단혹이고, 그 때가 비로소 구래단이라 한다.(『원통기』)

그러므로 『법계도주』에서도 『총수록』에 보이는 「법성게」 30구의 꿈 비유를 인용하면서, 단지 법성 하나일 뿐이므로 구래부동불이라고 설명한다. 그러나 이름으로 부처님을 나타낼 수 없으니 결국 조사관을 통하여 깨닫기를 권한다. 이어서 설잠 스님은 잠자코 있다가 "산 구름과 바다 달의 정취를 남김없이 설하였는데도, 여전히 알아듣지 못한 채 부질없이 슬퍼하는구나."라고 애달아 경책한다. 아니 구래불의 불가설 경계를 말없는 침묵[良久]으로 설해 보이면서「법성게」설명을 마무리하고 있는 것이다.

이와 같은 의상 스님의 본분가풍은 장수가 전쟁을 통해 평정해서 얻은 평화가 아니라(『법성게과주』) 처음부터 아예 전쟁이 없는 평화이다. 따라서 "가도 가도 본래자리요, 도달하고 도달해도 출발한 자리이다.[行行本處 至至發處]"라고 설파한 의상 스님의 말씀이 널리 회자되어 온 것이다.

31

법성게 제30구
구래부동명위불 舊來不動名爲佛 (2)
구래불과 오척법성신

화엄법계는 어찌 보면 우리들의 이상세계라 할 수 있다. 그런데 이 법계는 우리가 미래에 이루어 갈 세계라기보다 이미 이루어져 있는 세계이다. 눈만 바로 뜨면 보이는 세계이다. 일부러 만들려고 애쓸 필요조차 없다. 눈뜸의 자각만 있으면 스스로 법계의 존재로서 그 공덕을 그대로 누리고 있음을 알게 된다.

단지 법계에 있으면서 법계인 줄 몰라 헤매고 고통받는 중생들에게 법계에 들어가는 방편이 필요하다. 그 방편이 보살도이니, 인연 따라 보살의 길을 가면 도달된 그곳이 바로 자기가 출발한 본래자리인 것이다.

『화엄경』의 구성을 보면 부처님께서 처음 정각을 이루신 시성정각으로 시작해서 부처님 찬탄으로 끝난다. 그 중간에 중생

一乘法界圖 合詩一印 〔槃詩〕

死涅槃常共和是
生意如出繁理益故界實
覚不人境中事利者界窮坐
正思議賢十別今生實寶際
便雨議普海斤死隨寶殿中
心宝佛虛分別今性道
蒔雨普斤息妄想必不床
發益生滿虛空眾法仏
初成別隔乱雜不餘爲名動不來舊
十方一切坐中勿圓境妙不守自
念即一念一如相无所融知非真微无名
含是劫即即无二智訂甚切一來寂隨性
中无遠量无是坐知性極深絕一來成
微量劫九世十世相法非真微无
一一即多切一即一中多切一中

제30구

舊 → 來 → 不 → 動 → 名 → 爲 → 佛

424   해주 스님의 법성게 강설

이 성불을 향해가는 수행법이면서 중생들을 교화하는 방편이기도 한 보살도가 설해지고, 그로 인해 도달한 불과의 세계가 펼쳐진다.

그런데 그 깨달음의 세계가 40권 『화엄경』의 제40권에서는 다시 보현보살의 10대행원으로 끝없이 이어진다. 이것에 의하면 『화엄경』은 부처님의 시성정각에서 보현행원의 보살도로 끝난다고 말할 수도 있다. 다시 말하면 모든 보살행의 토대가 되는 신심과 십주·십행·십회향·십지의 보살지위 그리고 불[覺]의 6위가 각기 자기 자리를 움직이지 아니하면서, 전후가 없어 둘이 아닌 끝없는 보현행원이 「보현행원품」으로 보완되어 있다.

「법성게」에서는 증분의 법성성기 세계가 선교방편에 따라 연기로서 현전하여, 일체중생이 근기 따라 이익을 얻는 이타행도 있고 수행의 방편과 성취도 보인다. 그리하여 궁극적으로 실제 중도자리에 앉으니, 예부터 움직이지 않음을 부처라 한다[舊來不動名爲佛]고 마무리된다.

이 "구래부동명위불"에 대하여 앞에서 다섯 가지로 접근해 살펴보았다. 그 내용을 일단 요약해 두고 이어서 구래불에 대한 설명을 보충하기로 한다.

① '예부터[舊來]'란 번뇌를 다 끊고 복지를 이루어 마친 때부

터이다. 본래 성불이니 비유하면 침상에 누워 잠들고 꿈꾸기 전부터이다.

② '움직이지 아니함[不動]'이란 비유하면 비록 꿈에 돌아다니나 실은 움직이지 않고 침상에서 누워 있을 뿐임을 말한다.「법성게」에서 30구를 펼치는 것이 동動이라면 첫 글자와 마지막 글자가 한 자리에 놓인 것은 부동不動이니, 법성으로 시작해서 다시 법성으로 돌아와, 법성 하나뿐임을 말하는 것이다.

③ '구래부동의 부처님'은 나의 몸과 마음인 법성신法性身이 증분의 십불로 출현한 부처님이다.

④ '예부터 부처[舊來佛]'라면, 미혹을 끊는다는 단혹은 무엇인가? 단혹은 반정反情이며 허공단虛空斷이고 구래단舊來斷이다. 꿈에서 돌아다닐 때도 침상에서 움직이지 아니한 상태이지만, 그것을 아는 것은 꿈에서 깨어난 때이므로 잠깨는 것이 필요하다. 그래서 발심의 연으로 법계법이 단박에 일어나는 것이 닦을 것이 없는데 닦는 것이다.

⑤ "구래부동명위불"이란 제법이 본래 고요한 자리에서 본래 평화로운 것이다. 행행본처行行本處이고 지지발처至至發處이다.

그러므로 나의 몸과 마음이 본래 원융한 법성인줄 알면 오척 되는 자기 법성신이 온전히 십불로 출현하는 것이다.

화엄경변상도 십지품부동지 고려목판 38.

화엄경변상도 여래출현품 고려목판 50.

의상 스님은 출발하고 도달한 자리가 다르면서 다르지 아니한 도리를 육상방편으로 이해시키고 있다. 그리하여 육상원융이 방편인 연기설에 그치는 것이 아니라, 둘이 아닌 그 자리가바로 융삼세간의 지정각세간이고, 법성가내의 진실덕용이며, 실제의 중도자리인 구래불이라는 의상의 불신관을 잘 보여준다.

불과 중생의 관계를 『진수기』에서 육상으로 설명한 것은, 「반

시」를 육상원융으로 설명한 곳에서 이미 언급한 바 있다. 구래
불과 구래단을 육상으로 풀이한 내용이 『고기』에서는 다음과
같이 전한다.

> 일승 가운데 '예부터 부처를 이루었다'에 두 가지 뜻
> 이 있다. 첫째는 수행하지 않은 중생이 이미 부처님
> 을 이루었다는 뜻이고, 둘째는 이미 이룬 모든 부처님
> 이 본래 수행하지 않는다는 뜻이다. 만약 육상을 쓰
> 면 이 뜻이 가능하다. 말하자면 부처님은 총상이 되
> 고 중생은 별상이 된다. 일체중생이 부처님인 뜻이 같
> 음을 동상이라 하고, 일체중생이 각각 상즉하지 않음
> 을 이상이라 한다. 일체중생이 연기의 구경이니 곧바
> 로 부처님인 것을 성상이라 하고, 일체중생이 각각 자
> 기의 자리에 머물러 예부터 움직이지 않는 것을 괴상
> 이라 한다.

『고기』에서는 또 "이미 성불했는데 처음부터 범부의 몸을 움
직이지 않았음"을, 특히 동상과 이상의 도리에 의해 신림 대덕이
이해하였음을 전하고 있다. 신림 스님은 총과 별의 원융으로 법
을 평등하게 한 후에야 비로소 하나의 티끌, 한 마리의 개미가

노사나불과 더불어 원래 한 몸임을 볼 수 있다고 한다. 그리하여 균여 스님도 오척을 움직이지 아니하고 시방삼세에 두루하니, 움직이지 않는 범부의 몸이 곧 자체의 비로자나불이며 내지 화장세계임을 관하도록 권장하고 있다.

의상 스님은 또한 이 구래성불을 "초발심한 때에 바로 정각을 이룬다."는 상즉상입의 무애도리에 의해서도 나타내고 있다. 부동인줄 아는 것이 잠을 깸에 의해서이므로 발심의 연이 필요하다. 초발심이란 믿음의 지위에 있는 보살로서 제자위이며 정각을 이룸은 불지佛地인 대사위로서 위와 아래가 같지 않으나, 원교일승법은 삼승의 방편설과 달라서 머리와 다리가 하나[一]이며 아버지와 아들의 태어난 날이 같다[同]는 것이다.

'하나'란 무분별의 뜻이며, '같다'란 무주의 뜻이다. 무분별·무주이기에 처음과 끝이 같은 자리이며 스승과 제자가 머리를 맞대고 있다고 하여, 원교일승 연기법의 구극은 바로 법성성기의 여래출현과 같은 경계임을 말해 준다.

이와 같이 「법성게」에서 '법성'을 '구래불'로 바꾸어 이름하고, 움직이지 않는 내 몸 그대로가 오척법성으로서 부처임을 깨닫게 한다. 이 구래불은 미혹을 다 끊고 복덕과 지혜가 원만구족한 부처님이니 곧 『화엄경』의 십불이다.

의상 화상이 태백산 대로방大蘆房에 머무를 때 진정眞
定 스님과 지통智通 스님 등을 위하여 설하셨다.

"수행인이 열 부처님[十佛]을 보고자 한다면 마땅히
먼저 안목眼目을 지어야 한다."

지통 스님 등이 여쭈었다.

"무엇이 안목입니까?"

의상 화상이 말씀하셨다.

"『화엄경』으로 자신의 안목을 삼는다. 이른바 문장과
문장, 구절과 구절이 모두 열 부처님이니 이 이외에
부처님 보기를 구한다면 세세생생 끝내 보지 못할 것
이다." (『총수록』『고기』)

『화엄경』에서는 십불의 명호를 여러 품에서 설하고 있는데, 이
를 크게 해경解境과 행경行境의 두 가지 십불로 이해하고 있다.
모든 존재가 본래 부처인 측면과, 깨달으신 부처님을 각기 원만
수인 십불로 이름한 것이다. 그중에서 해경십불은 「십지품」의 십
불, 행경십불은 「이세간품」의 십불이 대표된다.

의상 스님은 중도에 칭합한 득이익의 구래불이 「이세간품」의
십불임을 밝히고 있다. 그런데 「법성게」의 연기분에서도 십불이
언급되어 있는 점에 대하여, 『대기』에서는 만약 '불佛' 자의 도장

해주 스님의 법성게 강설

으로 도장 찍으면 증분의 십불이고, 만약 '보普' 자의 도장으로 도장 찍으면 교분의 십불이라고 설명한다. 『일승법계도』에서 "십불이란 모든 법의 참된 근원이며 구경의 오묘한 핵심이어서 매우 깊고 난해하니 깊이 생각해야 한다."라고 말씀한 것도 증분과 교분의 둘에 통틀어 십불이 있기 때문이라는 것이다. 만약 오직 증분 가운데에만 열 부처님이 있다면 증분이 교분의 근원이기 때문에 '참된 근원'이 된다.

그런데 실은 증분 중에는 열 이름이 없다. 그렇다고 이 열 부처님의 이름이 증분의 바깥인 것은 아니니, 증분 가운데 실제 이름이 있다고 한다. 『대기』 역시 증분의 십불에 중점을 두고 교분의 십불을 거두어 마무리하고 있는 것이다.

의상 스님이 구래불을 설명한 십불에 대하여 『법융기』는 "오직 내 몸과 마음인 참 부처가 지니는 도리를 열 가지 이름으로 설하여 보인 것일 뿐"이라고 한다. 의상 스님의 불타관인 구래불과 십불을 오척법성과 연관시키고 있다고 하겠다.

이제 의상 스님의 십불설을 구체적으로 살펴보기 전에, 먼저 그 경증이 되는 「이세간품」의 10종 견불 교설을 인용해 본다.

불자여, 보살마하살이 열 가지로 부처님을 봄[見佛]이 있다. 무엇이 열인가? 이른바 무착불이니 세간에 안주하여 정각을 이루는 까닭이다. 원불이니 출생하는 까닭이다. 업보불이니 믿는 까닭이다. 지불持佛이니 수순하는 까닭이다. 열반불이니 영원히 건너간 까닭이다. 법계불이니 이르지 않는 곳이 없기 때문이다. 심불心佛이니 편안히 머무르는 까닭이다. 삼매불이니 무량무착인 까닭이다. 성불性佛이니 결정된 까닭이다. 여의불이니 널리 덮는 까닭이다.

불자여, 이것이 보살마하살의 열 가지 견불이다. 만약 보살마하살이 이 법에 안주하면 능히 위없는 여래를 볼 수 있다.

이처럼 「이세간품」의 십불설은 열 가지로 부처님을 보게 하는 것이다. 이 가운데 '여의불'은 80권 『화엄경』에서는 수락불隨樂佛로 되어 있다. 이러한 「이세간품」의 십불에 의상 스님이 설명을 더한 십불법문이 『총수록』의 『고기』에 전하고 있다.

32

법성게 제30구
구래부동명위불 舊來不動名爲佛(3)
구래부동의 십불

의상 스님은 「법성게」에서 수행의 극과를 "구래부동명위불"로
총결하고, 구래부동의 부처님을 법성신이 출현하는 십불十佛로
말씀하고 있다. 열이라는 수는 완전수이니 십불은 모든 부처님
을 포섭한 열 부처님이다.

『일승법계도』에서 소개한 「이세간품」의 십불에 대하여 의상
스님이 직접 설명을 더한 것이 『총수록』의 『고기』에 전한다. 십
불에 대한 설명은 『법융기』에서도 자세하며, 『화엄경문답』에서
는 이 십불을 모두 공덕불로 포섭한다. 공덕자재가 부처님이니
모든 보살행도 공덕행임을 알 수 있다.

이제 『고기』에 보이는 의상 스님의 십불법문을 차례로 인용하
면서, 여타 문헌도 참조하여 십불에 대한 이해를 도모해 보기로

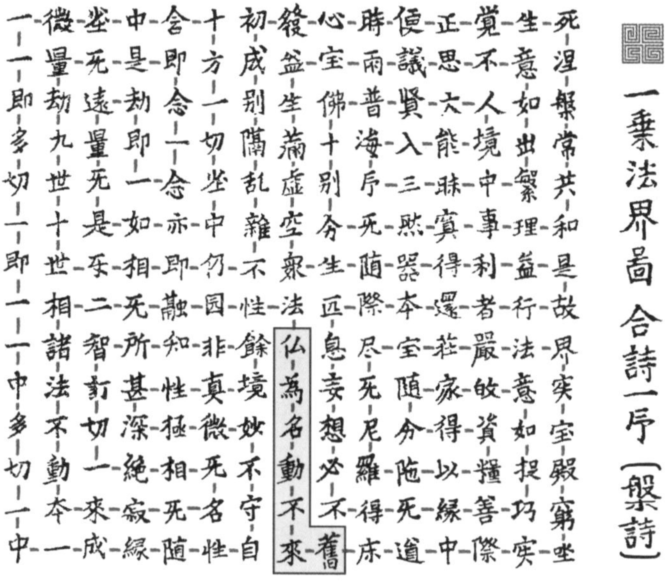

一乘法界圖 合詩一印 （槃詩）

死涅槃常共和是故界實宝殿窮坐
生意如出繁理益故行法意如捉巧寂
便正議大能眛真得本宝隨家无緣得床
覺不人境中事利者莊敬資以陀羅无道
時雨普海入三昧際尽无尼羅得中
心宝佛十別分生眛真隨器无妄想必不
益生滿虛空衆法知境妙不守自
發別隔乱雜仍圆融性非真極无名性
初成智絶寂來隨
十方一切中一念即亦相即无所知甚深
合即念一如东二智切一來一
中是劫即是无是中相諸法不動本
坐无遠量无量劫九世十世相
微量劫九世十世相諸法不動本中
一一一即多切一即一中多切一中

제30구

舊 → 來 → 不 → 動 → 名 → 爲 → 佛

한다.

첫째는 무착불無着佛이다.

> 의상 화상이 말씀하셨다.
> 이른바 '무착불이니 세간에 편안히 머물러 정각을 이
> 루기 때문이다[安住世間成正覺故]'란 다음과 같다.
> 오늘 내 오척 되는 몸을 세간이라고 이름하며, 이 몸
> 이 허공법계에 두루 가득 차서 이르지 않는 곳이 없
> 기 때문에 '정각'이라고 한다. 세간에 편안히 머무르
> 기 때문에 열반에 대한 집착을 여의고, 정각을 이루
> 기 때문에 생사에 대한 집착을 여읜다. 만약 실제를
> 기준으로 하면 세 가지 세간이 원만히 밝고 자재하기
> 때문에 '무착불'이라고 한다. (『고기』)

의상 스님은 세간과 정각, 무착 그리고 실제의 무착불에 대한
설명을 통하여 '세간에 편안히 머물러 정각을 이루기 때문에 무
착불'이라는 경문을 이해시키고 있다.
먼저 세간이란 오늘 내 오척 되는 몸이고, 정각이란 이 몸이
허공법계에 두루 가득 차서 이르지 않는 곳이 없기 때문이라

고 한다. 여기서 내 몸이 법계에 두루하다는 것은 대체 무슨 말씀인가? 그 경계를 알기가 쉽지 않다. 그것은 바로 내 오척 되는 몸인 세간이 일체 모든 존재인 삼세간이기 때문이다. 내 오척 되는 몸이 융삼세간불로서 오척법성신이 법계에 두루 원만한 것이 정각임을 알 수 있다.

그리하여 세간에 편안히 머무르기 때문에 열반에 대한 집착을 여의고 정각을 이루기 때문에 생사에 대한 집착을 여의니, 생사와 열반에 다 집착함이 없어서 부주생사不住生死 부주열반 不住涅槃이다. 그런데 만약 실제를 기준으로 하여 말하면, 세 가지 세간이 원만히 밝고 자재하기 때문에 '무착불'이라는 것이다.

이러한 무착불에 대하여 『법융기』에서도 재차 설명을 더하고 있다. 내 오척 되는 몸이 곧 삼세간이므로 세간에 편안히 머문다는 것이며, 삼세간으로 자기의 몸과 마음을 삼으나 중생의 업과 번뇌에 물드는 바가 되지 아니하므로 정각을 이룬다고 한다. 또 연기법 가운데는 한 법이라도 제거하면 모든 법 전체가 성립하지 않으니, 중생의 업으로 인한 미혹과 번뇌에 대해서 만약 하나라도 제거한다면 정각을 이루지 못한다. 그러므로 무착이란 집착 없음이 곧 집착이며 집착하되 집착이 없음이다. '집착 없음이 곧 집착'이란 비록 마음이 경계를 보지 아니하되 일체의 경계가 내 마음 아님이 없는 것이고, '집착하되 집착없음'이란 일체가 내 마음이 나아가 향한 바 아님이 없지만, 기준으로 하는 것마다 곁이 없는 것이다. 깨달은 마음으로 보면 다만 마음일 뿐이니 상대하는 경계에 집착할 것이 없어서 무착불이라 한다는 것이다.

『화엄경문답』에서는 무착불이 모든 공덕에 머물고 집착함이 없기 때문이라는 지엄 스님의 해석에 대해, 일체 세간 법문이 다 불공덕으로서 장애가 없어서 머물러 집착함을 여의었으므로 무착불이라고 부연 설명하고 있다.

이와 같이 세간에 안주하여 정각을 이루신 무착불을 관해 보면, 융삼세간으로서의 일체 존재가 바로 나의 몸과 마음이니 생사와 열반을 따로 취할 것도 버릴 것도 없다. 내 마음이 일체에 걸림없이 자재하여 무착불의 무진 공덕을 펼치게 된다.

둘째는 원불願佛이다.

'원불이니 출생하기 때문이다[出生故]'란 다음과 같다. 백사십원百四十願·십회향원十廻向願·초지원初地願 및 성기원性起願 등이 모두 원불이다. 이 부처님은 머무름이 없음[無住]으로 몸을 삼기 때문에 한 물건도 부처님의 몸 아님이 없다. 이른바 한 법을 듦에 따라서

일체를 다 거두어 법계에 들어맞아 두루함을 '원불'이
라고 이름한다.

원불이란 원에 의해 부처님이 출생하시기 때문이다. 출생의
의미를『법융기』에서는 찰나 찰나에 새롭고 다함없는 뜻을 기준
으로 한 것이라 풀이한다. 해인삼매 중에 삼세간의 일체 모든 법
을 출생시키고 또 삼세간의 낱낱 법은 법계의 모든 법을 출생시
키니, 이러한 법은 일체중생의 몸과 마음 가운데 항상 그러하다.
여래께서 이 법을 나타내 보이시는 것은 다만 서원함을 말미암
기 때문이다. 이 출생의 뜻을 기준으로 하여 '원불'이라고 한다.
　의상 스님은『화엄경』의 수많은 원 가운데 특히 백사십원·십회
향원·초지원·성기원 등 네 가지 종류의 원을 대표로 들고 있다.
　먼저 백사십원은 「정행품」에 보이는 141가지 원이다. 이 원은
신구의 삼업으로 수승하고 묘한 공덕을 얻어 제2도사가 될 수
있는 정행이다. 보살이 마음을 잘 쓰는 선용기심善用其心의 행
원으로 부처님이 출생하므로 원불이라는 것이다.
　다음 십회향원이란 「십회향품」에 보이는 모든 회향의 원을 가
리킨다. 회향의 '회'는 회전廻轉이고 '향'은 취향趣向의 뜻이니, 보
살이 자기의 만행을 돌려서 10처로 향하게 하는 것이다. 십회
향은 '일체중생을 구호하되 중생이라는 생각을 떠난 회향' 내지

갑사 전경(갑사 제공). 화엄십찰.

'법계에 들어가는 한량없는 회향'이니, 보살이 삼세 모든 부처님의 회향을 닦아 배우는 원이다.

십회향 중 첫째 회향은 보살이 육바라밀과 사무량심으로 무량선근을 닦아서 이 선근으로 일체중생을 두루 이롭게 하고 청정케 하여 마침내 모든 고통을 영원히 떠나게 하려는 회향이다. 그래서 일체중생에게 평등하게 이익을 주고 마침내 모두 일체지를 얻게 하니, 이것은 자신의 선근을 돌려서 다른 이의 선근으로 향하게 하는 회자향타廻自向他의 원이다. 이처럼 회향이란 자기의 선근을 다른 이의 선근으로 돌리듯이, 적은 선근을 많은 선근으로, 자기 인행을 남의 인행으로, 원인을 결과로, 하열한 것을 수승한 것으로, 비량을 증지로, 현상을 이법으로, 차별행을 원융행으로, 세간을 출세간으로, 이법을 현상으로 돌리고 확대해서 모든 공덕을 증장시키는 일 등이다.

이러한 열 가지는 다시 크게 중생회향衆生廻向·보리회향菩提廻向·실제회향實際廻向의 세 가지로 거두어진다. 전국 사찰에서 부처님께 축원 올릴 때 항상 '삼처에 회향하여 다 원만하여지이다[廻向三處實圓滿]'라고 발원하고 있듯이, 십회향원은 보살의 모든 공덕을 중생과 깨달음과 실제로 회향하여 원만하게 해서 자타일시성불도 하는 원행인 것이다.

다음 초지원이란 십지 중 처음 환희지에서 일으키는 열 가지 대원이다. 그 첫째는 부처님께 공양올리는 공양원이고, 내지 열째는 일체 세계에서 정각을 이루고 중생 마음 따라 성불함을 보여서 적멸을 얻게 하는 성정각원成正覺願이다. 대승보살은 원에 의해 태어난 원생보살이니, 모든 보살행을 다 거두는 자리인 십지의 첫 자리에서 대원을 일으키는 것이다.

그리고 성기원이란 「보왕여래성기품」에서 여래출현의 모든 양상을 열 가지로 설함을 가리킨다. 이러한 모든 원의 원만성취가 원불인 것이다. (원불의 원에 '보현십대원'이 보이지 않는 것은 「보현행원품」이 의상 스님의 입적 후에 유통되었기 때문인 것으로 간주된다.)

갑사 대웅전관음보살. 표훈 스님 발원문 복장(갑사 제공).

『화엄경문답』에서는 또한 일체 공덕이 다 부처님의 원을 따르고 중생의 원을 따라 이루어지지 않음이 없어서 원불이라고 하니, 모든 원행 역시 무진 공덕행임을 알 수 있다.

셋째는 업보불이다.

'업보불이니 믿기 때문이다[信故]'란 다음과 같다.

22위의 법이 본래 움직이지 아니하며 두렷이 밝게 비추니, 만약 모든 수행인이 능히 이와 같이 믿으면 곧 '믿음[信]'이라고 한다. 만약 실제 도리를 들어서 설하면, 위로 묘각으로부터 아래로 지옥에 이르기까지 모두 부처님 일[佛事]이다. 그러므로 만약 사람이 이 일을 공경히 믿으면 '업보불'이라고 말할 수 있다.

세간인 육도와 출세간의 원인 등이 업이고 그 결과가 보이며, 이것이 곧 해인삼매의 두렷하고 밝은 법이므로 '업보불'이라고 한다. 『법융기』 역시 일체중생이 자신의 참된 부처가 그 몸과 마음에 있음을 알지 못하는 것은 다만 믿지 않기 때문이니, 오직 믿는 마음만으로 업보불을 이룰 수 있음을 강조한다. 그리고 『화엄경문답』에서는 모든 공덕이 중생업의 과보와 상응하니, 이를 믿으면 업보불이라고 한다. 따라서 일체중생이 본래 부처임을 철저히 믿으면 하는 일마다 업보불의 불사가 되는 것이다.

위와 같은 화엄법계의 무착불·원불·업보불이 예부터 부동의 법성신임을 바로 관해 보면, 부처님의 무진 공덕이 나를 통해 펼쳐지고 있음을 알게 된다.

33

법성게 제30구
구래부동명위불 舊來不動名爲佛(4)
십불출현의 법성성기

의상 스님이 설하신 십불 중 무착불·원불·업보불에 이어서 넷째는 지불持佛이다.

'지불이니 따라 주기 때문이다[隨順故]'란 다음과 같다. 법계의 모든 법을 비록 다함없다고 해도 만약 해인삼매로써 도장 찍어 정하면 오직 하나의 해인삼매의 법일 뿐이니, 저가 나를 지니고 내가 저를 지니기 때문에 '따라 준다'고 한다. 그러므로 세계로 부처님을 지니고 부처님으로 세계를 지니니, 이 이름이 '지불'이다.

비슬산 용천사. 화엄십찰.

지불은 모든 존재가 해인삼매의 법으로서 서로 지녀 따라 주므로 부처님이다. 해인은 부처님의 정각 보리심해인이니 바닷물이 온갖 물상을 지니고 온갖 물상이 바닷물을 지니므로 서로 따라 주는 것처럼, 부처님이 세계를 지니고 세계가 부처님을 지니므로 '지불'이라 한다는 것이다.

『화엄경문답』에서는 수순하다는 것은 일체 공덕이 모두 일체 행자의 해행解行 가운데 계합하기 때문이라고 한다. 지불 또한 무측無側의 경계인 것으로 『법융기』에서 설명한다. 만약 한 티끌을 들면 곁이 남김없이 일어나니 일체 모든 법이 한 티끌을 따르지 않음이 없기 때문이다. 하나가 곧 일체이고 일체가 곧 하

해주 스님의 법성게 강설

연화산 옥천사 대웅전 삼존불. 화엄십찰.

나이며 주主와 반伴이 구족해서 한량없이 자재한 도리이니, 이
와 같이 듦에 따라서 거두어 지니는 뜻을 기준으로 '지불'이라
고 이름한다는 것이다.

　다섯째는 열반불涅槃佛이다.

　　'열반불이니 영원히 건너갔기 때문이다[永度故]'란 생
　　사와 열반이 본래 평등함을 증득하여 보기 때문에
　　'영원히 건너갔다'라고 한다. 이른바 생사가 시끄럽게
　　요동함이 아니고 열반이 평온하게 고요함이 아닌 것

이 이 뜻이다.

생사를 버리고 열반을 증득하는 것이 아니라 생사와 열반이
둘이 아니라서 생사에 빠질 일이 없고 다시 옮겨 갈 곳도 없다.
그래서 영원히 건너간 것이다.(『법융기』) 시끄럽고 고요함이 둘이
아니라 본래 오고 감이 없어서 일체 공덕이 적멸함을 관하면 열
반불로 출현하게 되는 것이다.(『화엄경문답』)

모든 번뇌의 불이 꺼진 상태가 열반일 뿐 아니라, 일체 공덕
또한 적멸함이 열반임을 알 수 있다. '생사열반상공화'를 요달해
알면 곧 열반불인 것이다.

여섯째는 법계불法界佛이다.

'법계불이니 이르지 않는 곳이 없기 때문이다[無處不
至故]'란 하나의 티끌법계, 소나무법계, 밤나무법계 내
지 시방삼세의 허공법계가 모두 부처님의 몸이다.
이른바 진여는 지나간 때에도 없어지지 않으며, 뒤의
때에도 생겨나지 않으며, 현재에도 움직이지 않는다.
여래도 또한 이러하여 과거에도 없어짐이 없으며, 미
래에도 생겨남이 없으며, 현재에도 움직임이 없다. 형

해주 스님의 법성게 강설

태도 없고, 모습도 없어서 허공계와 같다. 헤아릴 수
없기 때문에 백천만겁 동안 이미 설했고, 지금 설하
며, 앞으로 설하여도 끝내 다할 수 없으며, 가장자리
가 없기 때문에 '법계불'이라고 한다.

티끌과 소나무와 밤나무 등 법계의 일체 존재가 다 부처님의
몸인 것이 법계불이다. 진여가 거래 생멸이 없고 부동인 것같이
여래도 그러하다. 부처님이 이미 설하셨고 지금 설하시고 당래
에 설하신다고 함은, 시방삼세에 두루하신 부처님의 설법이기
때문임을 알 수 있다.

『법융기』에서는 낱낱 법이 들고 잡음에 곳마다 이르지 않음
이 없는 것을 '법계불'이라 하고, 『화엄경문답』에서는 일체 공덕
이 다 법성과 상응하기 때문에 일체 법이 시방삼세의 모든 곳에
무진한 뜻을 법계불이라 한다고 설명하고 있다. 일체 공덕과 상
응한 법성은 원융하고, 원융한 법성신은 또 다양한 존재의 모습
으로 나타나기도 하니 일체 법계 존재가 법계불인 것이다.

일곱째는 심불心佛이다.

'심불이니 편안히 머무르기 때문이다[安住故]'란 마음

을 쉬면 곧 부처님이고[息心卽佛] 마음을 일으키면 부처님이 아니다[起心非佛]. 마치 사람이 물로 그릇을 깨끗하게 하나 더러워진 물을 깨끗하게 할 줄은 모르는 것과 같다. 물이 깨끗하면 그림자도 밝고 물이 탁하면 그림자도 어두우니, 심법心法 또한 그러하여 마음을 쉬면 법계가 두렷이 밝고 마음을 일으키면 법계가 차별하다. 그러므로 마음이 편안하게 머무르면 법계의 모든 법이 내 오척 되는 몸에 나타나는 것이다.

이처럼 편안히 머무르기 때문에 심불이라 함은 크게 두 가지 면을 읽을 수 있다. 하나는 마음을 쉬면 부처님이다. 그런데 사람들이 좀처럼 쉬어야 할 망상심을 쉴 줄 모르니, 마치 물로 그릇을 깨끗하게 하나 더러워진 물을 깨끗하게 할 줄은 모르는 것과 같다고 한다. 다른 하나는 본래 불기不起인 그 깨끗한 마음이 내 오척 되는 몸에 나타나는 것이다. 그래서 그 마음 그대로 편안하니, 마음이 편안하게 머무르면 법계의 모든 법이 내 오척 되는 몸에 나타난다는 것이다. 그러므로 일체 공덕의 모든 상이 다 심불이다.(『화엄경문답』)

『법융기』에서는 일체 모든 법이 마음 아님이 없으니 단지 마음뿐이기 때문에 '심불'이며, 그 마음은 성기심性起心과 조립심稱

林心 등이니 일체 모든 법이 자신의 자리를 움직이지 않음이 바로 곧 이 '마음'이기 때문에 편안히 머무른다고 한다.

성기심은 여래성기구덕심으로서 여래의 성품이 그대로 일어나 만덕을 구족한 지혜의 마음이며, 조림심은 일승 가운데 여러 가지[種種] 마음이라는 뜻이다. 마음 아닌 사물이 없는 것이다.

여덟째는 삼매불三昧佛이다.

> '삼매불이니 한량없고 집착 없기 때문이다[無量無着故]'란 해인삼매의 법은 들고 들며 잡고 잡음에 머물러 집착함이 없기 때문에 한량없고 집착 없는 삼매불이라고 하는 것이다.

하나의 삼매를 따라서 일체 모든 법이 만족하지 않음이 없기 때문에 '한량없음'이며, 한량없음에 나아가 하나하나의 법마다 듦에 따라서 곁이 없기 때문에 '집착 없음'이니, 삼매에 의거하여 법을 보는 것이 이와 같기 때문에 삼매불이다.(『법융기』) 이러한 삼매와 일체 공덕이 상응하는 까닭에 삼매불이라 한다.(『화엄경문답』)

『화엄경』에는 백천삼매가 설해져 있는데 그 모든 삼매가 총정인 해인삼매에 포섭되며, 이 해인삼매의 법이 다 삼매불이다.

아홉째는 성불性佛이다.

'성불이니 결정되어 있기 때문이다[決定故]'란 법성에
두 가지가 있다. 이른바 큰 법성[大性]과 작은 법성[小
性]이다. 무엇인가? 만약 한 법이 일어나 삼세의 끝까
지 다하면 안도 없고 밖도 없으므로 '큰 법성'이라고
한다. 한 법의 지위가 일체 가운데 두루하여야 비로
소 이루어지는 것은 '작은 법성'이라고 이름한다. 이른
바 하나의 기둥이 법계의 끝을 다하도록 다만 기둥인
것은 '큰 법성'이라고 이름하고, 이 하나의 기둥 가운
데 서까래와 대들보와 기둥 등의 모든 지위가 나타나
는 것은 '작은 법성'이라고 이름한다.

'성性'이란 머무름 없는 법성이고 법성은 바로 일체 공덕이다.
일체의 법과 법이 모두 머무름이 없으므로 대성과 소성을 말할
수 있다. 예를 들면 하나의 기둥이 법계 일체의 기둥인 것은 대
성이고, 하나의 기둥에 서까래와 대들보 등의 지위가 다 나타나
는 것은 소성이다. 제법의 이러한 성품을 기준으로 부처님의 명

호로 삼은 것이다.

열째는 여의불如意佛이다.

'여의불이니 두루 덮기 때문이다[普覆故]'란 다음과
같다.
마치 큰 용왕이 큰 보왕寶王을 가지고 있으니 만약
이 보배가 없으면 일체중생이 입고 먹을 것이 없으므
로 다섯 곡식과 아홉 곡식과 천 가지 만 가지 모두
이루어지는 것은 오직 이 보왕의 덕인 것처럼, 여의불
의 은혜 또한 이와 같다.

여의보왕은 중생을 성장시키려는 부처님의 본원으로 인해 생
겨나며, 일체중생이 성장하는 이익을 얻을 수 있는 까닭은 다
여의불이 덮어주고 길러주는 덕德이라 한다.(『법융기』) 널리 두루
덮는다는 것은 일체 공덕이 뜻을 따르고 근기를 따라 다 나타나
기 때문이다.(『화엄경문답』) 본원으로 중생을 이익케 하는 일이 자
재함을 여의불이라 함을 알 수 있다.
이러한 십불은 시성정각하신 정각불에게 구족되어 있는 열
가지 덕[十德]의 십신으로 말씀되고 있다.

이상과 같이 구래불은 십불이고 법성신의 신통이 십불의 출현이다. 이러한 부처님을 관해 보는 것이 관불觀佛이고 견불見佛이다. 화엄행자가 수행을 통해 얻은 극과의 이익이 바로 법성의 성품이 그대로 나타난 법성성기法性性起의 십불출현十佛出現인 것이다.

모든 부처님의 지혜마음이 본래 나의 마음이니, 마음 외에 불을 따로 보는 것이 아니다. 나의 몸과 마음인 오척신이 곧 법성신으로서 자체불이다. 우리 모두 또한 부처님의 마음까지 쓸 수 있다. 내가 나날이 쓰는 일용심이 바로 부처님의 지혜마음이고, 우리가 사는 이곳이 바로 법성토法性土로서 화엄정토인 연화장찰해이다.

34

일승법계도의
발문과 수행법 총설

우리 한국 불자들은 궁극적으로 바른 깨달음을 얻어 다함께 성불하고자 하는 원을 갖고 있다. 그것은 서로 만나 인사할 때면 늘 '성불하세요' '성불합시다'라고 합장하고 다짐하는 것만 보아도 알 수 있다. "우리 모두 언제나 즐겁고 행복합시다."라는 뜻을 담은 발원이라 할 수 있다.

언제나 즐거운 행복[常樂]은 조건을 따라 변해 달라지는 그런 무상한 행복이 아니다. 행복과 불행이 반복되거나 타인과 상대적으로 비교해서 행복하다고 느끼는 그런 유한하고 차별적인 행복도 아니다. 참 행복은 항상 즐거운 열반락이고 해탈락이다. 그래서 참으로 행복을 원한다면 깨닫지 않을 수 없다고 하겠다.

깨달음의 세계로 가는 길은 하나이면서 다양하다. 『화엄경』은 부처님의 깨달음으로 시작해서 부처님 공덕의 찬탄으로 끝난다. 그 사이 부처님 세계로 중생들을 인도하는 방편으로서 한량 없는 해탈문의 보살행이 펼쳐진다. 그리고 후에 추가로 번역된 「보현행원품」에는 무진한 교화행이 끝없이 이어진다. 다함께 불세계로 가는 보살의 행원이다.

이러한 『화엄경』에 의거하여 의상 스님은 하나의 그림에 의해 화엄법계로 인도해 주고 있음을 보았다. 일승화엄의 법계를 「반시」로 그려 보이고, 「반시」로 나타낸 법계 존재가 원융한 법성임을 읊은 시가 「법성게」이다. 「반시」는 이름 없는 참근원[無名眞源]으로 돌아가게 하기 위해서 저술한 것임을 『일승법계도』의 「자서自序」에서 밝히고 있다.

의상 스님은 이러한 목적으로 「반시」를 지으면서, 연으로 생겨난 제법은 주인이 따로 없으므로 저자[集者]의 이름은 밝히지 않는다고 하였다. 반면 연월일을 기록한(총장 원년 7월 15일 記) 이유는 일체 제법이 연緣에 의해 생겨남을 보이기 위해서라고 하였다. 「발문」에서는 이어서 그 "연緣은 어느 곳으로부터 오는가?" "전도된 마음[顚倒心] 가운데로부터 온다."라고 자문자답하면서, 계속 다음과 같은 문답을 이어가고 있다.

전도된 마음은 어느 곳으로부터 오는가?
비롯함이 없는 무명無明으로부터 온다.

비롯함이 없는 무명은 어느 곳으로부터 오는가?

여여如如로부터 온다.

여여는 어느 곳에 있는가?

여여는 자기의 법성[自法性]에 있다.

자기의 법성은 무엇으로 모양[相]을 삼는가?

분별이 없음[無分別]으로써 모양을 삼는다.

그러므로 일체의 법은 보통 중도中道에 있으니 무분별 아님이 없다. 이 뜻인 까닭에 글 첫머리의 시에서 '법성은 원융하여 두 모양 없고[法性圓融無二相]' 내지 '예부터 움직이지 아니함을 이름하여 부처라 한다.[舊來不動名爲佛]'라고 하였으니 뜻이 여기에 있다. 시에 의지한 까닭은 헛됨에 즉하여 참됨을 나타내기[卽虛顯實] 때문이다. (『일승법계도』)

위 인용문에서 보이듯이 일체 제법은 연 따라 생겨나는데 그 연은 전도심에서, 전도심은 무명에서, 무명은 여여에서 온다. 그 여여는 자기 법성에 있으며, 자기 법성은 무분별로 모양을 삼는다. 그러므로 일체 제법은 다 무분별로서 그 성이 중도에 있다는 것이다. 이러한 무분별 중도 법성을 '법성원융'에서 시작하여 '구래불'에 이르는 「법성게」로 나타낸 것임을 의상 스님은 다시 한번 마지막으로 천명하고 있다.

　그런데 혹자는 「법성게」에 구체적인 실천 수행법이 잘 안 보인다고 한다. 그러면 「법성게」에서 수행방편을 제시하지 않은 것인가? 아니면 찾기 어려운 것인가? 「법성게」 30구를 의상 스님이 스스로 '자리행' '이타행' '수행자방편급득이익'이라는 셋으로 분과한 것만 보아도, 오히려 화엄수행법을 중시한 것이 「법성게」이고 「반시」임을 짐작할 수 있을 것이다. 이에 지금까지 살펴본 「법성게」 내지 『일승법계도』에 제시되어 있는 수행법을, 의상 스님의 분과에 의거해 크게 세 가지로 묶어 간단히 부연해 보기로 한다.

　첫째, 나의 몸과 마음이 곧 법성신法性身임을 바로 본다. 다시 말해서 내 마음이 바로 부처님의 성품인 그 마음임을 직시해 보는 것이다. 그것은 구체적으로 달리 말하면 10종 견불로 부처님을 보는 것이다. 이렇게 법성신을 바로 보는 것은 법계 안에서 법계에 들어가는 것이라 할 수 있다. 내 마음이 바로 부처님 마음이고, 일체가 부처님의 성품이 그대로 일어난 법성성기이다. 그러한 법성을 보아 증득하면, 오척 되는 이 법성신이 구래불인 십불의 신통묘용을 펼치게 된다.

　「법성게」 30구에서 자리행의 '증분' 4구는 다시 '수행자의 득이익' 4구로 설명되고 있다. 처음의 "법성원융무이상"과 마지막

"구래부동명위불"이 대구對句로서, 법성신이 바로 구래불임을 설하고 있다. 그리고 구래불이란 지혜와 복덕이 원만구족한 부처님이며, 구래불은 십불이고 10종으로 견불하라고 의상 스님은 분명하게 가르쳐주고 있다.

둘째, 보리심을 일으켜서 인연 따라 보살행으로 공덕을 쌓는다. 보리심은 부처님의 깨달은 마음이면서 중생이 보살되어 성불할 수 있는 참마음이기도 하다. 중생이 깨달음을 얻어 부처님처럼 살고자하는 마음을 내면, 다시 말해서 발보리심하면 보살이 된다. 보살의 수행은 발보리심한 그 보리심을 쓰는 행이라서 모두가 공덕을 쌓는 일이다.

그런데 발보리심 줄여서 발심은 청정한 신심으로 가능하다. 『화엄경』의 청정하고 원만한 신심은 자신이 본래 부처임을 철저히 믿는 것이다. 그래서 '초발심시변정각'이다.

신심은 선근과 같은 뿌리의 신근으로 말해지고, 선근은 선업에 의해 깊어진다. 그러니까 아무리 작은 일이라도 선한 일을 하는 것으로부터 신심이 돈독해지고 신심이 원만하여 보리의 마음을 내는데 이르게 된다. 수행은 곧 수심修心이고 수심이 수행이다. 그래서 일반적으로는 자기의 마음을 늘 깨끗하게 닦아서 더러움을 없애도록 한다. 아집으로 인한 번뇌장과 법집으로 인한 소지장의 미혹을 끊어 없애고 보리를 이루게 하는 것이다. 그런데 화엄보살의 수행은 이 단계를 넘어 본래 구족해 있는 부처님 마음을 그대로 사용하여 묘용을 증장시키는 것이다. 더러움과 깨끗함이 따로 없으니 무자성공이라서 끊을 대상도 없고 끊을 주체도 없다. 단지 보리마음으로 연 따라 공덕을 쌓을 뿐이다. 그 공덕의 많고 적음도 분별하지 않는다. 수행 방법 역시 사섭법도 좋고 사무량심도 좋다. 삼현 십지의 사성제·십이연기·십바라밀 등과 한량없는 해탈문도 다 자기 집인 법성가에 돌아가는 보리 양식[資糧]이다.

일승법계의 연기세계는 상즉하고[體] 상입해서[用] 서로 걸림이 없다. 하나와 일체, 부분과 전체가 다르지 않고 원융하기 때문이다. 넓고 좁음, 크고 작음, 많고 적음, 길고 짧음, 빠르고 더딤 등이 둘이 아니다. 필요하고 구함에 따라 크기도 하고 작기도 하다.[須卽須] 큰 것을 들면 전부 크고, 작은 것을 들면 전부 작아서 곁이 없는 무측無側이다. 그래서 중도 역시 무측 중도이다. 양극단이 따로 없는 것이다.

모든 것이 보리마음의 출현이니, 마음 따라 넓기도 하고 마음 따라 좁기도 하다. 초발심과 정각, 생사와 열반, 이법과 현상 등도 따로 분리된 것이 아니고, 일체 모두가 보리심 안에 다 구족되어 있다. 이처럼 원인과 결과가 둘이 아닌 인과동시의 인과에 어둡지 않고 공덕을 지어가는 것이 화엄보살행이다. 이러한

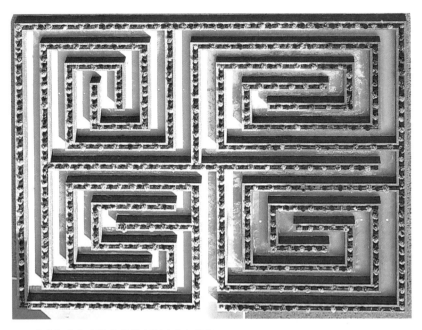

직지사 내에 마련된 법계도인(직지사 제공).

수행법이 자리행의 연기분과 수행자의 방편에서 언급한 행자의 수행법이다. 행자가 만나는 연은 무연無緣의 연이니, 무연의 수행방편은 육진경계 그 어디에도 일체 걸리지 않는다. 궁극적으로 여여·부동의 법성중도행이다.

셋째, 해인삼매에 들어가 이타행利他行으로 부처님의 평등세계를 장엄한다. 자리행이 이타행이고 이타행이 자리행인 자타불이自他不二의 이타행을 불과와 다르지 않은 인행으로서 해인삼

통도사 서축암 법당 앞마당 걸개의 법성게(서축암 제공).

매의 묘용으로 펼친다. 해인삼매의 힘으로 삼세간이 출현하니, 중생세계와 불보살세계 그리고 의보인 기세간도 모두 해인삼매의 힘에 의해서 융삼세간으로 나타난다.

모든 삼매는 해인삼매에 포섭된다. 의상 스님은 법성을 궁극적으로 증득한 것을 해인이라고 한다. 해인은 부처님 정각의 보리심 해인이다. 해인삼매의 힘으로 일체가 평등한 불세계를 장엄하는 것이다.

해주 스님의 법성게 강설

삼세간이 실은 모두 다르지 않은 융삼세간의 불세계임을 나타낸 「반시」의 그림은 또한 온 법계가 한 몸인 모습[全法界一身之像]을 그려낸 것이라고 한다. 따라서 융삼세간불의 법계 존재가 바로 나의 몸이고 내 마음임을 분명히 보고 알아서 끝 없는 이타행으로 중생들이 근기 따라 이익을 얻게 한다.

이상의 세 가지 수행방편을 다시 한번 약설한다면, 첫째는 법성신인 자기 부처[自佛]를 바로 보는 것이고, 둘째는 발심하여 인연 따라 보살행을 통해 성불하는 것이고, 셋째는 해인삼매의 힘에 의한 이타행으로 삼세간 일체 존재가 평등한 법계를 장엄하는 것이다.

여기에 한 가지만 더 언급한다면 『화엄경』 법문을 청법하고 설법하며 유통시키는 원행이다. 화엄행자들은 『화엄경』의 가르침을 들은 대로 말하고 말한 대로 행한다. 의상 스님은 제자들에게 『화엄경』의 문문구구文文句句가 다 부처님임을 천명하셨다. 경을 본다는 것은 부처님을 만나는 것이고, 그것이 바로 자기 본래 마음인 부처님 마음을 보는 것이다. 따라서 『화엄경』 법문을 믿고 청법·수지·독송·서사하고 유통시키는 일이 중요한 기본 수행이 아닐 수 없다.

이상과 같은 모든 수행은 원이 없으면 이루어지지 않는다. 의상 스님은 「발문」에서 다음과 같은 발원으로 『일승법계도』를 마무리한다.

> 그러므로 서원한다. 일승 보법普法의 이름과 뜻을 보
> 고 듣고 닦아 모아서 이 선근으로 일체중생에게 돌려
> 베푸니, 널리 훈습하고 거듭 닦아서 온 중생계가 일시
> 에 성불하여지이다.
> 故誓願 見聞修集一乘普法名字及義 以斯善根 迴
> 施一切衆生 普熏重修 盡衆生界 一時成佛.

일승 보법이란 『화엄경』이다. 『화엄경』의 가르침을 보고 듣고
닦은 선근 공덕을 온 중생계로 회향해서 다함께 일시에 성불하
기를 발원하고 있다. 우리도 수행한 선근 공덕이 있어서 이 서원
을 따라 회향할 수 있기를 바라마지 않는다.

의상 스님의 「법성게」는 668년에 저술된 이후 오늘에 이르기
까지 한국의 전국 사찰에서 즐겨 독송되어 온 대표적인 지송문
이다. 영가천도시 도량을 돌면서 영가가 마지막으로 꼭 듣고 극
락에 가도록 「법성게」를 읊기도 하고, 영단을 향해 봉송하기도
한다. 산 자나 죽은 자 모두 깨달음을 얻을 수 있게 하는 중요한
법문이다.

요즈음은 「법계도인」을 그리거나 새기기도 하고, '법계도숲'을

법성게 석종사 화엄공원.

만들기도 하며, 「법성게」를 다양한 가시적 방법으로 알려서 신행에 도움이 되도록 하는 사찰이 늘어나고 있다.

　의상 스님이 들어가 보이신 법계에서 원용한 법성신으로 다함께 즐겁게 노닐 수 있기를 합장 발원하며 「법성게」 강설을 마친다. ✿

지은이 | 수미 해주 須彌海住

호거산 운문사에서 성관 스님을 은사로 출가, 석암 대화상을 계사로 사미니계 수계, 월하 전계사를 계사로 비구니계 수계, 계룡산 동학사 전문강원 졸업, 동국대학교 불교대학 및 동 대학원 졸업 철학박사, 가산지관 대종사에게서 전강 받음, 동국대학교 불교대학 교수 역임.

(현) 수미정사 주지, 동국대학교 명예교수, 중앙승가대학교 법인이사.

저 역서로 『의상화엄사상사연구』, 『화엄의 세계』, 『정선 원효』, 『정선 화엄1』, 『정선 지눌』, 『법계도기총수록』 등 다수.